中华经典直解

# 论语直解

## 上册

来可泓 撰

复旦大学出版社

# 前　　言

　　我五岁上学,白天在学校读书,晚上回家由祖父课读《论语》,每晚根据章节长短读一、二或三条,长的章节分几天读,读到能背诵为止。到了星期日,改在上午理书,将一周读过的书背诵一遍,然后连同以前读过的也带理一遍,才可以去玩耍。《论语》就是在这样的日积月累中读完了,直到现在仍能琅琅背诵。其他经书也是这样一本一本地读下去的。

　　《论语》是一部传世的儒家经典。由孔子的弟子及其再传弟子根据当时孔子的言行记录整理而成,约成书于战国前期。现存《论语》共二十篇,白文二万一千一百十三言(包括标点符号),据杨伯峻《论语译注》分为五百一十章(节)。汉代把《论语》看作是传记,汉文帝时设传记博士,传授《论语》,成为专门的学科。由于它的教育功能,同《孝经》一样,成为士人必读的启蒙之书。汉武帝以来,随着儒学被定为一尊,孔子地位的提高,东汉时列为《七经》之一,魏晋以后各朝均把《论语》列入学官,设博士教授。到了南宋,朱熹把《论语》《孟子》《大学》《中庸》集为《四书》,作《四书章句集注》。朱熹死后,宋理宗将他的《四书章句集注》立于学官,与《五经》并列。从元仁宗起,直至明清,钦定为科举考试必读的教科书。士人为了求取功名,必须日夕讽诵,熟记于心。一般平民也作为启蒙读物,教授子孙。所以两千多年来,《论语》一书浸润濡染,影响着中国人民的道德素质,心理结构,风俗习惯,对中华民族起着不可估量的凝聚作用。

《论语》既是儒家经典,流传寝广,因此从古至今注释和研究《论语》的著作很多,据说在三千种以上。在众多的注释中,大体来说,唐以前的注重于名物训诂,文字诠释。西汉有孔安国,东汉有郑玄、马融、包咸诸家,魏则有陈群、王肃诸家,自魏何晏《论语集解》出而郑、王各家皆废。梁时又有皇侃《论语义疏》。到了北宋,学风为之一变,北宋周敦颐、邵雍、张载、程颢、程颐五子出而强调义理之学,阐释《论语》中的微言大义。邢昺的《论语注疏》就是汉学向宋学过渡之作。至南宋朱熹集理学之大成,在《四书章句集注》中,融进了《论语》中从未出现过的"理",着重阐发他的理学思想,一直影响到清代。到了清代,学者为了逃避统治阶级文字狱的迫害,兴起了乾嘉考据之朴学。他们不满唐宋人的注疏,重视汉人的训诂。对《论语》着重文字训诂、史实考订和阐发经义。尤其对古代的典章名物制度,风俗礼节,历史事件以及人名、地名的注释考证,更为详备。著作繁多,其中以刘宝楠《论语正义》广征博引,不但保留了汉魏古注,而且加以疏解,立论平允,有较大的参考价值。到了近现代,则有杨树达的《论语疏证》、程树德的《论语集释》、钱穆的《论语新解》、杨伯峻的《论语译注》,各有特色。特别是程树德《论语集释》引书六百八十种,将宋以后诸家之说分类采辑,为研究《论语》的学者提供了自汉到清的详实的资料。

《论语》一书,内容非常广泛,是研究孔子思想的主要材料。《论语》始终如一地贯穿着"仁"的思想学说,但从其本身来考察,则可以用一个"学"字概括。它字字句句、事事处处,无一不在教人如何为人处世,如何学做人,在"学"字上下工夫。

它教人们学做圣人、仁人、贤人、善人、君子、成人、有恒者。他们都应该是"己欲立而立人,己欲达而达人","己所不欲,勿施于人",胸怀宽广,群而不党,安贫乐道,大公无私,具有高尚仁德的人,决不做小人。

它教人们学从政。应该为政以德,先之劳之,以德化民,做到"博施于民而能济众","修己以安百姓",近悦远来,布仁政于天下。

它教人们学知识。要立志于学,学而时习,温故知新。发愤忘食、乐以忘忧。知之为知之,不知为不知,实践应用。做到学无常师,持之以恒。

它教人们学修身,涵养德性。应该"吾日三省吾身",知过必改。善于择善而从,做到"非礼勿视,非礼勿听,非礼勿言,非礼勿动",循礼而行。

它教人们学交友。要交直谅多闻的益友,不交便佞善柔的损友。"与朋友交,言而有信。"

它教人们学理财、经商。孔子并不反对追求财富,他曾说过:"富与贵,是人之所欲也","富而可求也,虽执鞭之士吾亦为之"。但求富应受义的制约,要"见利思义"。而经商则要以诚、敬为心,遵守信誉,取信于人。也要注意掌握信息,才能"忆则屡中"。

所以,从《论语》本身的内容看,一句话,它都在教人学习如何为人处世,学习如何做一个有道德的人。从古至今,历史上出现过不少英雄人物和有志之士,他们都受过《论语》的熏陶,在他们身上都可以找到《论语》赋予他们的美德所形成的内在人格力量,从而凝聚成中华民族的优秀文化道德传统。

综上所述,《论语》的训诂注疏工作,自汉至清,已经有了详实而精确的考据,至于义理之学,也有了一套完整的体系。那么,我在本书中做了些什么工作呢?我将本书的结构分为解题、原文、今译、注释、评述五个方面。主要在"直"字上做文章,力图恢复《论语》原文的原意、原貌。

首先,我为《论语》二十篇每篇撰一解题。将该篇的主题思想勾勒出来,或阐明论述的几个问题,或分析孔子所持的观点,理清其内在的逻辑结构。

　　第二，列出原文，便于对照阅读。

　　第三，今译。用现代汉语加以翻译，力求忠于原作，以直译为主。但由于《论语》成书较早，文字简练，多有省略之处，在上下难以贯通之处，则适当加以意译。

　　第四，注释。从古至今，各家已对《论语》作了详尽训释。故我只用现代汉语语词，简洁地对难以理解的词、字作注解、注音，不作详细考释。

　　第五，评述。这是用力最勤的地方，我先将这一章的内容主旨用一句话加以概括，点明主题。然后，评述分析该章的文意。在评述时择善吸取各家对该章的诠释、训解，融会在己意之中。汉魏六朝的多采取魏何晏的《论语集解》以及《论语集解》中所保存的汉孔安国、东汉郑玄、马融、包咸等诸家训释；梁则采用皇侃的《论语义疏》，它们大体上能正确训解词、字，保持孔子原意。宋代则多采用朱熹的《论语集注》，朱熹虽重义理性命之学，有其穿凿附会之处，但他撰写《四书集注》倾注了毕生精力，直到临终之前还在着意修改，其精细严密程度为前人所不及，颇多独到之处。至于清代各家的训诂义理，深入透彻，不少能发孔子原意，故多所采择。其中以采录刘宝楠的《论语正义》为多。至于近人著作，则多采择程树德的《论语集释》。有时还穿插历史故事，便于进一步阐明主旨，理解问题。力图拂去历史覆盖在每章中的积灰，摒弃穿凿附会，把孔子的原意揭示出来。但由于水平有限，是否能做到"直在其中"，还望学者、读者加以批评指正。

　　本书的撰写，承蒙复旦大学出版社总编高若海先生、副社长贺圣遂先生的热情关注和大力支持。承蒙责任编辑陈士强先生精心地帮助确立主旨，拟定体例，安排结构，审阅样稿，提出很好的修改意见，并在编辑中倾注了大量心血。弘扬优秀民族文化，是历史和时代赋予我们的重任,我们愿将这本代表中华民族文化之根的《论语》奉献给大家,使元典著作中的民族精神代代相传,生生不已!

来可泓

于上海大学文学院

1996年6月28日

# 目录

## 上　册

| | |
|---|---|
| 学而第一 | 1 |
| 为政第二 | 25 |
| 八佾第三 | 53 |
| 里仁第四 | 79 |
| 公冶长第五 | 102 |
| 雍也第六 | 131 |
| 述而第七 | 161 |
| 泰伯第八 | 194 |
| 子罕第九 | 217 |

## 下　册

| | |
|---|---|
| 乡党第十 | 247 |
| 先进第十一 | 270 |
| 颜渊第十二 | 300 |
| 子路第十三 | 326 |
| 宪问第十四 | 356 |
| 卫灵公第十五 | 396 |
| 季氏第十六 | 433 |
| 阳货第十七 | 452 |
| 微子第十八 | 482 |

子张第十九 …………………………………… 498

尧曰第二十 …………………………………… 527

参考书目 ……………………………………… 538

# 学而第一

【解题】

本篇是《论语》的第一篇，共十六章。编者取第一章第一句"学而时习之"中的"学而"两字为篇名。其中，记孔子论述八章，记有子论述三章，记曾子论述二章，记子夏论述一章，记子贡与子禽、子贡与孔子的对话二章。粗看起来，似乎各章之间没有什么关联，但深入探求，内在联系是非常严密的，主旨也是非常明确的。

关于《论语》各篇有否主旨问题，历来就有不同看法。就《学而》来看，梁皇侃说："此篇论君子、孝弟、仁人、忠信、道国之法、主友之规，闻政在乎行德，由礼贵于用和，无求安饱，以好学能自切磋而乐道，皆人行之大者，故为诸篇之先，既以学为章首，遂以名篇，言人必须学也。"（《十三经注疏·论语注疏解经》卷一《学而第一》，以下简称《十三经注疏·学而第一》）可见他认为是有主旨的，并对之作了概括。南宋朱熹也说："此为书之首篇，故所记多务本之意，乃入道之门，积德之基，学者之先务也。"（《四书章句集注·论语集注》卷一《学而第一》，以下简称《论语集注》卷一）朱熹也对本篇主旨作了概括。

而清刘宝楠在《论语正义》中说："赵岐言章次大小各当其事，无所法也，明谓《论语》章次依事类叙，无所取法，与《孟子》篇章迥殊。而皇（侃）疏妄有联贯，翟氏灏《考异》已言其误。后之学者，亦有兹失，既非理所可取，则皆删佚，不敢更箸其说焉。"（《论语正义》卷一《学而第一》，以下简称《论语正义·学而第一》）他认为《论语》各篇是没有主旨的，因而他编撰《论语正义》时将皇侃所概括的每篇主旨全都删去。近人蒋伯潜承袭其说,认为《论语》二十篇,各取首章第一二句之二字或三字为题,皆为无义之题(《十三经概论》第二章《论语解题》下)。

其实《论语》各篇的主旨还是非常明确的,就《学而》说,它既有《论语》全书开章明义之意,又展示了孔子培养教育学生的目的、态度、宗旨、方法。宋人吴寿昌说:"今读《论语》,只熟读《学而》一篇。若明得一篇,其余自然易晓。"(《朱子语类》卷二十《论语二》引,以下简称《朱子语类·论语二》)这是通读《论语》掌握其真谛的一句中肯话。

《学而》围绕学习为了做人这一中心线索开展论述,讲清了两个观点:(1)学习明理,明理做人。学习知识要经常复习、演习,温故知新;要与朋友切磋,要向贤人学习。在知识的积累中不断明白事理,掌握做人的学问。(2)做人必须重视自身修养,把提高道德品质放在第一位。其具体途径则从孝父母出发,以孝求忠,忠于事业,忠于君主,忠于朋友,成为一个具有温、良、恭、俭、让多种美德的仁人、君子。退则安贫乐道,进则治国安民。

子①曰:"学而时②习③之,不亦说④乎?有朋自远方来,不亦乐乎?人不知⑤而不愠⑥,不亦君子⑦乎?"

【今译】

孔子说:"学习知识而能定期复习、演习,不也是很高兴的吗?有学友从远方来,不也是很快乐的吗?人家不了解你,也不恼怒,不也是君子吗?"

【注释】

① 子:先生、老师。古代男子通称。《论语》中"子曰"的"子"均指孔子。孔子(前551—前479),名丘,字仲尼,春秋鲁国陬邑(今山东曲阜东南)人,我国古代伟大的思想家和教育家,儒学的创始人。② 时:适当的时候。 ③ 习:复习、演习。 ④ 说(yuè):通"悦",高兴、喜悦。下文中的"说"均作"悦"解。 ⑤ 不知:不了解。 ⑥ 愠

(yùn):恼怒、怨恨。　⑦ 君子:《论语》中的君子,一般指有道德、有学问、有地位的人。

【评述】

本章论述孔子教学生求学、做人的基本道理。分三个层次叙述互相联贯的三个问题,表达了孔子为学做人的教学目的、宗旨和方法。"学而时习之",是教人为学的方法,重点是"时习"两字。三国魏王肃说:"时者,学者以时诵习之。诵习以时,学无废业,所以为悦怿。"(《十三经注疏·学而第一》)《说文》说:"习,鸟数飞也",引申为凡重习、学习之义。《或问》说:"学是未知而求知的工夫,习是未能而求能的工夫。"(《朱子语类·论语二》)要求得知识,只有通过学习,要巩固知识和实习应用,只有通过时时复习和演习,从复习旧知识中推衍出新知识,扩大知识面,内心感受获得新知识的喜悦。而学习的目的是为了应用,通过时时复习、演习,使学到的知识转化为能力。南宋黄义刚说:"书也只是熟读,常记在心头,便得。"(《朱子语类·论语二》),只有熟习,才能运用自如。而学习又是互相切磋,互相鼓励,互相促进的事。

"有朋自远方来"与自己探求学问,这是一件高兴的事。东汉包咸说:"同门曰朋。"(《十三经注疏·学而第一》)按现在的称呼就是同学。如果自己从悉心研读和实践中悟出的心得体会得到同学的赞许,真是天降知音,这种高兴是难以用笔墨来形容的。

"人不知而不愠"这一句,因"知"字下缺少一个宾语,给后人留下一个尾巴,不好理解。对此,前人有两种说法,一种认为这是接上一句说的,从远方来的朋友向我求教,我告诉他,他还不懂,我却不怨恨。"凡人有所不知,君子不怒。"梁皇侃说:"君子易事,不求备于一人,故为教诲之道,若有人钝根不能知解者,君子恕之而不愠怒之。"(《十三经注疏·学而第一》)大致《论语集解》(以下简称"《集解》")作者和梁皇侃是主此说的。另一种认为人家不了解我,我也不恼怒。"正义曰:

人不知者,谓当时君卿大夫不知己学有成举用之也。"(《论语正义·学而第一》)清刘宝楠主此说。后一说法与孔子为学的目的相符,比较切合孔子原意。联系孔子"用之则行,舍之则藏"的主张来看,联系学习为了做一个有道德的仁人的目的来看,人家不了解自己,不举用自己,是正常的事,应该无怨无艾,具有"用行舍藏"的君子之风。所以本章从联贯的三件事中,表达了孔子读书的乐趣,感受到友谊的乐趣,以及注重修养而不求人知的乐趣,贯穿着学习为了做一个有道德的仁人君子的精神。

有子①曰:"其为人也孝弟②,而好犯③上者,鲜④矣;不好犯上,而好作乱者,未之有也。君子务本⑤,本立而道⑥生。孝弟也者,其为仁⑦之本与⑧!"

【今译】

有若说:"他的为人,孝顺父母,敬爱兄长,却喜欢冒犯上级,这是很少有的;不喜欢冒犯上级,而喜欢作乱的人,是没有的。君子重视根本,根本建立了,道义就产生。孝顺父母,敬爱兄长,这就是仁爱的根本吧!"

【注释】

① 有子:孔子的学生有若。 ② 孝弟(tì):孝顺父母,敬爱兄长。弟,通"悌"。 ③ 犯:冒犯、触犯。 ④ 鲜(xiǎn):少。 ⑤ 务本:追求根本的道德规范。本:指孝悌。 ⑥ 道:道德、道义。 ⑦ 仁:这是孔子心目中的最高道德的名称,有多种解释,这里指仁爱。 ⑧ 与:同"欤"。语气助词,表示疑问。《论语》中的"欤"都写成"与"。

【评述】

本章论述孝道。阐明孝弟是仁爱的基础,做人的根本,各种道德都是从这个根本中产生出来的。《集解》魏何晏说:"本,基也。基立而后可大成。"(《十三经注疏·学而第一》)我们民族伦理文化的核心之一是"孝"。《孝经》说:"夫孝,德之本也,教之所由生也。"《尔雅·释训》:"善父母为孝,善兄弟为友。"孝被认为是最高的美德,仁爱的基础,做人的根本。强调人之行莫大于孝,"百善孝为先"(汉郑玄注《论语》)。孝,首先是孝敬父母。父母爱子女,没有任何条件,完全是一种崇高的自自然然的爱,反过来,子女对于父母尽孝道也是自自然然的事,这是一个人最基本的道德。

自古至今我国出现过无数孝子,舜就是善事父母,友爱兄弟的。尽管其父顽,其母嚚,多次陷害他,必欲置之死地;其弟象霸占了他的妻室,但舜还是孝敬父母,友爱兄弟,他的孝行成为后人学习的典范。孔子学生闵子骞也是一个大孝子。他受到继母的虐待而毫无怨言。有一次闵子骞的父亲带了继母生的两个弟弟外出,叫闵子骞赶车。天寒地冻,闵子骞穿着厚厚的"棉衣"在车前赶车,冻得瑟瑟发抖。而两个弟弟穿着薄薄的棉衣坐在车上,不畏寒冷。父亲见状大怒,用鞭子抽打闵子骞。一鞭下去,只见芦花四散。原来闵子骞穿的是芦花衣,而其弟弟穿的是絮棉衣。其父大为不忍,要与其继母离婚。闵子骞求情说:"母在一子单,母去三子寒。"这句话成为千古名言。所以古人把孝作为做人的根本,试想一个连父母也不爱的人,能爱别人吗?古代"求忠臣于孝子之门"。《孝经》说:"事父孝,故忠可移于君;事兄敬,故顺可移于长。"所以把"孝悌力田"作为选士的一项标准,是有道理的。作为君子就要实行孝道,从孝父母出发,"老吾老以及人之老,幼吾幼以及人之幼",把敬和爱推广到别人身上。由此可见,孝是永远不会过时的民族美德。

子曰:"巧言①令色②,鲜矣仁③!"

【今译】

孔子说:"花言巧语,面目伪善,这种人是很少有仁德的!"

【注释】

① 巧言：花言巧语。　② 令色：伪善的面貌。令：善、美好。
③ 鲜矣仁：是"仁鲜矣"的倒装，谓语提前。鲜(xiǎn)：少。

【评述】

本章孔子从正面告诉人们，花言巧语、面目伪善的人是很少有仁德的。《集解》东汉包咸说："巧言，好其言语；令色，善其颜色，皆欲令人悦之，少能有仁也。"(《十三经注疏·学而第一》)南宋朱熹说："巧，好；令，善也。好其言，善其色，致饰于外，务以悦人，则人欲肆而本心之德亡矣。"(《论语集注》卷一)《汉书·公孙弘传》载：公孙弘常常看汉武帝的脸色行事，受到汉武帝的信任。有一次他与大臣们商量好一件事，取得一致意见，到汉武帝前奏请。汉武帝不同意，公孙弘便违背诺言而顺从汉武帝。主爵都尉汲黯在朝廷上责问公孙弘说："齐人多诈而无情，始与臣等建此议，今皆背之，不忠。"汉武帝问公孙弘是不是这样，公孙弘逊谢说："夫知臣者以臣为忠，不知臣者以臣为不忠。"汉武帝同意公孙弘的话，十分信任他。巧言令色反而得到信任。实际上本章从反面告诫人们，不要只看外表，要注重内在的品德修养；告诫当政者，不要被外表现象所迷惑，要持正守诚，明辨是非，告诫学生，为学切忌摆花架子，要脚踏实地做学问。总之，要在追求仁德上下工夫。

曾子①曰："吾日三省②吾身：为人谋而不忠乎？与朋友交而不信③乎？传④不习乎？"

【今译】

曾参说："我每天多次反省自身：替别人谋事是否尽心呢？与朋友交往是否诚信呢？老师传授的知识是否复习呢？"

【注释】

① 曾子：孔子学生曾参(shēn)，字子舆。　② 三省(xǐng)：多次

省察、检讨。三：表示多数，并非实指。　③ 信：诚信、诚实。　④ 传(chuán)：老师的传授。

**【评述】**

本章强调加强自身修养。把外在的道德约束，化为内在的自觉要求，不断提高道德品质。省，训为察。就是检查自己的思想和行为。我们的先人十分重视自省，鞭策自己，改正过失。荀子在《劝学篇》里说："君子博学而日三省乎己，则知明而行无过矣。"南宋朱熹说："日省其身，有则改之，无则加勉。"(《论语集注》卷一)

宋朝有个赵概，用投豆的办法来检查自己一天的进步和过失。他在书房里放着三个盒子，一个里面放黑色豆子，一个里面放黄色豆子，一个是空的。每晚睡觉之前，他便打开这三个盒子，回想自己一天的言行。如果做了一件好事或有好的想法，就取一粒黄豆投进空盒；如果做了一件坏事或产生过一个坏念头，就取一粒黑豆投进空盒。开始投的黑豆往往比黄豆多，后来黄豆愈来愈多，黑豆愈来愈少，他的道德修养越来越高(《宋人轶事汇编》卷八《赵概》)。

自省修养，贵在慎独，即使没有人看见，也要坚持做好事，不做坏事。《中庸》说："莫见乎隐，莫显乎微，故君子慎其独也。"言幽暗之中，细微之事，迹虽未形而几则已动，人虽不知而己独知，遏人欲于将萌，而不使其滋长于隐微之中，谨言慎行，追求道德规范。《后汉书·杨震传》载：杨震任荆州刺史时，举荐王密为昌邑县令。后杨震调任东莱太守，路过昌邑。王密为了报恩，深夜访杨震，送金十斤。杨震说："故人知君，君不知故人，何也？"王密以为杨震怕被人知道不敢受金。便说："暮夜无知者。"杨震严肃地说："天知、神知、我知、子知，何谓无知？"王密听后，十分羞愧，携金而返。杨震自觉律己，不欺暗室，高贵的品德为后人所敬仰。宋曾巩在《四知金》一诗中赞颂道："自重肯悲三献玉，不欺常慎四知金。"所以"三省吾身"不但使我们道德水准能一天天提高，学习和工作一天天进步，还能培养乐观豁达、积极向上的精神。

子曰:"道①千乘之国②,敬事③而信,节用④而爱人⑤,使民以时⑥。"

【今译】

孔子说:"治理拥有一千辆兵车的国家,要严肃对待政事,讲究诚信,节约费用而且爱护官吏,役使人民要不违农时。"

【注释】

① 道:通"导"。领导、治理。　② 千乘(shèng)之国:拥有一千辆兵车的国家。古代国力强弱按兵车计算。拥有一千辆兵车,可以算是大国。乘:古代用四匹马拉着的战车。　③ 敬事:认真办事。　④ 节用:节约费用。　⑤ 爱人:爱护士大夫以上阶层的人。古代"人"字有广狭两义。广义指一切人。狭义指士大夫以上各阶层的人,也指官吏。这里以指狭义的人为妥。　⑥ 时:时间。这里指农闲时节。

【评述】

本章孔子论述治理国家的基本原则,体现了儒家以礼治国的思想。《集解》东汉马融说:"道,谓为之政教。"(《十三经注疏·学而第一》)东汉包咸说:"道,治也。千乘之国者,百里之国也。"(同上)治理国家,必须"敬事而信",这是属于政治原则。包咸又说:"为国者举事必敬慎,与民必诚信。"(同上)《国语·晋语》箕郑说:"信于君心,则美恶不逾;信于民,则上下不干;信于令,则时无废功;信于事,则民从事有业。"就是说,治国者对待政事一定要严肃认真,要有"敬事"精神,以身作则,起表率作用,说话算数,取信于民,这样才会使老百姓信服,乐于接受你的领导。

春秋时期,晋文公欲收取原地,原人不服,晋文公作了充分准备后率兵围原,命将士持三日之粮,不能克,即于三日后退兵。攻了三日,原城未下,晋文公即下令退兵。城内间谍报告说:原已支撑不住,即将投降了。军吏也请晋文公暂不撤兵。晋文公说:"信,国之宝也,民之所庇也。得原失信,何以庇之?所亡滋多。"撤兵而去,原人感而请降(《左传》僖公二十五年)。比如好的将军,身先士卒,就是具有敬事精神,士兵就会信任他,听他指挥,一往无前。

"节用而爱人,使民以时"属于经济原则。《集解》东汉包咸说:"节用不奢侈,国以民为本,故爱养之。"(《十三经注疏·学而第一》)《管子·八观篇》说:"国侈则用费,用费则民贫,民贫则奸智生,奸智生则巧邪作。"就是说管理国家财政,必须贯彻节用原则;节约开支的目的是为了爱民,减轻人民的负担,让他们生活富裕起来。《说苑·政理篇》说:"武王问于太公曰:'治国之道若何?'太公对曰:'治国之道,爱民而已。''爱民若何?'曰:'利之而勿害,成之勿败,生之勿杀,与之勿夺,乐之勿苦,喜之勿怒。此治国之道,使民之谊也。……民失其所务,则害之也;农失其时,则败之也;有罪者重其罚,则杀之也;重赋敛者,则夺之也;多徭役以罢民力,则苦之也;劳而扰之,则怒之也。'"论述了如何爱民的方方面面。对于官吏也要教育他们注意节约。晋代的贺循"位处上卿,而居身服物盖周形而已,屋室财庇风雨"(《晋书》卷六十八《贺循传》)。

节用爱民的一个重要内容是"使民以时",勿夺农时。《集解》东汉包咸说:"作使民必以其时,不妨夺农务。"(《十三经注疏·学而第一》)让人民从事筑城、修路、兴修水利等劳役,一定要安排在农闲时进行。农业的季节性很强,误农一时,害民一季。所以治国者必须十分注意不违农时。总之,本章三者之间有主有从,"敬事而信"是"节用而爱人,使民以时"之本。敬,又是信之本。南宋朱熹说:"能恁地敬,便自然信。下句又是转说,节用了,更须当爱人。爱人了,更当使民以时。有一般人敬而不能信,有一般人能节用,只是吝啬,却不能爱人。"(《朱子语类·论语三》)所以政治原则和经济原则二者相承,各有次序,互相为用。

子曰:"弟子,入①则孝,出②则弟,谨而信,泛③爱众,而亲仁④。行有余力,则以学文⑤。"

【今译】

孔子说:"学生在家要孝顺父母,外出要尊敬长辈,谨慎而且守信,博爱民众,亲近有仁德的人。做到这些以后,还有多余精力,就用来学习文献。"

【注释】

① 入:在家。　② 出:外出学习或做事。　③ 泛(fàn):广泛、普遍。　④ 亲仁:亲近有仁德的人。　⑤ 文:文献。

【评述】

本章孔子论述品德与学习的关系。以德为本,以学为末。宋程子说:"为弟子之职,力有余则学文,不修其职而先文,非为己之学也。"(《论语集注》卷一)宋尹氏说:"德行,本也;文艺,末也,穷其本末,知所先后,可以入德矣。"(同上)宋黄震《黄氏日钞》:"此章教人为学,以躬行为本,躬行以孝弟为先。文则行有余力而后学之。所谓文者,又礼、乐、射、御、书、数之谓,非言语文字之末。"孔子从仁出发,指出作为一个学生,必须重视道德修养,把追求仁德、成为仁人放在第一位。在家里要孝顺父母,这是做人的根本。在外面学习和工作,要尊重同学、同事,互相团结友爱。要有敬业精神,谨慎地对待工作。对人要讲信用。广泛地与大家友好相处。亲近有仁德的人,与他们交朋友,向他们学习。只要做到孝、悌、谨、信、泛爱、亲仁,自己的道德情操就会不断提高。

做到以上这些以后,如果有余力,可以学文。《集解》东汉马融说:"文者,古之遗文。"(《十三经注疏·学而第一》)可以看成是古代文献,也就是孔子所整理的《书》《诗》《礼》《乐》等书。你爱学《诗》,可以争取当文学家、诗人。你爱学《易》,可以争取当思想家。你爱学《乐》,可以争取当音乐家。你爱学《书》《春秋》,可以争取当史学家。兴之所至,可以量力而行,自由选取。由此可见,孔子把做人,做一个品德高尚的仁人,放在第一位,学习文献知识放在第二位,有本有末,先本后末,关系是很明确的。

子夏①曰:"贤贤易色②;事父母,能竭其力;事君③,能致④其身;与朋友交,言而有信。虽曰未学,吾必谓之学矣。"

【今译】
　　子夏说:"一个人能尊重贤人,轻视女色;奉侍父母,能够竭尽其力;奉侍君主,能够奉献生命;与朋友交往,说话能诚实守信。这种人虽然自谦说没有学习过,我一定说他是很有学问的了。"

【注释】
　　① 子夏:孔子学生卜商,字子夏。　② 贤贤易色:尊重贤人、轻视女色。易:有改变、变易之意。　③ 事君:奉侍君主。　④ 致:送、奉献。

【评述】
　　本章继续论述为学处世之道。贤贤,第一个贤字作动词用,作尊重、追求讲;第二个贤字作名词用,指贤人,即有道德有学问的人。"贤贤易色"有两说,一说:"变易颜色。"即见到贤人,脸上显出恭敬的颜色。一说:"易其好色之心以好贤。"即重视贤人,轻视女色。前说似乎太浅显,不如后说意蕴深远,能见其诚信。我国古代非常重视求贤、进贤,得人者治,把它看成是国家兴旺发达的关键之一,而对于女色,则认为是祸水,纣王宠妲己而亡其国,贾南风干政而导致西晋覆亡,所以作为仁人君子,必须重贤人而轻女色。能做到这一点的人,他在家奉侍父母能竭其心力,实行孝道。
　　这里值得注意的是一个"竭"字,《说文》:"竭,负举也。"负举者必尽力,故"竭"又训"尽"。就是说行孝道要尽力而行,即量力而行,不宜过分。办得到的办,办不到的对父母说明原因而不勉强。在朝廷做官,能够为国家、为君主奉献出一切。对于朋友,讲信用,讲友谊,诚心诚意地为朋友出力。这样的人能履行"孝道""臣道""友道",具有做人的最大学问,所以子夏说,这样的人虽然自谦说没有学习过,我却认为他是最有学问的人了。由此可知,孔子教人为学的目的,是做一个符合孝道、臣道、友道的仁人君子。

子曰:"君子不重①则不威②;学则不固③。主④忠信。无友不如己者⑤。过⑥,则勿惮⑦改。"

【今译】

孔子说:"君子不庄重,就不威严;学习的知识就不会巩固。要亲近忠实和诚信的人。不结交不如自己的人。有了过错,就不怕改正。"

【注释】

① 重:庄重。　② 威:威严。　③ 固:巩固、牢固。　④ 主:以……为主。这里有亲近之意。　⑤ 无友不如己者:不要跟不及自己的人交朋友。　⑥ 过:过失、错误。　⑦ 惮(dàn):害怕、畏惧。

【评述】

本章孔子论述君子自我修养的方法。讲了三层意思:

第一,对自己要自尊。"君子不重则不威"的重,是庄重,即自尊、自重。自尊是自己尊重自己的人格,维护自己尊严的一种道德感情。作为君子必须自重,有自尊心、自信心,才能建立起威信,学习才会巩固。关于"君子不重则不威,学则不固"其说有二:汉孔安国说:"固,蔽也。言君子当须敦重,若不敦重,则无威严。又当学先王之道,以致博学强识,则不固蔽也。"(《十三经注疏·学而第一》)另一说:"固谓坚固,言人不能敦重,既无威严,学又不能坚固识其道理也,明须敦重也。"(同上)东汉郑玄注《曲礼》:"固,谓不达于理也。"《诗·天保传》:

"固,坚也。"清刘宝楠说:"此以不重不威之人,虽知所学,不能坚固,无由深造之以道而识其义理也。所以然者,以此人学若坚固,必能笃行,其容貌、颜色、辞气必不至轻惰若此矣。今不能敦重,无威严,故知其学不能坚固也。"(《论语正义·学而第一》)什么是重呢?《法言·修身》说:"或问何如斯谓之人?曰:'取四重,去四轻。''何谓四重?'曰:'重言、重行、重貌、重好。言重则有法,行重则有德,貌重则有威,好重则有观。'"所以君子要贵重。

第二,要尊重别人。"主忠信",对人对事要以忠信为主,诚实无伪,才能得到人们的信任和敬重。东汉郑玄说:"主,亲也,为主之意。"(《十三经注疏·学而第一》)梁皇侃说:"以忠信为百行所主。"(同上)南宋朱熹说:"人不忠信,则事皆无实,为恶则易,为善则难,故学者必以是为主焉。"(《论语集注》卷一)他们都主张以忠信为主。主忠信又在己不在人,重在自己能做到。

第三,要学习别人的长处,改正自己的缺点和错误。"无友不如己者"。照字面讲,不交结不如自己的朋友。但在现实生活中是不可能办到的。人与人相交,不能只与比自己好的人交朋友。如果大家都要找比自己好的人做朋友,又有谁愿意来做自己的朋友呢?因此对这句话要有所分析。南宋滕璘说:"上焉者,吾师之;下焉者,若是好人,吾教之;中焉者,胜己则友之,不及者亦不拒也,但不亲之耳。若便佞者,须却之方可。"(《朱子语类·论语三》)他分别几种情况,区别对待,说得比较客观。《群书治要》引《中论》:"君子不友不如己者,非羞彼而大我也。不如己者,须己慎者也。然则扶人不暇,将谁相我哉。"看到了"无友不如己者",将会无人"相我"的问题。曾子《制言》中说:"吾不仁其人,虽独也,吾弗亲也。故周公曰:'不如吾者,吾不与处,损我者也。与吾等者,吾不与处,无益我者也。吾所与处者,必贤于我。'"清刘宝楠在《论语正义》中分析说:"由曾子及周公言观之,则不如己者即不仁之人,夫子不欲深斥,故只言不如己而已。"朱熹也就在这一角度上说:"友以辅仁,不如己,则有损而无益。"(《论语集注》卷一)不交不仁之人为友,恐怕符合孔子原意。所以朋友之间,各有各的长处,各有各的短处,择其善者而从之,其不善者改之。"过,则勿惮改。"不但要不怕改过,而且要从速改正。朱熹引程子所谓"'知其不善,则速改以从善'。曲折专以'速改'字上着力。"(《朱子语类·论语三》)这样,才能真正成为一个有道德有学问的君子。

曾子曰:"慎终①追远②,民德归厚③矣。"

【今译】

曾子说:"慎重地办理父母的丧事,追念远代的祖先,人民的道德就会归于淳朴厚道。"

【注释】

① 慎终:慎重地办理父母的丧事。终:指刚死的人。　② 追远:追念死去的祖先。指祭祀祖先。　③ 归厚:归于淳朴厚道。

【评述】

本章论述孝道及其对淳朴民风的作用。汉孔安国说:"慎终者,丧尽其哀;追远者,祭尽其敬,君能行此二者,民化其德,皆归于厚也。"(《十三经注疏·学而第一》)《祭统》说:"是故孝子之事亲也,有三道焉:生则养,没则丧,丧毕则祭。养则观其顺也,丧则观其哀也,祭则观其敬而时也。尽此三道者,孝子之行也。"宋朱熹说:"慎终者,丧尽其礼。追远者,祭尽其诚。民德归厚,谓下民化之,其德亦归于厚。盖终者,人之所易忽也,而能谨之;远者,人之所易忘也,而能追之,厚之道也。故以此自为,则己之德厚,下民化之,则其德亦归于厚也。"(《论语集注》卷一)曾子认为从办理父母丧事,追念祖先出发,民化其德,能导致风俗的淳厚。孝是中华民族的传统美德,又是醇化社会风俗的措施之一。人类社会是一代代延续相传下来的。没有上一代的开创,就没有这一代的基础;没有这一代的基础,就没有下一代的繁荣。"饮水思源"，不能忘记自己的祖先。慎终追远，就是要把接力棒一代代地传递下去，提高中国人民的自尊心、自信心，使中华民族自立于世界民族之林。

子禽①问于子贡②曰："夫子③至于是邦④也，必闻其政，求之与？抑⑤与之与？"子贡曰："夫子温、良、恭、俭、让⑥以得之。夫子之求之也，其诸⑦异乎人之求之与！"

【今译】

陈子禽问子贡道："老师到了那个国家，一定会听到那个国家的政事，是打听得来呢？还是别人主动告诉他呢？"子贡说："老师用温和、良善、恭敬、俭朴、谦逊的美德取得它的。老师的求得它，大概不同于别人的求得它吧！"

【注释】

① 子禽：姓陈名亢，字子禽，又字子元，孔子学生，一说为子贡学生，未知孰是。　② 子贡：孔子学生端木赐，字子贡。　③ 夫子：古代对做过大夫的人的敬称，后代泛指老师。　④ 邦：国。　⑤ 抑：还是。连词，表示抉择。　⑥ 温良恭俭让：温和、良善、恭敬、俭朴、谦逊。　⑦ 其诸：副词。表示恐怕、大概等不肯定语气。

【评述】

本章刻画了孔子的风度、性格和道德修养。重点是温、良、恭、俭、让。子贡在巧妙地回答陈亢问孔子是如何得以与闻各国政事的原因时，概括出孔子具有温、良、恭、俭、让五种美德。"正义曰：敦柔润泽谓之温，行不犯物谓之良，和从不逆谓之恭，去奢从约谓之俭，先人后己谓之让。"(《十三经注疏·学而第一》)

那么，孔子这些美德是怎样得来的呢？这是孔子学习古典文献和自我修养得来的。我国古代有六经，这就是《诗》《书》《易》《礼》《乐》

《春秋》。《礼记·解经篇》说:"其为人也,温柔敦厚,《诗》教也。"学习《诗》能培养人们温柔敦厚的德性,所以孔子说:"诗可以兴,可以观,可以群,可以怨。"常常教育人们"不学诗,无以言"。《解经篇》说:"疏通知远,《书》教也。"学习《尚书》,能培养人们懂得历史,透彻了解人情世故,鉴古知今,通达致远。《解经篇》说:"广博易良,《乐》教也。"学习《乐经》,可以"易良",陶冶性格,由坏变好,培养人们平易而良善的情操。《解经篇》说:"絜静精微,《易》教也。"学习《易经》,可以使人们的思想圣洁而精微,闪烁着既有哲理又有智慧的思想光辉。而且"易贵谦光",能培养人们谦逊辞让的美德。《解经篇》说:"恭俭庄敬,《礼》教也。"学习《礼经》,能培养高尚的人格,俭朴的作风,谦虚的精神,处世的能力。《左传》襄公十年说:"让,礼之主也。"说明礼以谦让为主。《解经篇》说:"属辞比事,《春秋》教也。"孔子修《春秋》,寓褒贬于叙事之中,培养人们爱憎分明的感情,明辨是非的能力。

孔子从学习、修订六经中汲取营养,在自我修养中总结提炼,形成温、良、恭、俭、让的五种美德,这是集中国古代传统文化之大成。诚如东汉王充《论衡·知实篇》说:"温、良、恭、俭、让,尊行也。有尊行于人,人亲附之,则人告语之矣。"你以温、良、恭、俭、让的态度对待人、尊重人,人们自然也就尊重你、信任你,愿意将内心展示给你。

子曰:"父在①,观其志②;父没③,观其行④;三年无改于父之道⑤,可谓孝矣。"

【今译】
　　孔子说:"父亲在世时,观察他儿子的志向;父亲去世后,观察他儿子的行为;三年之内不改变他父亲的行事准则,可以说是孝顺了。"

【注释】
　　① 在:在世、活着。　② 其志:他儿子的志向。　③ 没:死亡。　④ 行:行为、行动。　⑤ 道:准则。这里指父亲生前的思想和行事。

【评述】

本章孔子仍论述孝道。他从"三年无改于父之道"这一侧面考察人们是否具有孝道。这是儒家伦理观的反映。宋邢昺说:"'父在,观其志'者,在心为志,父在,子不得自专,故观其志而已;'父没,观其行'者,父没,可以自专,乃观其行也。'三年无改于父之道,可谓孝矣'者,言孝子在丧三年,哀慕犹若父存,无所改于父之道,可谓孝也。"(《十三经注疏·学而第一》)宋周明作说:"观志、观行,只是大概,须是无改,方见得孝。"(《朱子语类·论语四》)也是把"三年无改于父之道"这句话当作本章的重点。

但对于"三年无改于父之道"的说法,应该具体问题具体分析。如果父亲的思想、行为、准则是正确的话,那么自然可以继续奉行;如果父亲的思想、行为、准则是错误的呢?难道仍奉行不改吗?不但要改,而且非改不可。宋尹焞说:"如其道,虽终身无改可也。如其非道,何待三年?"(《论语集注》卷一)宋汪中释"三九":"三年者,言其久也,何以不改也,为其为道也;若其非道,虽朝死而夕改可也。"(《论语正义·学而第一》)他们都主张以是否有道为标准,如不合道,可以朝死夕改。

此外,还有一种情况必须注意到,形势是在不断变化的,人们的思想、行事也必须适合时代的需要。父之道,是父亲那个时代的原则、方针;形势变了,这个原则、方针不能不变。所以"三年无改于父之道"的观点,只能从是否符合于道来考察,只能从对国家、对民族、对人民是否有利来考察,才能决定其改与不改。

有子曰:"礼之用①,和为贵②。先王之道斯③为美,小大由之④。有所不行,知和而和,不以礼节⑤之,亦不可行也。"

【今译】

有子说:"礼的作用,以和合为可贵。以前圣王治国的原则,以和合为好,小事大事都按这个原则去做。但有时却行不通,因为知道和合可贵而一味和合,不用礼去节制它,所以也就行不通了。"

【注释】

①用:作用、功用。　②和为贵:遇事以和合为可贵。　③斯:这个。指示代词,指代"和为贵"。　④小大由之:小事、大事都以"和为贵"为出发点,按这个原则去做。　⑤节:节制、规范。

【评述】

本章论述"以和为贵"和"以礼节和"思想。关于和,有两种说法。《贾子·道术篇》说:"刚柔得道谓之和,反和为乖。"(《论语正义·学而第一》)说明和是礼中所有,故行礼以为贵,把和看成是礼。梁皇侃、宋邢昺说:"和谓乐也,乐主和同,故为乐为和。"(《十三经注疏·学而第一》)把和看成是乐。其实这里所说的"和",可以看成是"人和"。人和就是人心和顺,使人与人之间关系和谐。

我们的先人很早就认识到人和在社会活动中的重要地位和作用。"事成于和睦,力生于团结。"人和万事兴。刘备就是依靠人和,在艰难困顿中崛起,建立蜀国,与魏、吴鼎足而三。人和国势强。"廉蔺交欢"将相和,使赵国国势日益强盛,强秦不敢窥视,后世传为美谈。人和天下宁。汉元帝与匈奴呼韩邪单于结成友好关系,出现了"边城晏闭,牛马布野,三世无犬吠之警,黎庶亡干戈之役"的天下太平景象(《汉书》卷九十四下《匈奴传下》)。就今天来看,人和使祖国欣欣向荣。人心和顺,关系就会融洽,就会互相关心,互相爱护,互相帮助,心情愉快,聪明才智得以充分发挥。相反,一个人失去人和,就会到处碰壁;一个家庭失去人和,就会失去家庭温暖;一个民族失去人和,就会分裂;一个国家失去人和,社会就会动乱,甚至危及国家和民族的生存。可见"和为贵"确实是至理明言。

那么如何做到人和呢？首先要心和,大家"心往一处想"就会"劲往一起使",团结奋进。其次讲人和,并不是无原则的退让和妥协,"不以礼节之,亦不可行也",必须用礼加以节制。东汉马融说:"人知礼贵和,而每事从和,不以礼为节,亦不可行。"(《十三经注疏·学而第一》)宋朱熹说:"严而泰,和而节,此理之自然,礼之全体也。毫厘有差,则失其中正,而各倚于一偏,其不可行均矣。"(《论语集注》卷一)礼贵得中,知所节,则知所中,能得中庸之常道而不偏不倚,恰到好处。

有子曰:"信近①于义,言可复②也。恭近于礼,远③耻辱也。因④不失其亲,亦可宗⑤也。"

【今译】

有子说:"信约符合道义,诺言可以兑现。谦恭符合礼教,耻辱可以避免。凭借亲近的人,也就可靠了。"

【注释】

① 近:接近、靠近,引申为符合。 ② 复:再。这里有兑现诺言之意。 ③ 远(yuàn):离开、避开。 ④ 因:依靠、凭借。 ⑤ 宗:主。引申为可以依靠。

【评述】

本章论述为人处世的态度,含有谨始之意。讲了三个方面。宋朱熹说:"言约信而合其宜,则言必可践矣。致恭而中其节,则能远耻辱矣。所倚者不失其可亲之人,则亦可以宗而主之矣。此言人之言行交际,皆当谨之于始而虑其所终,不然,则因仍苟且之间,将有不胜其自失之悔者矣。"(《论语集注》卷一)对本章作了全面的分析。

"信近于义,言可复也"。梁皇侃说:"复,犹覆也。义不必信,信非义也,以其言可反覆,故曰近义。"(《十三经注疏·学而第一》)清刘宝楠引《孟子·离娄》"大人者,言不必信,唯义所在"云:"是信须视义而行之,故此言近于义也。"(《论语正义·学而第一》)梁皇侃则举《春秋》"晋士匄帅师侵齐,闻齐侯卒,乃还"一事,说明义不必信。侵齐是符合信的,但闻齐侯卒,义不伐丧,故撤兵。合义不必守信。他又举《史记》

"尾生与女子期于梁下,女子不来,水至不去,抱柱而死"之事来说明守信而非义(《十三经注疏·学而第一》)。可见义与信两者之间以义为行为的准则,信是附属于义的。因此,初与人约,便要考察是否符合于义,他日是否可以实行,如果轻易许诺,他日不能兑现,便失信于人,属于非义了。

"恭近于礼,远耻辱也。""恭不合礼,非礼也。以其能远耻辱,故曰近礼也。"(《论语正义·学而第一》)恭敬一定要符合于礼,过了头变成虚伪、谄媚,反而遭到耻辱。宋杨道夫举例说:"如见尊长而拜,礼也,我却不拜。被诘问,则无以答,这便是为人所耻辱。有一般人不当拜而拜,便是谄谀,这则可耻可辱者在我矣。"(《朱子语类》论语四)

"因不失其亲,亦可宗也。"曾子《立事》:"观其所爱亲,可知其人矣。"刘宝楠云:"谓观其所亲爱之之是非,则知其人之贤不肖,若所亲不失其亲,则此人之贤可知,故亦可宗敬也。"(《论语正义·学而第一》)所以先要看准正派可亲之人,然后才去依靠他,免得搞错依靠对象反受其害。总之这三者互相关联,是指导人们为人处世的实践活动,教育人们必须慎其始,看准了,符合原则,才去实行,始能立于不败之地。

子曰:"君子食无求饱,居无求安①,敏②于事而慎③于言,就④有道而正⑤焉,可谓好学也已⑥。"

【今译】

孔子说:"君子饮食不要求丰满,居处不要求舒适,办事敏捷,说话谨慎,接近有道德的人匡正是非,这样的人可以说是爱好学习了。"

【注释】

① 安:安适、安逸。　② 敏:敏捷。　③ 慎:谨慎。　④ 就:靠近、接近。　⑤ 正:匡正、纠正。　⑥ 也已:语气词连用,表示肯定。

【评述】

本章孔子教育人们要安贫力学，并且注重在社会实践中学习。首先要求人们立志向学，不贪求物质生活的享受，而重视精神生活的追求。宋邢昺说："君子食无求饱，居无求安者，言学者之志乐道忘饥，故不暇求其安饱也。"(《十三经注疏·学而第一》)宋朱熹说："不求安饱者，志有在而不暇及也。"(《论语集注》卷一)例如颜渊一箪食、一瓢饮，在陋巷而不改其乐的学习态度，精神境界为孔子所嘉许，为人们树立了榜样。

其次，在社会上做事要有责任心，勤于任事，说话谨慎。宋邢昺说："敏于事而慎于言者，敏，疾也。言当敏疾于所学事业，则有成功。《说命》说：'敬，逊。务时敏厥修乃来是也。'学有所得，又当慎言说之。"(《十三经注疏·学而第一》)宋朱熹说："敏于事者，勉其所不足。慎于言者，不敢尽其所有余也。"(《论语集注》卷一)都说明要谨言慎行，知行合一。

第三，要不断向有道德的人学习、请教，不断匡正自己的失误。宋邢昺说："就有道而正焉者，有道谓有道德者，正谓问其是非。言学业有所未晓，当就有道德的人正定其是之与非。《易·文言》曰：'问以辨之是也。'可谓好学也已者，总结之也，言能行在上诸事，则可谓之为好学也。"(《十三经注疏·学而第一》)宋朱熹说："必就有道之人，以正其是非，则可谓好学矣。"(《论语集注》卷一)《荀子·性恶篇》说："夫人虽有性质美而心辨知，必将求贤师而事之，择良友而友之。得贤师而事之，则所闻者，尧、舜、禹、汤之道也。得良友而友之，则所见者，忠、信、敬、让之行也，身日进于仁义而不自知者也，靡使然也。"人们如果具有这样的学习态度，立志向学，一定会学到许多做人的学问。

子贡曰："贫而无谄①，富而无骄，何如②？"子曰："可也。未若③贫而乐，富而好礼者也。"

子贡曰:"《诗》云:'如切如磋,如琢如磨④。'其斯⑤之谓与?"子曰:"赐⑥也,始可与言《诗》已矣,告诸⑦往而知来者。"

【今译】

子贡说:"贫穷而不谄媚,富贵而不骄人,怎么样?"孔子说:"可以了。但还不如贫穷而仍然快乐,富贵而仍然爱好礼义的人。"

子贡说:"《诗经》上说:'好像切削,好像刀锉,好像雕琢,好像研磨。'说的就是这个意思吧!"孔子说:"子贡呀!现在可以和你谈论《诗经》了。因为告诉你过去,你却能够推知未来。"

【注释】

① 谄:谄媚、奉承。 ② 何如:怎么样?《论语》中的"何如",都可看作"怎么样"。 ③ 未若:还不如。 ④ 如切如磋,如琢如磨:语见《诗经·卫风·淇奥》,意思是切割骨角、象牙、玉石,然后加以细细磨制、雕琢,成为器皿。后浓缩成成语"切磋琢磨",含有研讨、探求之意。 ⑤ 斯:这一个。 ⑥ 赐:子贡的名。 ⑦ 诸:通"之"。

【评述】

本章教育人们要安于现实,精益求精地追求学问。东汉郑玄说:"乐谓志于道,不以贫为忧苦。"(《十三经注疏·学而第一》)《吕氏春秋·孝行览·慎人》说:"古之得道者,穷亦乐、达亦乐,所乐非穷达也。道得于此,则穷达一也。为寒暑风雨之节。"子贡提出"贫而无谄,富而无骄"的问题,认为穷人不用卑谄的态度向人讨好,富人不以财骄人,可以说是尽善了。但孔子并不满意,提出"未若贫而乐,富而好礼"的更高层次的要求。孔子的主张是要"安贫乐道",不断地追求学问,研究做人的道理,在"礼"字上做大篇文章,达到仁的境界,不能仅仅满足于贫不谄、富不骄而已。

子贡经过孔子的启发,悟出了做学问必须精益求精的道理,引

《诗》"如切如磋,如琢如磨"为例证。受到孔子的嘉许,能闻一知二,告往知来,已具备学习富于联想的《诗经》的条件了。这也为人们指出了为学、求道必须不断攀登的道理。

子曰:"不患①人之不己知②,患不知人③也。"

【今译】

孔子说:"不担心别人不了解自己,只担心自己不了解别人。"

【注释】

① 患:担心、忧虑。 ② 不己知:不了解自己。"不己知"是"不知己"的倒装,宾语前置。 ③ 不知人:不了解别人。

【评述】

本章孔子教育人们为人处世应严格要求自己而不是责备别人。孔子教人为学的目的"不患人不知,患不知人也",与首章"人不知而不愠"一句相承接,首尾呼应,说明学习的目的是为了提高自己的道德修养和知识水平,是为了明理,是为了做一个仁人君子。并不是做给别人看,沽名钓誉,作敲门砖,进身之阶。所以"不患人不知"。

清刘宝楠说:"人不知己,己无所失,无可患也。己不知人,则于人之贤者,不能亲之用之;人之不贤者,不能远之、退之,所失甚巨,故当患。"(《论语正义·学而第一》)这话说到点子上,阐明了本章的主旨。有了学问,不必自我炫耀,学无止境,当力事追求,还有更长的道路要走,人家不了解自己,不任用自己,有什么可愠怒,可担心呢?自己安贫乐道,孜孜追求学问,探求真理,又有什么害处呢?

相反,不了解别人,就会良莠不分,带来危害。《吕氏春秋·论人》说:"人同类而智殊,贤不肖异,皆巧言辩辞,以自防御,此不肖主之所以乱也。"宋朱熹说:"不知人,则是非邪正或不能辨,故以为患也。"(《论语集注》卷一)清李中孚《四书反身录》:"吾人学非为人,人之知不知,原于己无损,故不以此为患。惟是人不易知,知人实难。我若不能穷理知人,则鉴衡昏昧,贤否莫辨,是非混淆,交人则不能亲贤而远佞,用人则不能进贤而屏奸。"可见不了解人危害甚大,一方面会失去推荐、进用贤人的机会,会失去向贤人学习的机会,会失去改正自己错误的机会。另一方面,不了解不肖之人,就会信恶为善,以敌为友,任用佞人,陷于错误,确实是要担心的。

# 为政第二

【解题】

本篇共二十四章,编者取首章"为政以德"一句中的"为政"两字作为篇名。其中,记孔子论述十四章,记孔子答鲁君、鲁大夫及弟子问九章,记孔子答有人问他因何不为政的问题一章。

本篇首先提出"为政以德"的观点,然后围绕它开展如何以德为治的讨论,讲清了两方面的问题:一、为政必须把教化放在首位,用孝、敬、信、勇等道德感化人、教育人、培养人,提高人们的道德品质。二、为政必须得人,有贤人君子来施行德治。这种人一定要有很高的道德修养,豁达大度,善于总结经验,知人善任,诚信待人,实事求是并具有大智大勇的牺牲精神。

子曰:"为政以德①,譬如北辰②,居其所③而众星共④之。"

【今译】

孔子说:"用道德来治理国家,就像北极星一样,定居在一定的位置上,而群星都围绕着它转动。"

【注释】

① 为政以德:用道德来治理国家,即德治。以,介词,用、拿。② 北辰:北极星。 ③ 所:处所、位置。 ④ 共(gǒng):同"拱"。围绕、环抱。

【评述】

本章孔子以众星共北为喻,提出"为政以德"观点,体现了他一贯的德治主张。"为政以德,则不动而化,不言而信,无为而成,所守者至简而能御烦,所处者至静而能制动,所务者至寡而能服众。"(《论语集注》卷一)"为政以德"是《为政篇》的纲领,以下各章都围绕这一中心展开。我们可以用三层意思来进行剖析:

首先,讲为政。古人讲为政含教化之意,即教育、感化。郡守到任必先祭孔子,兴办学校,到学校讲学,以整齐风俗。清李允升《四书证疑》说:"为政以德,则本仁以育万物,本义以正万民,本中和以制礼乐。"说明为政着眼于教化。

其次,讲德。古人说"德者,得也",说明德表示好行为的成果和作用。为政用德来感化就能起好的作用,得到好的结果。南宋朱熹说:"德之为言得也,得于心而不失也。"(《论语集注》卷一)宋林子蒙说:"此全在'德'字。'德'字从心,以其得之于心也。"(《朱子语类·论语五》)如何实行德治,包括两个方面,一是要求为政者提高自己的道德品质修养,内心有德。宋董铢说:"'为政以德',不是欲以德去为政,亦不是块然全无作为,但修德于己而人自感化。"(《朱子语类·论语五》)宋林子蒙说:"'为政以德'者,不是把德去为政,是自家有这德,人自归仰,如众星拱北辰。"(同上)二是用德行去教育、感化群众。内心有道德,表现为外在的美好行动,受到人们的景仰,因此修德与用德之间,以修德为主,把提高为政者的道德修养放在第一位。孔子是非常景仰尧、舜、禹、汤、文、武、周公的,因为他们内心充满着完美的道德修养,以己之德化育人民,受到人民的拥戴,国治而民安。《孟子·滕文公下》载,汤以仁德对待人民,取得人民的信任,他出兵伐桀时"东面而征西夷怨,南面而征北狄怨。曰:'奚为后我?'民之望之,若大旱之望雨也。"所以孔子非常强调自身的品德修养,其身正,始能不令而行。

第三,讲道德感化。以德化人,就能无为而治。本身不要动,只要发号施令,下面的官吏、人民就像无数星星围着你转动。宋黄义刚说:

"以德为本,则能使民归。"(《朱子语类·论语五》)由此可见,在"为政以德"四字中,包含着极其丰富的政治哲理。

子曰:"《诗》三百①,一言以蔽②之,曰:'思无邪③。'"

【今译】
　　孔子说:"《诗经》三百篇,可用一句话来概括它:思想纯正,没有邪念。"

【注释】
　　①《诗》三百:指《诗经》的篇数。实际为三百零五篇,这里举其整数。　②蔽:概括。　③思无邪:思想纯正而无邪念。

【评述】
　　本章孔子从为政的角度出发,论述《诗经》的主旨是思想纯正而无邪念,文学具有陶冶人的作用。其重点是"思无邪"。源出《诗经·鲁颂·驷》"思无邪,思马斯徂",原意是专诚一志以牧马,马长得壮,跑得快。那么,什么是"思无邪"呢?这是用了它的引申义,指诚、正之意。东汉包咸说:"归于正。"(《十三经注疏·为政第二》)宋程子说:"思无邪者,诚也。"(《论语集注》卷一)南宋朱熹说:"凡《诗》之言,善者可以感发人之善心,恶者可以惩创人之逸志。其用归于使人得其情性之正而无邪。"(同上)
　　孔子概括《诗经》的主旨是"思无邪",并非讨论《诗经》本身,而是指出为政与文学的关系,用诗教来陶冶人们的思想。孔子在《解经》中说:"温柔敦厚,诗教也。""乐而不淫,哀而不伤,怨而不乱。"可以用诗教以正人心。汉司马迁说:"国风好色而不淫,小雅怨诽而不乱"(《史记·屈原列传》),也言诗归于正也。所以"正得失、动天地、感鬼神,莫近于诗",先王以是"经夫妇,成孝敬,厚人伦,美教化,移风俗"(《毛诗序》)。可见《诗》能使人心归于正,在为政中能充分发挥它的文学感化功能。

子曰:"道①之以政②,齐③之以刑,民免而无耻④;道之以德,齐之以礼,有耻且格⑤。"

【今译】

孔子说:"治理人民采用政令,约束人民采用刑罚,人民为了逃避刑罚而无廉耻之心;治理人民采用道德,规范人民采用礼义,人民不但有廉耻之心,而且心悦诚服。"

【注释】

① 道:通"导",诱导、引导、疏导。 ② 政:政令、政法。 ③ 齐:规范、统制。 ④ 民免而无耻:人民为了避免刑罚而存无耻之心。免:幸免。 ⑤ 格:纠正。引申为归服、归化。

【评述】

本章孔子论述以德、礼来治理人民,才能使人民知耻而悦服。《礼记·缁衣》云:"夫民教之以德,齐之以礼,则民有格心;教之以政,齐之以刑,则民有遁心。"《大戴礼记·礼察》:"以礼义治之者积礼义,以刑罚治之者积刑罚;刑罚积而民怨倍,礼义积而民和亲。""导之以德教者,德教行而民康乐;驱之以法令者,法令极而民哀戚。"宋朱熹说:"愚谓政者为治之具,刑者辅治之法,德礼则所以出治之本,而德又礼之本也。此其相为终始,虽不可以偏废,然政刑能使民远罪而已,德礼之效,则有以使民日迁善而不自知。"(《论语集注》卷一)

孔子的为政治国,主张以德礼治民,而德又是礼之本,礼是德的外在表现。为政者躬行其德,以为民先。如必自尽其孝,而后可以教民孝,自尽其悌,然后可以教民悌,用德来进行感化教育。而这种德的感化,需要用礼来加以划一,以礼为规矩,所以德礼乃出治之本,以礼来辅德治之不足。使人民能明是非、辨善恶,以作恶触犯刑律为可耻。

而事实上历代统治者都是以德刑并举来治理人民的。孔子在本章中虽然强调德礼治民,但也看到政刑的作用,不过以德为主罢了。

据《史记·孝文帝纪》载:孝文帝即位二十三年,宫室苑囿狗马服御一点也没有增加。有一次想造一座露台,让建筑师估价,要费百金。汉文帝说:"百金,中民十家之产,吾奉先帝宫室,常恐羞之,何以台为?"遂不造露台,他平日崇尚节俭,自己常穿绨衣,所宠爱的慎夫人衣裳不许拖在地面上。帐子、门帘不允许用刺绣的丝织品,故有"文景之治"。据《后汉书·鲁恭传》载:鲁恭为中牟县令,专以德化治民,不任刑罚。有一次亭长向别人借牛而不肯归还。牛主向鲁恭申诉,鲁恭下命让亭长归还借牛,再三申令,亭长还是不肯归还。鲁恭叹曰:"是教化不行也。"欲辞职不干,县吏哭着挽留他。亭长听到以后,感到愧悔,还牛之后,又到县里投案服罪,鲁恭宽恕不究,全县的人纷纷悦服。即是其例。

子曰:"吾十有①五而志于学②,三十而立③,四十而不惑④,五十而知天命⑤,六十而耳顺⑥,七十而从心所欲,不逾矩⑦。"

【今译】

孔子说:"我十五岁立志向学,三十岁在社会上站稳脚跟,四十岁遇事不迷惑,五十岁懂得天命,六十岁听人说话能明辨是非,七十岁顺从心里所想的去做,不会越出规矩了。"

【注释】

① 有:又。　② 学:学问。立志向学,追求学问。　③ 立:站稳脚跟,引申为说话行事有独立见解,能立足于社会。　④ 不惑:遇事不迷惑。　⑤ 知天命:历代注疏家有不同解释,有的说:"知天命之始终。"有的说:"即天道之流行而赋于物者,乃事物所以当然之故也。"有的说:"穷理尽性。"有的说:"人受生于天,有哲命,有禄命。"有的说:

"命,使也。言天使已如此也。"等等。　⑥ 耳顺:听人说话能判明是非。　⑦ 不逾矩:不会超越规矩。

【评述】

本章孔子自述求学、立身、明道的经历,是自身实践的经验总结。宋程子说:"孔子自言其进德之序如此者,圣人未必然,但为学者立法,使之盈科而后进,成章而后达耳。"(《论语集注》卷一)孔子十五岁立志向学,三十而立,确定了人生所走的道路,自立于社会。四十岁于事物之所当然而不怀疑。五十而知天命。"知天命"这个词很难解释,朱熹的学生问他:"什么是天命?"朱熹不答,问得紧了,光火了:"某未到知天命处,如何知得天命。"(《朱子语类·论语五》)"天命者,《说文》云:'命使也,言天使已如此也。'"(《论语正义·为政第二》)联系孔子多次自述天授其传播文武之道的使命看,恐怕是知道自己身负传播文武之道的使命。"六十而耳顺",谓声入心道,无所违逆,知之之至,不思而得,所闻皆道也。"七十而从心所欲,不逾矩",即随其心之所欲,而不自过于法度,安而行之,不勉而中也。由此知孔子从十五岁开始有志于学起,随着岁月的增长,循序渐进,经历了好几个阶段,最后达到随心所欲都不违背礼法规矩的炉火纯青的境界。

这篇总结性的自述昭示人们,第一,"志"最为要紧,立定志向,脚踏实地做去,才能有成。宋代的范仲淹,"二岁而孤,母更适长山朱氏,从其姓,名说。少有志操,既长,知其世家,乃感泣辞母,去之应天府,依戚同文学,昼夜不息。冬月惫甚,以水沃面;食不给,至以糜粥继之。人不能堪,仲淹不苦也。"(《宋史·范仲淹传》)终于成为一代名臣。所以古人总是规劝人们从小立定大志。第二,孔子告诉人们,自己并不是天生圣人,自己的知识是学而知之的,自己的一生是孜孜不倦地学习、追求、自我完善的一生。讲得既真实,又亲切,"所以勉进后人也"(《论语集注》卷一)。第三,说明学习是有阶段性的,要循序渐进,长期坚持。第四,教育人们,为政必须积累人生的经验,懂得过去,才能把握现在,展望将来。懂得人情,懂得世故,才能为政化民。

孟懿子①问孝。子曰:"无违②。"
樊迟③御④。子告之曰:"孟孙问孝于我,我对曰:'无违。'"樊迟曰:"何谓也?"子曰:"生⑤,事⑥之以礼;死,葬之以礼,祭之以礼。"

【今译】
　　孟懿子向孔子请教孝道。孔子说:"不要违背礼制。"樊迟替孔子赶车。孔子告诉他说:"孟孙向我请教孝道,我回答他说:'不要违背礼制。'"樊迟说:"这是什么意思呢?"孔子说:"父母在世时,按礼节奉侍他们;父母去世后,按礼节安葬他们,按照礼节祭祀他们。"

【注释】
　　① 孟懿子:鲁国大夫仲孙何忌,"懿"是谥号。　② 无违:不要违背礼制。古人凡违背礼制均称违,宾语省略。　③ 樊迟:孔子学生樊须,字子迟。　④ 御:驾车。　⑤ 生:活着。　⑥ 事:奉侍。

【评述】
　　本章孔子从为政的角度叙述孝道原则。孟懿子,鲁国大夫仲孙何忌,孟僖子之子。他向孔子问孝道。孔子有针对性地答以"无违",即不要违背礼制。因为春秋时期礼崩乐坏,鲁国三家僭礼,孔子是深恶痛绝的,他要求为政者必须遵循礼制,不能背礼。
　　而这一回答,孔子又生怕孟懿子不理解,误会是孔子教育他不要违背其父亲的意志。所以当樊迟替自己赶车外出时,考虑到樊迟与孟懿子关系密切,估计樊迟也不一定会理解"无违"的意义,便乘机将"无违"的道理阐述清楚,让樊迟去转告孟懿子。果不其然,当孔子告诉樊迟答孟懿子问孝以"无违"时,樊迟也不理解,于是问了"何谓也?"孔子便作了解释:"生,事之以礼","谓冬温夏凉,昏定晨省之属也"(《十三经注疏·为政第二》),即父母活着的时候,冬天替父母温席,夏天替父母打扇,每天早晨和傍晚,亲自向父母问安,无微不至地奉侍父母,孝敬父母。"葬之以礼","谓为之棺椁衣衾而举之,卜其宅兆而措之之属也"(同上),即父母死时,备办棺材衣服,收殓遗体,砌造坟墓安葬。"祭之以礼","谓春秋祭祀,以时思之,陈其簠簋,而哀戚之之属也"(同上),即春天和秋天祭祀父母,表达对父母的哀思。

我国古代文化经常讲孝道,尤其是儒家更讲孝道,认为这是人伦之大者。什么是孝呢? 不单是对父母要孝,还要扩而充之行大孝于天下,爱天下之人,始谓之大孝。舜大孝于天下,也就包含着爱天下人的意思。古代皇帝都号称以孝治天下,死了还要在谥号上加个"孝"字。如汉孝文帝、孝武帝,唐太宗李世民的谥号为"太宗文武大圣大广孝皇帝",宋太祖赵匡胤的谥号为"太祖启运立极英武睿文神德圣功至明大孝皇帝",等等。所以为政的人,必须从自身孝父母做起,推及到行大孝于天下,爱一切人,这才是施行德治的根本。

孟武伯①问孝。子曰:"父母唯其②疾之忧。"

【今译】

孟武伯向孔子请教孝道。孔子说:"父母只为儿子的疾病担忧。"

【注释】

① 孟武伯:孟懿子之子仲孙彘。"武"是谥号。 ② 其:指示代词,有二说,一说指代父母,一说指代儿子。均可通。

【评述】

本章承前章继续论述孝道。孟武伯仲孙彘,是孟懿子的儿子,"武"是谥号。他与他父亲一样,向孔子请教孝道,而孔子对他的回答,与对其父的回答截然不同。只说"父母唯其疾之忧"。"疾"可以解释为疾病,也可解释为干坏事。父母看到儿子生病了,或者干坏事了,那种忧愁、担心,只有当父母的人才能体会出来,孔子就是要孟武子去体会这种心境。正如南宋朱熹所说:"人子体此,而以父母之心为心,则凡所以守其身者,自不容于不谨矣。"(《论语集注》卷一)孔子为什么要孟武伯去体察父母爱子之心呢?可能孔子想到孟武伯这个世家子弟,将来是要当政的,所以启示他像自己出了事情、生了疾病,父母着急的心情那样去对待父母、关心父母,从而关心人民疾苦,关心天下人。孔子同样回答孝的问题,针对性很强,根据不同的对象,不同的思想,作出各有侧重的不同回答,因材施教。

关于"父母唯其疾之忧",历来就有两种解释,一是儿子只为父母的疾病担忧。《淮南子·说林》说:"忧父之疾者子,治之者医。"东汉王充《论衡·问孔》说:"武伯善忧父母,故曰唯其疾之忧。"东汉高诱说:"'父母唯其疾之忧',故曰忧之者子。"(《论语正义·为政第二》)他们都主张忧者为子。一是父母只为儿子的疾病担忧。东汉马融说:"言孝子不妄为非,唯疾病然后使父母忧。"(《十三经注疏·为政第二》)南宋朱熹说:"言父母爱子之心,无所不至。唯恐其有疾病,常以为忧也。"(《论语集注》卷一)他们都主张忧者为父母。两说均可通。

子游①问孝。子曰:"今之孝者,是谓能养②。至于犬马,皆能有养;不敬③,何以别④乎?"

【今译】

子游请教孝道。孔子说:"现在的孝子,只是说能够养活父母就行了。即使狗和马都能够得到饲养;不孝敬父母,用什么来区别供养父母和饲养犬马的差异呢?"

【注释】

① 子游:孔子的学生,姓言,名偃,字子游。 ② 能养(yàng):能够养活。 ③ 敬:孝敬。 ④ 别:区别、分辨。

【评述】

本章孔子继续论述孝道。从为孝必敬这一侧面认为对父母不仅要奉养,更要恭敬。宋朱熹说:"人畜犬马,皆能有以养之,若能养其亲而敬不至,则与养犬马者何异。"(《论语集注》卷一)说明孝不是形式,不等于养犬马一样,光养而没有敬爱之心,就不是真孝。《集解》东汉包咸说:"犬以守御,马以代劳,皆养人者。"一曰:"人之所养,乃至于犬马,不敬,则无以别。"(《十三经注疏·为政第二》)《曾子·立孝》说:"君子之孝也,忠爱以敬。"《孟子·尽心上》:"食而弗爱,豕交之也,爱而不敬,兽畜之也。"他们都强调孝养必敬。那么,孔子为什么用为孝必敬来教育子游呢?据说子游为人爱有余而敬不足,所以乘他问孝的机会,孔子有针对性地启发他为孝用敬。"至于犬马"有两说,一说犬以守御,马以代劳者,皆能有以养人也。但兽畜无知,不能生敬于人,若人唯能供养父母而不敬,则何以别于犬马乎?一说人之所养,乃至犬马,伺其饥渴,饮之食之,皆能有以养之也。但人养犬马,资其为人用耳,而不敬此犬马也。人若养其父母而不敬,则何以别于犬马乎?所说虽异,但强调奉养父母必敬,则是一致的。

古人把养亲必敬,作为孝道的一种规定,敬爱父母,应做到从敬、爱出发,使长辈在精神上得到快慰。这样的事例在正史的《孝友传》中比比皆是。如《晋书·颜含传》载:兄颜几得疾,服药太多而死,随后复活,但气息甚微。颜含便弃绝人事,辞官不做,躬亲侍奉,十三年足不出户。次嫂樊氏因疾失明,颜含每日自尝省药馔,察问病情。医生用药时须髯蛇胆,千方百计寻找而得,服后全愈。颜含奉侍孝敬兄嫂的行动,为后人所传颂。养亲必敬,是中华民族的传统美德,它不仅是对父母养育之恩的报偿,更是对人类历史的尊重,对前人劳动的尊重,是"老吾老以及人之老"的仁爱精神的发挥。

子夏问孝。子曰:"色难①。有事,弟子②服其劳;有酒食③,先生④馔⑤,曾⑥是以为孝乎?"

【今译】

子夏请教孝道。孔子说:"和颜悦色地奉侍父母最难。有了事情,子女替他们效劳;有酒有饭,让长辈先享用,竟然说这可以认为是孝了。"

【注释】

① 色难:儿子经常和颜悦色地侍奉父母是件难事。也就是说色养最难。色,脸色,表情。 ② 弟子:子女。 ③ 食(sì):食物。 ④ 先生:父兄、长辈。 ⑤ 馔(zhuàn):吃喝。 ⑥ 曾(céng):竟、竟然。副词。

【评述】

本章继续论述孝道。从"色难"这一侧面启发人们奉养要承父母之欢。其重点是"色难"两字。什么叫"色难"呢?《集解》东汉包咸说:"色难者,谓承顺父母颜色乃为难。"(《十三经注疏·为政第二》)宋司马光《家范》说:"色难者,观父母之志趣,不待发言而后顺之者也。"《礼记·祭义》说:"孝子之有深爱者,必有和气;有和气者,必有愉色;有愉色者,必有婉容。""故事亲之际,惟色为难尔。"所以色事亲,为人子所难。在孔子看来,为父母服劳役,拣好的食物给父母吃,算不得实行孝道,要善于观察父母颜色变化,和颜悦色地奉侍父母,承顺父母,才算是实行孝道。春秋时楚国老莱子,年已七十,着五彩衣,作婴儿戏,以娱其亲,可以说是"色养"父母了。那么,孔子为什么要用"色难"来回答子夏问孝呢?这也是有针对性的,因为"子夏能直义而或少温润之色"(《论语集注》卷一)。孔子根据其失而启发之。

在前四章中,孟懿子、孟武伯、子游、子夏同样问的是孝,而孔子回答不同。这是针对他们之失而因材施教。诚如程子所说:"告懿子,告众人者也;告武伯者,以其人多可忧之事;子游能养而或失于敬;子夏能直义而或少温润之色,各因其材之高下,与其所失而告之,故不同也。"(《论语集注》卷一)宋杨方说:"子夏之病,乃子游之药;子游之病,乃子夏之药。若以色难告子游,以敬告子夏,则以水济水,以火济火,故圣人药各中其病。"(《朱子语类·论语五》)可见孔子执行因材施教的教育原则是非常之好的,之所以如此,是他对教育对象深刻了解的结果。

从前四章中,我们还可以深入地看到,孔子论孝道,是围绕"为政"这个主题展开的。一方面要求为政者用孝来治理天下,另一方面也在告诫如何实现为君之道和为臣之道。为君之道要爱,为臣之道要敬。君爱臣敬,国家也就安定了。

子曰:"吾与回①言终日②,不违③,如愚④。退而省⑤其私⑥,亦足以发⑦,回也不愚。"

【今译】

孔子说:"我整天与颜回讲学,他从不提出反对意见,好像很愚笨。等他回去自己研究,我考察他的言行,很能够发挥我的见解,颜回并不愚笨啊!"

【注释】

① 回:孔子学生颜回,字子渊。是孔子最得意的学生。 ② 终日:整天,从早到晚。 ③ 不违:不提出反对意见和问题。 ④ 愚:愚笨。 ⑤ 省(xǐng):观察、省察。 ⑥ 私:这里指个人的言行。 ⑦ 发:发明、发挥。

【评述】

本章孔子赞扬颜渊踏实求学的精神。《集解》汉孔安国说:"不违者,无所怪问。于孔子之言,默而识之,如愚者也。""察其退还,与二三子说释道义,发明大体,知其不愚也。"(《十三经注疏·为政第二》)颜渊是孔子最喜爱的学生,接受孔子的教育,从不发问、责难,好像很愚笨。但回去之后,独立研究,不仅理解深刻,而且善于发挥。宋朱熹说:"其闻夫子之言,默识心融,触处洞然,自有条理……皆足以发明夫子之道。"(《论语集注》卷一)所以受到孔子的赞扬。孔子赞扬颜渊不违如愚,亦足以发的学风,也正是提倡为政者应该发挥不违如愚、亦足以发的精神,独立思考、勇于实践,根据基本精神,因地制宜,予以发挥。

子曰:"视①其所以②,观其所由③,察其所安④。人焉⑤廋⑥哉?人焉廋哉?"

【今译】

孔子说:"考察一个人,看看他当前的所作所为,了解他所有的经历,观察他安心从事什么,不安心于什么。那么,这个人怎能掩盖他的真面目呢?这个人怎能掩盖他的真面目呢?"

【注释】

① 视、观、察:都是看的意思,但有程度深浅的不同。一般地看为视,深入地看为观,更进一步地审察为察。 ② 所以:所作所为。 ③ 所由:所有的经历。 ④ 所安:所安心从事的事业。 ⑤ 焉:何、怎么。 ⑥ 廋(sōu):隐藏、掩盖。

【评述】

本章孔子教导人们考察人的方法。孔子的话本于《大戴礼·文王官人》:"考其所为,观其所由,察其所安……此之谓视中也。"孔子稍加变动,作为考察人的方法。认为对于一个人的考察,既看现在,也看历史;既看动机,也看效果,作全面了解,这样,这个人的伪善面目就隐藏不住了。《集解》汉孔安国说:"廋,匿也。言观人终始,安所匿其情?"(《十三经注疏·为政第二》)清刘宝楠说:"'所以''所由''所安'皆是视中,夫子取为知人之法。"又说:"'终始'者,所以,是即日所行事,终也。所由,是前日所行事,所安,是意之所处,亦在平时,皆为始也。"《论语正义·为政第二》)孔子这个观察、了解人的方法,为历代人们所肯定而采用,特别被执政者用为考察、选拔官吏的方法。

子曰:"温故①而知新,可以为师②矣。"

【今译】

孔子说:"温习旧的知识,得到新的体会,这样的人,可以做老师了。"

【注释】

① 故:旧,过去的人和事。　② 师:老师。

【评述】

本章论述为师的道理。清刘宝楠说:"温,寻也。言旧所学得者,温寻使不忘,是温故也;素所未知,学使知之,是知新也。既温寻故者,又知新者,则可以为人师矣。"(《论语正义·为政第二》)从文字看,"温故知新"历来有三种理解:一是从温故中获得新的启示,新的发现,新的收获。清刘逢禄《论语述何》说:"故,古也。六经皆述古昔,称先王者也。知新,谓通其大义,以斟酌后世之制作,汉初经师皆是也。"朱熹说:"言学能时习旧闻,而每有新得。"(《论语集注》卷一)二是既要学习旧知识,又要学习新知识。唐孔颖达《礼记叙》说:"博物通人,知今温故,考前代之宪章,参当时之得失。"梁皇侃说:"所学已得者,则温寻之,不使忘失,此是月无忘其所能也。知新,则日知其所亡也。"(《十三经注疏,为政第二》)三是,故,指的是古;新,指的是今。东汉王充《论衡·谢短篇》说:"知古不知今,谓之陆沉;知今不知古,谓之盲瞽;温故知新,可以为师。古今不知,称师如何?"

从孔子说这话的背景看,是针对当时士大夫致仕后无德为师的情况而说的。据汉伏生《书传》载:"大夫、士年七十致仕,大夫为父师,士为少师,以其爵为之差,即是以其德为之差也。孔子时,大夫、士不必有德,故致仕后有不为师,或有不学而妄居师位者。"故孔子提出为师的准则,必须是温故知新,进德修业,老而好学。

从为政的角度看,温故知新,含有"前事不忘,后事之师"的意思,前面的成功与失败,历史会如实告诉你,只有善于总结研究,师法过去,判断未来新事物的发展方向,才能成为一个出色的政治家。

子曰:"君子不器①。"

【今译】

孔子说:"君子不像器具,只有一种用途。"

【注释】

① 器:器具、器皿。

【评述】

本章孔子教育君子应当是一个通才,不局限于一种才用,也要求君子的才德,应完美无缺。宋朱熹说:"器者,各适其用而不能相通,成德之士,体无不具,故用无不周,非特为一才一艺而已。"(《论语集注》卷一)孔子主张作为君子,不能只成为一个定型的人,派一种用场,应该是一个通才,"无所不施",而不"役役于一才一艺"。应该是一个上下古今中外无所不通的人,"温、良、恭、俭、让""仁、义、礼、智、信"各种美德具备的人,允文允武具有雄才大略的人。孔子曾把子贡比作瑚琏,但子贡却是能外交、能辞令、能经商,是一个多才多艺的人,孔子自己也是一个多才多艺的人。培养多才多艺的人,确是一项长远的百年大计。

子贡问君子。子曰:"先行其言①而后从②之。"

【今译】

子贡问怎样的人才算是君子。孔子说:"先实行你想说的,然后再说出来。"

【注释】

① 先行其言:先实行自己想要说的言论。 ② 从:跟从。这里指行而后言。

【评述】

本章孔子论君子的标准,要少说空话,多做实事,言行一致。《礼记·缁衣》说:"言从而行之,则言不可饰也,行从而言之,则行不可饰也。故君子寡言而行,以成其信。"明周孚先说:"先行其言者,行之于未言之前;而后从之者,言之于既行之后。"(《论语正义·为政第二》)《大戴礼·曾子制言》说:"君子先行后言。"又《大戴礼·立事》说:"君子微言而笃行之。行必先人,言必后人。"孔子一贯主张言行一致,作为君子应把实际行动摆在言论的前面,不要光吹牛而不做。先做,起表率作用,做完了,大家都看在眼里,自然会听从你、敬佩你、取信于人。那么孔子为什么对子贡说这番话呢?也是有针对性的。宋范氏说:"子贡之患,非言之艰而行之难,故告之以此。"(《论语集注》卷一)是针对子贡多言少行之失而发的。

子曰:"君子周①而不比②,小人比而不周。"

【今译】

孔子说:"君子讲团结而不搞勾结,小人搞勾结而不讲团结。"

【注释】

① 周:团结。 ② 比(bì):勾结。

【评述】

本章孔子论君子和小人政治品德的区别。孔子在道德修养上非常注意君子与小人的区别。那么什么是小人呢?"正义曰:经传言:

'小人有二义：一谓微贱之人，一谓无德之人。'此文小人，则无德者也。"(《论语正义·为政第二》)这里指无德之人为小人。所以孔子除了正面论述君子外，常常用对比的方法加以辨识。如"周"与"比"。周是忠信，从公出发，团结大多数，这是君子的行为。比是偏袒，是阿党，从私出发，拉拢少数人，这是小人的行为。从而在比较中指出他们的本质。关于周与比的训释，也有不同的理解。"忠信则能亲爱人，故'周'又训为亲、为密、为合。"(《论语正义·为政第二》)清王引之《经义述闻》："周、比皆训为亲、为密、为合。""以义合者，周也；以利合者，比也。"宋朱熹说："周，普遍也，比，偏党也，皆与人亲厚之意，但周公而比私耳。"(《论语集注》卷一)说明周、比二字的内涵有公私之别。

子曰："学而不思则罔①，思而不学则殆②。"

【今译】

孔子说："学习而不思考，就会迷罔，思考而不学习，就会神思疲殆。"

【注释】

① 罔(wǎng)：迷惘、受骗。　② 殆(dài)：疑惑、神思枯竭。

【评述】

本章孔子论述学与思的关系，主张学思结合。《集解》东汉包咸说："学不寻思其义，则罔然无所得。……不学而思，终卒不得，徒使人精神疲殆。"(《十三经注疏·为政第二》)孟子说："心之官则思，思则得之，不思则不得也。"(《孟子·告子上》)荀子《劝学》曰："小人之学也，入乎耳，出乎口，口耳之间，则四寸耳，曷足以美七尺之躯哉。"孟子强调学而思，荀子谓小人学而不思。《中论·治学》说："弗学，何以行，弗思，何以得，小子勉之，斯可以为人师矣。"孔子是非常注意学思结合的，有不少论述。他结合自己切身体会说："吾尝终日不食，终夜不寝，以思,无益,不如学也。"(《论语·卫灵公》)他谆谆教导人们要学思结合,特别是为政者更应学思结合。

子曰:"攻①乎异端②,斯③害也已④。"

【今译】
孔子曰:"攻习异端邪说,就会遗害无穷。"

【注释】
①攻:攻习、学习。 ②异端:背离正统的学说、观点。 ③斯:这、这个。 ④已:停止、消除。

【评述】
本章孔子教育人们治正学、走正道。宋邢昺说:"言人若不学正经、善道,而治乎异端之书,斯则为害之深也。以其善道有统,故殊途而同归,异道则不同归也。"(《十三经注疏·为政第二》)关于攻乎异端的"攻",有两种解释,一释为治。"攻,治也。"(《论语正义·为政第二》)一释为攻击、批判,见近人杨伯峻《论语译注》。两说皆可通。

关于异端,也有不同解释:有人认为是指诸子百家之类的杂书。梁皇侃说:"善道,即五经正典也,殊途,谓诗、书、礼、乐为教之途不一也。""异端,谓杂书也。言人若不学六经正典,而杂学于诸子百家。"(《十三经注疏·为政第二》)宋邢昺说:"异端,谓诸子百家之书也。"(同上)有人认为系指"虽小道,必有可观者"中的"小道"。魏何晏说:"小道为异端。"(同上)有人认为是指"执其两端用其中于民"中的"过"与"不及"的两端。东汉郑玄说:"两端,过与不及,用其中于民,贤与不肖皆能行之。"(同上)有人认为异端指杨墨。宋朱熹引范氏:"异端,非圣人之道,而别为一端,如杨墨是也。"(《论语集注》卷一)清刘宝楠说:"异端者,其始既异,其终又异,不能同归于善道也。"(《论语正义·为政第二》)总而言之,在孔子看来,异端是背离正道的歪门邪道。所以孔子教导学生和为政者,希望他们不要背离尧舜文武之道而去攻习异端邪说,结果会贻害无穷。孔子所处的时代正是春秋末期,背离正道的异端邪说已有出现。如鲁国的少正卯就与孔子持不同政见,吸引不少孔子的学生前去听讲。孔子便对他断然处之,宣布他的罪状为心达而险、行僻而坚、言诡而辩、记丑而博、顺非而泽。绝不允许煽动异端邪说、危害国家的思想存在。

子曰:"由①!诲②女③知④之乎!知之为知之,不知为不知,是知也⑤。"

【今译】

孔子说:"仲由呀!教诲你对待知与不知的正确态度吧!知道就是知道,不知道就是不知道,这就是真正的智慧啊。"

【注释】

① 由:孔子学生仲由,字子路,也作季路。 ② 诲:教诲、教育。 ③ 女(rǔ):通"汝"。你。 ④ 知:指知道或不知道。 ⑤ 是知也:这就是对待知与不知的正确态度。

【评述】

本章孔子教子路对待知与不知的正确态度。子路是孔子喜爱的学生,姓仲名由,字子路,比孔子小九岁。子路性刚,好以不知为知,故孔子以此抑之。宋朱熹说:"子路好勇,盖有强其所不知以为知者,故夫子告之曰:'我教女以知之之道乎'?但所知者则以为知,所不知者则以为不知,如此则虽或不能尽知,而无自欺之蔽,亦不害其为知矣。"(《论语集注》卷一)孔子在教育子路怎样正确对待"知"的态度上,贯穿着实事求是的精神,懂得的就是懂得的,不懂的就是不懂的,这是为人处世最高的智慧。人不能尽知天下事,必须学而知,问而知,富有求实精神,如果不懂装懂,强不知以为知,自欺欺人,将会陷于愚蠢。战国时赵括纸上谈兵,夸夸其谈,强不知以为知,结果在"长平之战"中被秦将白起打得大败,士卒被坑者达四十万人,不但自己身败名裂,更丧师辱国,促使赵国加速灭亡,这种历史教训难道还会少吗?所以学习、为政都必须具有实事求是的正确态度,才能虚心向学,不耻下问,获得真知。

子张①学干禄②。子曰:"多闻阙疑③,慎言其余,则寡尤④;多见阙殆⑤,慎行其余,则寡悔⑥。言寡尤,行⑦寡悔,禄在其中矣。"

【今译】

　　子张请教做官得禄位的方法。孔子说:"多听听,保留疑问。慎重地谈论有把握的问题,就能减少错误;多看看,保留疑问,慎重地去做有把握的事,就能减少追悔。说话少犯错误,做事少后悔,官禄就在这里面了。"

【注释】

　　① 子张:孔子学生,姓颛孙,名师,字子张。　② 干禄:谋求做官得俸禄。干:求。　③ 阙疑:存疑。　④ 寡尤:减少过失、错误。尤:过失。　⑤ 阙殆:与阙疑对称,也为存疑。　⑥ 寡悔:减少追悔。　⑦ 行(xìng):行动。

【评述】

本章孔子教导子张为政应谨言慎行,多看多听,了解真情,才能保持禄位。孔子教子张求职得禄,讲了多闻、阙疑、慎言行三件事,这三件事互有联系而以慎言行为主。实际上是孔子教人为人处世之道。宋朱熹说:"多闻见者学之博,阙疑殆者择之精,慎言行者守之约,凡言在其中者,皆不求而自至之辞,言此以救子张之失而进之也。"(《论语集注》卷一)宋程子说:"君子言行能谨,得禄之道也。"(同上)一个人要求知识渊博、立足于世，应多看多听、多亲身实践，有怀疑不懂的地方则保留，或向人家请教，弄懂了再说、再做。讲话要谨慎，不要讲过头话，做事要小心，不要有过分的行动，这样处世，就少失误、少后悔。如果用这样的态度去工作，什么事都能做好，禄位自然也在其中了。

哀公①问曰："何为②则民服？"孔子对曰："举直错诸枉③，则民服；举枉错诸直，则民不服。"

【今译】
鲁哀公问孔子道："怎么样做才会使老百姓服从？"孔子回答说："举拔正直的人，将他们放在邪恶的人上面，那么，人民就服从；举拔邪恶的人，将他们放在正直的人上面，那么，人民就不会服从。"

【注释】
① 哀公：鲁国国君姬蒋。"哀"是谥号。　② 何为：做些什么事。
③ 举直错诸枉：推举正直的人，放在邪恶的人上面。错：放、置。

【评述】
本章孔子论述使贤任能是取得人民拥护的重要措施。关于"举直错诸枉"，有两种说法，一种认为举用正直之人，废置邪枉之人。《集解》东汉包咸说："错，置也。举正直之人用之，废置邪枉之人，则民服其上。"(《十三经注疏·为政第二》)一种认为直者居于上，而枉者置之下位。清刘宝楠说："春秋时世卿持禄，多不称职，贤者隐处，虽有仕者，亦在下位，故此告哀公以举措之道，直者居于上，而枉者置之下位，使贤者得尽其才，而不肖者有所受治，亦且畀之以位，未甚决绝，俾知所感奋而犹可以大用。"(《论语正义·为政第二》)以后说较为合理。如萧瑀，在隋炀帝时，以姊为王妃，恃宠阿谀，鄙远浮华。至唐太宗时，变成忠耿亮直，善言进谏者。唐太宗赐诗："疾风知劲草，版荡识诚臣。"可见不肖者也可在贤者的感化下成为善者。

我国古代,实行人治,进贤退不肖是治国的根本。孔子回答哀公的话言简意赅,是历史经验的总结。禹有天下,进皋陶,不仁者远矣;汤有天下,任伊尹,不仁者远矣。纣用佞臣费仲、恶来,杀比干,以致覆亡。但要举贤才而用之,亦难,首先要求为政者能辨别贤与不肖。如果为政者缺乏知人之明,以枉为直、以直为枉的事是经常会发生的。唐太宗称得上是英明的君主了,也把险佞内挟、善矫饰逢迎的谀臣封伦当成忠臣,横赐累万。如唐朝武则天问武三思,朝中谁是忠臣?武三思答:"我不知何等名善人,唯与我者殆之哉。"(《新唐书》卷二百六《武三思传》)意思是,跟我好的都是忠臣,我不认识的怎么知道他好不好。可见孔子答哀公的话,含义非常深刻,是君主最高的道德修养,看似容易,实际是很难做到的。

季康子①问:"使民敬②、忠③以劝④,如之何?"子曰:"临⑤之以庄⑥,则敬;孝慈⑦,则忠;举⑧善而教不能⑨,则劝⑩。"

【今译】

季康子问道:"要使人民恭敬、忠诚和互相劝勉,应该怎么办呢?"孔子说:"你用庄重的态度对待人民,他们就会恭敬;你孝顺父母、慈爱人民,他们就会忠诚;你能举用善人而教育能力差的人,他们就会相互劝勉而为善。"

【注释】

① 季康子:鲁哀公时正卿季孙肥。"康"是谥号。　② 敬:严肃认真。　③ 忠:忠诚、忠心。　④ 劝:劝勉。　⑤ 临:靠近。上对下靠近为临。　⑥ 庄:庄重、严肃。　⑦ 孝慈:孝顺、慈爱。子女对父母孝,父母对子女慈。　⑧ 举:推举、提拔。　⑨ 不能:能力薄弱的人。　⑩ 劝:勉励、劝勉,这里有自勉之意。

【评述】

本章孔子论述为政者要首先端正自己,才能教育人民,提高人民的道德水平。孔子分三个层次回答季康子如何使民敬、忠、劝善三事。季康子是鲁哀公时执政的权臣,专权僭越,故人民不敬。孔子有针对性地教育他要以身作则,遵守礼制。如何能使人民敬重呢?孔子主张"临之以庄"。《集解》汉包咸说:"庄,严也。君临民以严则民敬其上。"(《十三经注疏·为政第二》)上能端庄,下便尊敬。所以要求为政者对人民的态度要认真严肃,符合礼制。如何使民忠呢?孔子说:"孝慈则忠。"汉包咸说:"君能上孝于亲,下慈于民,则民忠矣。"(同上)孝、慈是两件事,孝是亲身奉行、躬行孝道,慈是以恩惠要结。从家庭来说,子女对父母要孝,父母对子女要慈。从国家来说,为政者对父母要孝,对人民要慈,结以恩惠,这样人民才能忠于自己。如何劝善呢?孔子认为"举善而教不能则劝"。东汉包咸说:"举用善人而教不能者,则民劝勉。"(同上)宋朱熹说:"善者举之而不能者教之,则民有所劝而乐为为善。"(《论语集注》卷一)"圣人但告之以己所当为,而民自应者。方其端庄孝慈,举善教不能,不是要民如此而后为,做得自己工夫,则民不期然而然者。"(《朱子语类·论语六》)所以孔子告诉季康子,你要"使民敬、忠以劝",一定要接近人民,内心要有庄严情操,真心诚意爱人,奖励善类,教育不善者使之感化、转变,以君、师、长者之心对待人民,人民自然受到感化而敬服。

或<sup>①</sup>谓孔子曰:"子奚<sup>②</sup>不为政<sup>③</sup>?"子曰:"《书<sup>④</sup>》云:'孝乎惟孝,友于<sup>⑤</sup>兄弟,施<sup>⑥</sup>于有政。'是亦为政,奚其为为政?"

【今译】

有人对孔子说:"你为什么不参与政治活动?"孔子说:"《尚书》里说:'孝啊!只有孝顺父母的人,才能友爱兄弟,把这种风气影响到政治上去。'也就是参与政治,为什么一定要做官才算参与政治呢?"

【注释】

　　① 或:有人。　② 奚(xī):为什么。疑问词。　③ 为政:参与政治。　④《书》:《尚书》,以下三句是《尚书》的逸文,被采入伪《古文尚书》。　⑤ 友于:兄弟之间友爱的意思,借指兄弟。　⑥ 施:延及、影响。

【评述】

　　本章孔子论述治家之道,即治国之道,家治好了,国也能治好。治国是治家的扩大。孔子回答有人提出的疑问。有人认为孔子多才多艺,又能讲出不少为政的道理,应该出仕为官。孔子便引用《尚书》逸文"孝乎惟孝,友于兄弟,施于有政"的话来说明为政不一定要出仕做官,在家孝父母,友兄弟,治家也就是治国。

　　我国古代,把国看成是家,治家与治国的道理是一致的。所谓"家齐而后国治,国治而后天下平。"(《大学》第一章)东汉包咸说:"或人以为居位乃是为政。""施,行也。所行有政道,与为政同。"(《十三经注疏·为政第二》)清人刘宝楠也同意包咸的看法,说:"夫子定五经以张治本,而首重孝友。孝友者,齐家之要,政之莫先焉者也。""为政之道,不外明伦,故但能明孝弟之义,即有政道,与居位为政无异。"(《论语正义·为政第二》)显然这是为孔子的话作辩解。但对于孔子的回答,宋朱熹看出是言不由衷的饰辞,并非孔子本意。"盖孔子之不仕,有难以语或人者,故托此以告之。"(《论语集注》卷一)朱熹的看法是揭示了孔子内心世界的,孔子的本意是想出仕施展才能治国平天下的,但限于条件,虽经风尘仆仆的周游列国之劳,但各国国君都不愿任用他,所以他回答别人的话,是违心的强辩,带有苦涩的滋味。果然治家之理可以推及治国,毕竟没有在位的人作用直接,施加政治影响大,这是尽人皆知的事实。

　　子曰:"人而无信①,不知其可也。大车②无輗③,小车④无軏⑤,其何以行之哉?"

【今译】

孔子说:"做人而不讲信用,不知道他怎么可以立身处世。好像牛车没有安装輗,马车没有安装軏,它怎么能行走呢?"

【注释】

① 信:信誉、信用。 ② 大车:牛车。 ③ 輗(ní):牛车辕前横木两端的木销。 ④ 小车:马车。 ⑤ 軏(yuè):马车辕前横木两端的木销。

【评述】

本章孔子用比喻说明信的重要性。汉孔安国说:"言人而无信,其余终无可。"(《十三经注疏·为政第二》)清刘宝楠说:"人有五常,仁、义、礼、智皆须信以成之。若人而无信,其余四德终无可行。"(《论语正义·为政第二》)清戴震《论语补注》说:"大车鬲以驾牛,小车衡以驾马,其关键则名輗軏。辕所以引车,必施輗軏而后行。信之在人,亦交接相持之关键,故以輗軏喻言。"孔子教人要讲信用,失去信用,就像车子失去重要的部件而不能行动一样。做人也好、处世也好、为政也好,信是很重要的,说话算数,讲信用,才能取信于人。特别是为政者,如果言而无信,朝令夕改,老百姓就会无所适从而不信任你、拥戴你。

《韩非子·外储说左上》载:曾子的妻子到街上去,她的儿子跟着她哭着前去,其母安慰他说:"你别哭,回家的时候,我杀猪给你吃。"他们从街上回来,只见曾子正在捉猪想杀掉它。他的妻子连忙阻止他说:"我不过是对孩子开开玩笑罢了,何必当真呢?"曾子说:"孩子是不可以同他开玩笑的,孩子还没有知识,依靠父母给他教育,现在你欺骗他,是教孩子说谎话。母亲对儿子说谎话,使儿子不相信母亲,这不是好的教育。"于是就杀猪、烧猪肉给孩子吃。无独有偶,孟子的母亲也对孟子有相似的教育。据《韩诗外传》卷九载:孟子小时候,东面邻居家杀猪。孟子问他的母亲说:"东面邻居杀猪,为什么呀!"孟母说:"想给你吃呀。"孟母说出口后,觉得不妥当,说:"吾怀妊是子,席不正不坐,割不正不食,胎教之也。今适有知而欺之,是教之不信也。"于是买了邻居家的肉给孟子吃,表明自己守信,教育孟子守信。即是其例。

子张问:"十世①可知也?"子曰:"殷因②于夏礼,所损益③,可知也;周因于殷礼,所损益,可知也。其或继周者,虽百世,可知也。"

【今译】

子张问孔子:"今后十代的礼仪制度可以预先知道吗?"孔子说:"殷代继承夏代的礼仪制度,所废弃的,所增加的,是可以知道的。周代继承殷代的礼仪制度,所废弃的,所增加的,也是可以知道的。那么,假使有继承周代的朝代,即使是过了一百代,也是可以预先知道的。"

【注释】

①十世:十代。古代以三十年为一世。　②因:因袭、沿袭、继承。　③损益:废除和增添。

【评述】

本章孔子论述文化的继承和创新问题。子张问孔子十世以后的典章制度演变情况是否可以预知。世,是一个代表时间的单位,在中国以三十年为一世。子张所问的十世乃是虚指,即千秋万岁之后的将来。孔子则从文化的继承和创新的角度给予回答。文化的发展有其继承性,在继承的基础上创新。清刘宝楠说:"礼所以有损益者,如夏尚忠,而其敝则蠢而愚,乔而野,朴而不文;殷承夏,而其敝则荡而不静,胜而无耻;周承殷,而其敝则利而巧,文而不惭,贼而蔽。则承周者,又当救之以质。故凡有所损益,皆是变易之道。"(《论语正义·为政第二》)所以在新制度中包含着旧制度的痕迹,在旧制度中孕育着新的因素。孔子用夏、商、周三代的承袭和损益说明这一点。殷商的文化,是由夏朝的文化演变而来,但由于时代的变化,有所损益。周代的文化又是从殷商文化演变而来,有所损益。但不管减损也好,增益也好,总是由前面的历史轨迹演进而来,符合现实需要才进行变革。孔子的话足以启示人们:从观察历史发展的轨迹中去总结过去,预知未来。

子曰:"非其鬼①而祭之,谄②也。见义不为,无勇也。"

【今译】

孔子说:"不是自己的祖先而去祭祀他,这是献媚。见到正义的事而不去做,这是没有勇气。"

【注释】

① 鬼:人死叫鬼。这里指自己的祖先。　② 谄(chǎn):谄媚、奉承。

【评述】

本章孔子教人鄙弃祭神祀鬼,提倡重视人生,见义勇为。《集解》东汉郑玄说:"人神曰鬼。非其祖考而祭之者,是谄求福。"(《十三经注疏·为政第二》)汉孔安国说:"义所宜为而不能为,是无勇。"(同上)

孔子所论述的两件事是有所指的。孔子并不反对祭祀,但反对淫祀,"非其鬼而祭之"。宋邢昺说:"或谓季氏旅泰山,是祭非其鬼。"(《十三经注疏·为政第二》)季氏是鲁国大夫,居然去祭只有天子、诸侯才能祭祀的泰山,这是违礼、僭越,所以孔子坚决反对。孔子的学生冉有为季氏宰,季氏要去祭泰山,明明是非礼之事,但冉有不能谏阻。宋邢昺说:"冉有仕季氏,弗能救,是见义不为也。"(同上)所以孔子说了"见义不为,无勇也"。公元前 480 年,陈恒弑齐简公,孔子请求鲁哀公发兵征讨,但鲁哀公不敢发兵。宋邢昺说:"鲁哀不能讨陈恒,以为无勇。"(同上)所以孔子批评他"见义不为,无勇也"。孔子说的两句话,批评的几件事都是有联系的。一个谄媚的人,必然不可能见义勇为。以后"见义勇为"一词作为成语流传。孔子把这一章作为本篇的结论,是寓有深意的,他教育为政者,一定要正直守礼,见义勇为。这是为政的基本要求,也是为政的基本精神。

## 八佾第三

【解题】

本篇共二十六章。编者取首章"孔子谓季氏,八佾舞于庭"一句中"八佾"二字为篇名。其中,记孔子直接论述十八章,记孔子答君主、大臣、学生问五章,答有人问二章,记仪封人请见一章。

本篇主题是讲礼。礼是中国文化最重要的一环,也是孔子思想体系的重要组成部分。本篇围绕礼这一中心开展论述,阐述了三个问题。一、从正面论述礼对个人修养、治国安民、移风易俗的重要性,勉励人们学礼、遵礼、循礼而行。着重分析了礼的来源,礼的内涵与表现形式,学习礼的途径,礼的原则,礼的作用。二、从反面严肃地批判、抨击非礼的僭越行为,揭露时弊而匡救之。三、论述礼与乐的关系。立于礼,成于乐,以乐辅礼,而和民声。

孔子谓①季氏②:"八佾③舞于庭,是可忍④也,孰不可忍也?"

【今译】

孔子谈论季氏时说:"他竟然用六十四人在家庙的庭院中奏乐舞蹈,这僭礼的事都可以狠心做出来,还有什么不可以狠心做出来呢?"

【注释】

① 谓:说、谈论。 ② 季氏:鲁国执政季孙氏。可能为季平子。

③ 八佾(yì)：古代奏乐舞蹈，每行八人称为一佾。天子可用八佾，六十四人舞，诸侯六佾，大夫四佾，士二佾。季孙氏是大夫，按礼只能用四佾，用八佾是僭越。　④ 忍：忍心、狠心。

**【评述】**

本章孔子谴责季氏超越等级名分的僭礼行为。季氏在家庙祭祀中舞八佾，这是越礼的举动。按《周礼·祭法》规定，祭祀祖先，天子用八佾，诸侯六佾，大夫四佾，士二佾，依次递减，等级森严，不可逾越。周公因有大功于王室，故成王、康王特赐祭周公能用天子的礼乐，八佾舞蹈。而祭群公之庙仍只能用六佾。根据《礼记·郊特牲》规定："诸侯不敢祖天子，大夫不敢祖诸侯。"所以鲁国不能立文王之庙，季氏也不能立鲁桓公之庙，季氏用祭天子、周公之礼祭家庙，这是僭越。孔子是周礼的坚决维护者，对于这种明目张胆的越礼行为，气愤之极，"是可忍也，孰不可忍也"，给予严厉谴责。

三家①者以《雍②》彻。子曰："'相维辟公③，天子穆穆④'，奚⑤取于三家之堂？"

**【今译】**

　　鲁国孟孙、叔孙、季孙三家大夫，在祭祀祖先时竟用天子的礼仪，演奏着《雍》诗撤除祭品。孔子说："《雍》诗上有这样的话，'助祭的是诸侯，天子严肃地主祭'，这句诗怎么能用在三家祭祖的庙堂上呢？"

**【注释】**

　　① 三家：指鲁国的执政孟孙、叔孙、季孙三家。他们是鲁桓公之后，故也称三桓。　②《雍》：《诗经·周颂》中的一篇。按礼制规定，天子祭祖时，唱这篇诗，撤除祭品。　③ 相(xiàng)维辟公：助祭的是诸侯。相：助祭者。维：语助词，无义。辟公：诸侯。　④ 穆穆：庄重的样子。　⑤ 奚：怎么。

【评述】

　　本章承上章旨意,谴责鲁国三家大夫的越礼行为。宋邢昺说:"三孙同是鲁桓公之后,桓公适子庄公为君。庶子公子庆父、公子叔牙、公子季友。"清刘宝楠说:"仲孙,即孟孙庆父之后;叔孙,叔牙之后。称孙者,公子之子为公孙也。"(《论语正义·八佾第三》)《雍》,《诗经》篇名。出自《诗经·周颂·臣工》,天子祭宗庙撤祭时所奏之歌。《周官·乐师》注:"撤者歌《雍》,是天子祭宗庙歌之以撤祭也。"《淮南子·主术》说:"天子食撤,歌此诗。"三家家祭时,居然奏天子之乐以撤祭,这是严重的僭越行为,孔子站在维护周礼的立场上,所以予以严厉批评;他也为当时礼崩乐坏而感叹不已!

　　子曰:"人而不仁①,如礼②何?人而不仁,如乐③何?"

【今译】

　　孔子说:"做人却不讲仁德,礼仪对他有什么意义呢?做人却不讲仁德,音乐对他有什么意义呢?"

【注释】

　　① 仁:仁德、仁爱。　② 礼:礼仪。　③ 乐:音乐。

【评述】

　　本章孔子认为仁是礼乐的根本,不仁的人,不能行礼乐。《集解》东汉包咸说:"言人而不仁,必不能行礼乐。"(《十三经注疏·八佾第三》)宋李氏说:"礼乐待人而后行,苟非其人,则虽玉帛交错,钟鼓铿锵,亦将如之何哉?"(《论语集注》卷二)八佾舞于季氏之庭,《雍》诗奏于季氏撤祭之时,激起孔子的愤慨之情,有感而发,斥责季氏不仁,不仁的人是不能施礼乐的。梁皇侃说:"此章亦为季氏出也。季氏僭滥王者礼乐,其既不仁,则奈此礼乐何乎。"(《论语正义·八佾第三》)宋朱熹说:"记者序此于八佾、《雍》撤之后,疑其为僭礼乐者发也。"(《论语集注》卷二)宋游酢说:"人而不仁,则人心亡矣,其如礼乐何哉? 言虽欲用之,而礼乐不为之用也。"(同上)仁是孔子思想体系的核心,最高的道德标准,又是各种德行的总和。他总是教育人们做一个仁人。仁与礼的关系是十分密切的,礼可以看成是仁的精神的具体化、外在化。清刘宝楠说:"礼节者,仁之貌也;歌乐者,仁之和也。"(《语论正义·八佾第三》)合乎礼,便是仁人。季氏不是仁人,自然是僭礼者,怎能行礼乐呢?

林放①问礼之本②。子曰:"大哉问! 礼,与其奢③也,宁俭;丧,与其易④也,宁戚。"

【今译】

林放问礼的本质是什么? 孔子说:"你的问题意义重大呀! 礼仪,与其奢侈,毋宁节俭;丧葬,与其仪节周全,毋宁真心哀戚。"

【注释】

① 林放:鲁国人。《蜀礼殿图》以林放为孔子弟子。汉郑玄以《弟子传》无林放,故不称他为弟子。　② 本:本质、根本。　③ 奢:奢侈、铺张浪费。　④ 易:妥贴完美、仪节周全。

【评述】

本章孔子论礼的本义,以拯救世道风尚。清刘宝楠说:"本者,万物之始。先王制礼,缘人情世事而为之,节文以范围之。"(《论语正义·八佾第三》)"当夫子时,奢僭失礼,大非文、周制作之旧,故夫子屡言从周。从周者,从乎文、周之所制以修明之而已。然世变已亟,或犹虑从周不足以胜之,则惟欲以质救文。……林放意亦欲以质救文,故夫子闻其所问,深美大之。"(同上)《隋书·高祖纪下》:"丧与其易也,宁在于戚,则礼之本也。礼有其余,未若于哀,则情之实也。"

春秋时期,僭奢失礼普遍存在,林放在礼的问题上,欲以质来补救文之失,故孔子称之为"大哉问"。在如何行礼的问题上,孔子主张得中,认为:"礼不同,不丰,不杀,此之谓也。盖言称也。"(《礼记·礼器》)清刘宝楠说:"礼贵得中,凡丰、杀,即为过中不及中也。过中不及中,俱是失礼,然过中失大,不及中失小。"(《论语正义·八佾第三》)文家多失在过中,质家多失在不及中。所以孔子认为宁从质而不从文。因而对林放提出的问题加以充分肯定,表现了孔子在行礼问题上主张真实质朴,反对形式、僭越的思想。

子曰:"夷狄①之有君,不如诸夏②之亡③也。"

【今译】

孔子说:"文化落后的夷狄国家虽然有君主,不如中原国家没有君主。"

【注释】

① 夷狄:泛指我国古代中原以外的少数民族。夷:指古代住在东方的少数民族。狄:指古代住在北方的少数民族。 ② 诸夏:古代指中原地区的国家。 ③ 亡:同"无"。没有。

【评述】

本章孔子愤慨地叹息礼崩乐坏,制度混乱。由于对句中"不如"一词有不同理解,所以出现了相反的两种意见。《十三经注疏》注家释为不及、赶不上。认为中国礼义甚盛,而夷狄无礼义。清刘宝楠说:"此篇专言礼乐之事。楚、吴虽迭主盟中夏,然暴强逾制,未能一秉周礼,故不如诸夏之无君。"(《论语正义·八佾第三》)一释不如为不同、不像。"夷狄且有君长,不如诸夏之僭乱,反无上下之分也。"(《论语集注》卷二)程颢、程颐持此说。近人杨树达说"有君谓有贤君"(《论语疏证》),指楚庄王及吴王阖闾等,句意是吴楚这样夷狄之邦,尚有贤君,不像华夏诸国却没有。将程颢、程颐之说具体化,颇切合孔子伤时有感而发的心声。当时华夏诸国礼崩乐坏,君不君、臣不臣,僭越篡弑,颠倒了上下尊卑的礼制,所以孔子既积极主张"克己复礼",又哀叹礼制败坏,中国无君。本章今译时,考虑到它承前几章谴责破坏礼制而来,所以还是按字面译释,不必穿凿附会。

季氏旅①于泰山。子谓冉有②曰:"女弗③能救④与?"对曰:"不能。"子曰:"呜呼⑤!曾⑥谓泰山不如林放乎?"

【今译】

季孙氏要去祭泰山。孔子对冉有说:"你不能劝阻吗?"冉有回答说:"不能劝阻。"孔子叹息说:"唉!难道说泰山之神还不如林放懂礼吗?"

【注释】

① 旅:古代祭祀名山大川的祭名。古代礼制规定,只有天子和诸侯可以祭祀山川。 ② 冉有:孔子学生冉求,字子有。当时担任季氏家臣。 ③ 弗:同"勿"。不。 ④ 救:劝阻、阻止。 ⑤ 呜呼:叹词。唉。 ⑥ 曾:竟、难道。副词。

【评述】

本章记叙孔子坚决反对季氏越礼僭制,去祭祀泰山。《集解》东汉包咸说:"神不享非礼,林放尚知问礼,泰山之神反不如林放邪?欲诬而祭。"(《十三经注疏·八佾第三》)季氏欲去祭祀泰山,这是越礼的行为。而为季氏宰的冉求不能谏阻,因而孔子美林放以明泰山之不可诬,以表明自己维护礼制的态度。

子曰:"君子无所争。必也射①乎!揖让②而升③,下而饮。其争也君子。"

【今译】

孔子说:"君子没有什么要争的。要争的话,那一定是比射箭吧!作揖谦让,然后上场比赛,比赛完毕,下场相对饮酒。这样的争是君子之争。"

【注释】

① 射:射箭。这里指射礼。　② 揖让:宾主相见的礼仪。相互拱手作揖,表示谦让。　③ 升:登。

【评述】

本章孔子教育人们要懂得礼让,行君子式的争。孔子用射箭为例,说明中国文化基于礼让的精神。"卑让,德之基也,(《左传》文公元年)魏王肃说:"射于堂,升及下,皆揖让而相饮。"(《十三经注疏·八佾第三》)古代国家有射礼。据《礼经》说:"射有四:一曰大射,天子、诸侯、卿、大夫将祭而择士。天子于射宫,诸侯于大学,卿大夫于郊,士无臣,无所择,故无大射礼。二曰宾射,天子在治朝,诸侯则或在朝,或会盟在竟(境),卿、大夫、士皆有之,亦射于郊。三曰燕射,天子、诸侯在路寝,卿、大夫、士亦在郊。四曰乡射,州长春秋属民射于州序。天子、诸侯皆无此礼。"孔子这里所说的是大射的情况。古代战争中,弓箭是锐利武器,故统治者对此极为重视,加强训练。孔子多才多艺,他设礼、乐、射、御、书、数六科教育学生,其中有射箭一科。射箭比赛是一种竞争,但君子的竞争,却在揖让之中进行,体现礼的精神。"正义曰:'争者,竞胜之意。民有血气,皆有争心。君子者,将以礼治人,而恭敬、撙节、退让以明之,故无所争也。'"(《论语正义·八佾第三》)也体现了我国精神文化谦让的特点。

子夏问曰:"'巧笑倩①兮,美目盼②兮,素以为绚兮③。'何谓也?"子曰:"绘④事后素⑤。"曰:"礼后乎?"子曰:"起⑥予者商也! 始可与言《诗》已矣。"

【今译】

子夏问孔子说:"'带酒涡的脸儿笑得美呀,黑白分明的眼珠流转得妩媚呀！白底子上画着绚艳的花卉呀。'这几句诗是什么意思呢？"孔子说："先有白底子，再有图画。"子夏说："礼仪产生在仁义之后吧？"孔子说："卜商呀，你真是能启发我的人啊！现在我可以跟你谈论《诗经》了。"

【注释】

① 倩(qiàn)：笑靥美好的样子。　② 盼：黑白分明。　③ 素以为绚(xuàn)兮：白底子上画着花卉呀。　④ 绘：画。　⑤ 素：白。　⑥ 起：启发、阐发。

【评述】

本章孔子赞美子夏的颖悟，阐明礼的本质与表象的关系。子夏和孔子讨论《诗经·卫风·硕人》中的两句诗和一句逸诗，涉及礼的内涵和外在的关系。点睛之笔是"绘事后素"这四个字。子夏拘泥于"素以为绚"的原文，以为用素地为饰，颠倒了素和绚的关系，即质和文的关系。于是孔子告诉他"绘事后素"四个字，意思是白底子上画了图画。说明绘画完成以后，更显得素色的可贵，强调了质的重要。《考工记》说："绘画之事后素功。"谓先以粉地为质，而后施五采，犹人有美质，然后可加文饰。聪明的子夏，经孔子启发，一点就通，知道由绚烂归于平淡的道理，理解礼的内涵和外在的关系，得出"礼后乎"的结论。

汉郑玄说："绘，画文也。凡绘画先布众采，然后以素分布其间，以成其文。喻美女虽有倩、盼美质，亦须礼以成之。"（《十三经注疏·八佾第三》）礼也是这样，先有仁义之质，然后再饰之以礼，质先而文后。说明礼的内涵，比表之于外的礼仪更重要。不能只看到表象，应该看到内在的实质。所以孔子对此大为赞赏，认为子夏的回答对自己也有启发，并高兴地指出，可以同他讨论《诗》了。当然，讨论《诗》，并不是研究做诗，而是一种《诗》教。《诗》可以兴、可以群、可以观、可以怨，通过《诗》的感染，培养立身处世的胸怀和保持平淡的本色。

子曰:"夏礼,吾能言之,杞①不足征②也;殷礼,吾能言之,宋③不足征也。文献④不足故也。足,则吾能征之矣。"

【今译】

孔子说:"夏朝的礼制,我能说得出来,夏的后代杞国就不足以征信了;殷朝的礼制,我能说得出来,殷的后代宋国就不足以征信了。这是因为文字资料和掌握典故的贤人不足的缘故。如果有足够的文献,那我就能验证它们了。"

【注释】

① 杞:国名,夏禹的后代,周初被封于杞。故城在今河南杞县。 ② 征:征信、考证、验证。 ③ 宋:商汤的后代,周初被封于宋,故城在今河南商丘县南。 ④ 文献:指历史记载的文字资料和掌握典故的贤人。

【评述】

本章孔子论述文献的重要性。清刘宝楠说:"夫子学二代礼乐,欲斟酌损益,以为世制,而文献不足,虽能言之,究无征验。故不得以其说著之于篇,而只就周礼之用于今者,为之考定而成之。"(《论语正义·八佾第三》)据《汉书·艺文志》说:"是夫子此言,因修《春秋》而发。"孔子删定五经,作《春秋》,虽能言夏、殷之礼,但他的后代杞、宋二国,既无文献,又无贤人,无法验证,因而只好将行之于周的典制加以删定,付之载籍。可见文献之重要,也可见孔子删定五经注意求实、验证,学风严谨。

子曰:"禘①自既灌②而往者,吾不欲观之矣。"

【今译】

孔子说:"禘祭仪式,从第一次献酒以后,我就不想再看它了。"

【注释】

① 禘(dì)：古代一种极为隆重的祭礼，只有天子才能举行。
② 灌：禘祭中的一个节目，即祭礼开始向受祭者献酒的仪式。

【评述】

本章孔子暗示鲁国行禘祭违礼，表示不满。禘，是古代帝王极为隆重的大祭，祭祀其所自出之始祖，只有天子才能举行。《礼记·丧服小记》："王者禘其祖之所自出，以其祖配之，而立四庙。"如周始后稷，则以稷为世祖，而后稷出自帝喾，故《祭法》说："周人禘喾也。"宋周明作说："禘是追远之中又追远，报本之中又报本。"(《朱子语类·论语七》)其仪式十分隆重，共有九献。最先国君用郁金草配制的香酒郁鬯，灌在地下以降神，是为君灌一献；夫人灌是二献。二献以后，按左昭右穆的尊卑次序排列受祭的历代祖宗。国君出迎牲视杀，而荐血、牲于堂为朝献，这是三献、四献。荐熟于室为馈食，是五献、六献。献尸食荤，而君与夫人咸酳尸，是七献、八献。宾长酳尸是九献。九献之后，又有加爵其间，有献祝宗、献宾、献卿大夫、士，及馂而礼毕(清凌曙《典故核》)。

那么，孔子为什么一、二献以后就不想再看下去呢？对此有两种说法。一是鲁国之君僭用天子的禘礼，所以孔子不想看下去。清刘宝楠说："鲁禘祭非礼。"(《论语正义·八佾第三》)但鲁国周公有大功于王室，成王特许鲁祭周公行天子之礼，所以鲁君行禘祭孔子不可能认为违礼。二是"逆祀跻僖公而乱昭穆"，所以孔子不想看下去。事情是这样的，鲁文公二年，鲁国举行禘礼，既灌以后，按尊卑次序排列昭穆，将鲁僖公(庶兄)之位，置于闵公(嫡子)之上，这是失礼，以后一直没有改正，所以孔子在参加某一次禘祭时说了上面这番话。后一说较为合理。宋潘时举说："禘之说，诸家多云鲁跻僖公，昭穆不顺，故圣人不欲观。"(《朱子语类·论语七》)可见持这种说法的人较多。由此也可看出孔子是坚决维护周礼，循礼而行的。

或问禘之说①。子曰:"不知也②。知其说者之于天下也,其如示③诸斯乎!"指其掌。

【今译】

有人问孔子禘祭的理论。孔子说:"不知道。如果让知道这个理论的人来治理天下,就像把东西放在这里一样容易!"说着,孔子指着自己的手掌。

【注释】

① 禘之说:关于禘祭的学说。　② 不知也:不知道。禘祭是天子之礼,鲁国举行禘祭又违尊卑之道是越礼,故委婉地拒绝回答,只说不知道。　③ 示:置、放。

【评述】

本章孔子避而不答禘祭的学说,又指出其意义之重大。有人问孔子禘祭的仪式程序及其伟大意义,孔子推说不知道,避而不答。是孔子真的不知道吗?不是的。孔子尊重周礼,熟悉礼仪,怎么会不知道呢?这是因为鲁君在举行禘祭时违背了序昭穆尊卑之礼,孔子为尊者讳,不想在人们面前暴露国君之失,所以推说不知道。《集解》汉孔安国说:"答以不知者,为鲁讳。"(《十三经注疏·八佾第三》)宋邢昺说:"答以不知者,为鲁讳,讳国恶,礼也。若其说之,当云禘之礼序昭穆,时鲁跻僖公乱昭穆。说之,则彰国之恶,故但言不知也。"(同上)宋朱熹说:"不王不禘之法,又鲁之所当讳者,故以不知答之。"(《论语集注》卷二)其实从后一句"'知其说者之于天下也,其如示诸斯乎!'指其掌"看,孔子不但熟悉禘礼,而且认为这是礼之所在,治国的根本,意义十分重大。

《礼记·祭统》说:"禘尝之义大矣,治国之本也。不可不知也,明其义者君也,能其事者臣也。不明其义,君人不全;不能其事,为臣不全。"宋朱熹也说:"盖知禘之说,则理无不明,诚无不格。盖祭祀之事,以吾身而交于鬼神,最是大事。惟仁则不死其亲,惟孝则笃受于亲。又加之诚敬,以聚集吾之精神,精神既聚,所谓'祖考精神'便是吾之精神,岂有不来格者。"(《论语集注》卷二)禘是一种大礼,在孔子看来,可以调整人与人之间的关系,稳定社会秩序,是治国安邦的根本,所以掌握禘的仪式、程序和理论,治国也就在掌握之中了。

祭①如在,祭神如神在。子曰:"吾不与②祭,如不祭。"

【今译】

　　祭祀祖先,好像祖先真在受祭;祭神,也好像神真在受祭。孔子说:"我如果不能亲自参与祭祀,请人代祭,就好像没有祭过一样。"

【注释】

　　① 祭:指祭祀祖先。　② 与:参与。

【评述】

本章记叙孔子参加祭祀的诚意。在古代,祭祀祖先是重大原则问题,孔子重祭祀,表达自己的诚意。周礼《祭法》说:"大夫立三庙:曰考庙、曰王考庙、曰皇考庙。适士二庙:曰考庙、曰王考庙。官师一庙:曰考庙。庶人无庙。"子孙都要祭祀。祭神也一样,在于诚和敬,所以孔子在祭祀时好像他们真在受祭一样。

关于"吾不与祭,如不祭",有两种解释:一是"我若是不能亲自参加祭祀,是不请人代理的",近人杨伯峻《论语译注》中持此看法。一是我因故不能参加祭祀,即便有人代祭了,我还是感到没有祭过一样。汉包咸说:"孔子或出或病,而不自亲祭,使摄者为之,不致肃敬,其心与不祭同。"(《十三经注疏·八佾第三》)宋朱熹说:"言己当祭之时,或有故不得与,而使他人摄之,则不得致其如在之诚,故虽已祭,而此心缺然,如未尝祭也。"(《论语集注》卷二)他们是持此说的。此两说中,如果从孔子以诚敬祀祖的心理考察,以后说为长。孔子对于祭祀,有

"祭神如神在"的诚敬之心,可见孔子是非常重视实事求是而反对形式的。表面上装得诚敬,内心并不如此,是言行不一的表现。所以孔子讲祭神的态度,实际教育人们心口如一的做人道理。

王孙贾①问曰:"与其媚于奥②,宁媚于灶③,何谓也?"子曰:"不然;获罪于天,无所祷④也。"

【今译】

王孙贾问孔子说:"与其讨好奥神,不如讨好灶神,这话是什么意思呢?"孔子答道:"不对。如果得罪了上天,就没有地方去祈祷求福了。"

【注释】

① 王孙贾:卫国卫灵公时的大臣。 ② 奥:屋内西南角叫奥,古代以为那里有神,叫奥神。这里暗喻卫君或宠姬南子等。 ③ 灶:灶神。古代以为灶上也有神。这里王孙贾暗喻自己。 ④ 祷:祈祷、祷告,以祈求福译。

【评述】

本章记叙孔子用讽喻方法回答王孙贾不求媚于人。王孙贾的提问和孔子的回答都用比喻的方法,既幽默,又形象。《集解》汉孔安国说:"王孙贾,卫大夫。奥,内也,以喻近臣。灶,以喻执政。贾,执政者,欲使孔子求昵之,故微以世俗之言感动之也。"(《十三经注疏·八佾第三》)又说:"天以喻君,孔子拒之曰:如获罪于天,无所祷于众神。"(同上)南宋朱熹说:"因以奥有常尊,而非祭之主。灶虽卑贱,而当时用事,喻自结于君,不如阿附权臣也。贾,卫之权臣,故以此讽孔子。"(《论语集注》卷二)

王孙贾是卫国执政权臣,用幽默的讽喻想叫孔子求媚于他,以出仕于卫。孔子多才多艺,周游历国,卫灵公曾想起用他。他有一个宠姬,叫南子。孔子曾去见过南子。引起子路的不满。王孙贾以为孔子走夫人路线,故用奥神比喻南子及卫君近侍弥子瑕等人。用灶神比喻自己,执卫国之政。讽喻孔子与其走内线去巴结南子,还不如巴结我这个有权有势的外臣,可以起用你。孔子听了义正词严地回答:"获罪于天,无所祷也。"也是用了一个幽默的比喻。天,比喻君主。意思是得罪了君主,巴结什么神也没有用,表明自己光明磊落,守礼而不求媚于人的态度。

子曰:"周监①于二代②,郁郁③乎文哉!吾从周。"

【今译】

孔子说:"周朝借鉴夏、商两代的礼仪制度,多么丰富多采啊!我赞成周朝的礼仪制度。"

【注释】

① 监:通"鉴"。借鉴。　② 二代:指夏代和商代。　③ 郁郁:丰富、茂盛的样子。

【评述】

本章孔子赞美周朝礼仪制度的完备。宋尹氏说:"三代之礼,至周大备,夫子美其文而从之。"(《论语集注》卷二)《汉书·礼乐志》:"王者必因前王之礼顺时施宜,有所损益,即民之心,稍稍制作,至太平而大备。周监于二代,礼文尤具,事为之制,曲为之防,故称'礼经三百,威仪三千',孔子美之曰:'郁郁乎文哉!吾从周。'"夏、商、周文化的典章制度,是有继承和发展的。夏尚忠,即崇尚忠诚朴实。殷尚质,即崇尚朴质,但殷人崇鬼,宗教观念很强。周尚文,即注重人文文化,是继承夏、商礼制发展而来,集上古文化礼制之大成,故孔子赞美它是"郁郁乎文哉",表示主张周礼,遵从周礼。而"周礼在鲁",《礼记·礼运》:"孔子曰:'吾观周道,幽、厉伤之。吾舍鲁何适矣。'"所以"吾从周"也指"鲁所存周礼而言",从周也就是从鲁。由此可见,孔子是持文化发展论的。

子入太庙①,每事问。或曰:"孰谓鄹人之子②知礼乎?入太庙,每事问。"子闻之,曰:"是礼也。"

【今译】

孔子走进太庙,对每件事都要发问。有人说:"谁说鄹大夫的儿子懂礼呢?进入太庙,每件事情都要发问。"孔子听到后说:"这正是礼啊!"

【注释】

① 太庙:古代开国君主的庙。这里指周公庙。 ② 鄹(zōu)人之子:指孔子。鄹人:指孔子父亲叔梁纥,因他曾做过鄹大夫,故称鄹人。

【评述】

本章记叙孔子以谦虚好问、恭敬诚实为好礼。太庙,周公庙。周公为鲁始封称太祖,故其庙曰太庙。孔子入太庙助祭有两说:一说在任太司寇摄相事时,入太庙为国君助祭。宋邢昺说:"《史记·孔子世家》云:孔子贫且贱,及长,尝为季氏史,料量平;尝为司职吏而畜蕃息。由是为司空。其后定公以孔子为中都宰,一年,四方皆则之,由中都宰为司空,由司空为大司寇摄相事,是仕鲁,由是故得与祭也。"(《十三经注疏·八佾第三》)一说孔子任委吏、乘田吏时为工作人员入太庙助祭。清阎若璩《释地》说:"鄹人之子,乃孔子少贱时之称。孔子年二十为委吏,二十一为乘田吏。委吏若《周官》委人,共祭祀之薪蒸木材。乘田吏若牛人,凡祭祀共其牛牲之互,与其盆簝以待事。"参之两说,以前说为合理。孔子进入太庙,虽知而问有司。宋尹氏说:"礼者敬而已矣,虽知亦问,谨之至也。其为敬莫大于此。"(《论语集注》卷二)孔子虚心好学，不耻下问，恭敬谨慎的学习态度，是知礼的表现。

子曰："射①不主皮②，为力不同科③，古之道④也。"

【今译】

孔子说："比射箭不一定要射穿箭靶子，因为各人的力气大小不相同，这是古代的规矩啊！"

【注释】

① 射：射箭。　② 皮：用兽皮做的箭靶。　③ 同科：同等。④ 道：规矩、准则。

【评述】

本章记叙孔子崇德尚礼而叹周礼废弛。孔子介绍古代射礼，感叹古礼丧失。射，射礼。宋朱熹说："武王克商，散军郊射，而贯革之射息。"（《论语集注》卷二）可见射礼起源很早，且作出不必射穿箭靶的规定。《集解》东汉马融曰："射有五善焉：一曰和，志体和；二曰和容，有容仪；三曰主皮，能中质；四曰和颂，合《雅》《颂》；五曰兴武，与舞同。天子三侯，以熊、虎、豹为之。言射者不但以中皮为善，亦兼取和容也。"（《十三经注疏·八佾第三》）清刘宝楠说："《说文》：'皮，剥取兽革者谓之皮。'旧说礼惟大射有皮，所谓皮侯，棲皮为鹄者也。宾射，则用采侯，画布为五采以为正。燕射、乡射，则画布为兽形以为正，皆不用皮也。"（《论语正义·八佾第三》）射不主皮，古者射箭以中的为正，而不以射穿皮鹄为主。

由于春秋以来，诸侯兼并，崇尚武力，把弓箭作为锐利武器，训练民众。当时主张射穿皮鹄为上。孔子对此表示不满，认为背弃武王制订古礼，实质是反对诸侯的兼并战争。"为力不同科"，也有两种解释，一种认为承上文，指射箭的人力气有大小，不能强求一律。宋朱熹说："古者射以观德，但主于中，而不主于贯革。盖以人之力有强弱，不同等也。"(《论语集注》卷二)一种认为言力役之事。宋邢昺说:"为力不同科者,言古者为力役之事。亦有上、中、下设三科焉。周衰政失,力役之事,贫富兼并,强弱无别,而同为一科,故孔子非之。"(《论语正义·八佾第三》)参之两说,前说较为合理,后说比较牵强。在这段话中,我们还可以看出孔子认为做人做事,都要合礼,尚德不尚力。

子贡欲去①告朔②之饩羊③。子曰:"赐也!尔爱④其羊,我爱其礼。"

【今译】

子贡要想革除每月初一祭祖庙的活羊。孔子说:"赐呀!你爱惜那只羊,我却珍惜那种礼制。"

【注释】

① 去:废除,革除。 ② 告朔:古代每月初一祭祖庙的制度。 ③ 饩(xì)羊:祭祀用的活羊。 ④ 爱:可惜。

【评述】

本章叙述孔子维护周礼的思想。告朔,是郑重的祭典之一。宋朱熹说:"告朔之礼,古者天子,常以冬季颁来岁十二月之朔于诸侯,诸侯受而藏之祖庙。月朔,则以特羊告庙,请而行之。"(《论语集注》卷二)鲁国告朔之礼,自鲁文公开始已经废除,但仍保留活羊。子贡认为名不符实,故欲去掉作牺牲用的活羊。孔子表示反对,认为羊在,尚可知有这一礼制,羊废,告朔之礼消失。体现了孔子竭力维护周礼的思想。

子曰:"事①君尽②礼,人以为谄③也。"

【今译】

孔子说:"奉事君主,竭尽臣礼,别人以为是谄媚。"

【注释】

① 事:奉侍、奉事。　② 尽:竭。　③ 谄:奉承讨好,谄媚。

【评述】

本章孔子讥讽当时臣子事君无礼,又感处世之难。这是孔子说的一句愤激的反话。《集解》汉孔安国说:"时事君者多无礼,故以有礼者为谄。"(《十三经注疏·八佾第三》)清刘宝楠说:"当时君弱臣强,事君者多简傲无礼,或更僭用礼乐,皆是以臣干君。尽礼者,尽事君之礼,不敢有所违阙也。时人以为谄,疑将有求媚于君。"(《论语正义·八佾第三》)孔子按礼事君,反而遭到别人的讥刺,以为谄媚。在这样的情况下,要么同流合污,共行非礼之事;要么坚持独立人格,以礼为标准,自行其是。只要自己内心真诚,日久见人心,孔子正是坚持这一人格精神的。

定公①问:"君使臣,臣事君,如之何?"孔子对曰:"君使臣以②礼,臣事君以忠。"

【今译】

鲁定公问孔子:"君主使用臣子,臣子奉侍君主,各应该怎么做才好?"孔子回答说:"君主按照礼来使用臣子,臣子用忠心来奉侍君主。"

【注释】

① 定公:鲁国国君姬宋。"定"是谥号。　② 以:用、拿。

【评述】

本章孔子论述君臣之道。鲁定公名宋,襄公之子,昭公之弟。昭公时三桓强大,他在君臣关系上处理不当,被三桓打败,逃到齐国,后又来到晋国的乾侯居住,结果客死异乡。定公即位时,公室更加微弱,时臣多失礼于君,所以向孔子请教,以救其弊。孔子根据昭公失败被逐的惨痛历史教训,提出"君使臣以礼,臣事君以忠"的君臣关系原则。

明焦竑《笔乘》说:"晏子曰:'惟礼可以为国。是先王维名分,绝乱萌之具也。'定公为太阿倒持之君,故欲坊之以礼;三家为尾大不掉之臣,故欲教之以忠。"清俞正燮《癸巳类稿》说:"孔子事定公,堕三都,欲定其礼,礼非恭敬退让之谓。"他们将孔子君使臣以礼的思想解释得颇为透彻,礼不一定只是谦让,应视情况而定。当时定公已衰微之甚,树立君权即是最大的礼。所以孔子采取堕三都的强烈措施,打算削弱三家力量,只要公室强大,三桓也就忠诚于定公。可惜孔子不能行其志,三月而罢相。但也可看出孔子在处理君臣关系时是采取相对论的,君使臣以礼,臣才能事君以忠。

子曰:"《关雎①》,乐而不淫②,哀而不伤③。"

【今译】

孔子说:"《关雎》这首诗,快乐而不放荡,悲哀而不痛苦。"

【注释】

①《关雎》:《诗经·国风》的第一篇诗歌,歌颂"后妃之德",实际上是一首欢快的爱情诗。 ② 淫:过分而至于失当为淫。 ③ 伤:痛苦。

【评述】

本章孔子赞美《关雎》纯正欢快而不失中和。《关雎》为《诗·国风》的首篇。《毛诗序》说:"《关雎》乐得淑女以配君子,忧在进贤,不淫其色。哀窈窕,思贤才,而无伤善之心焉,是《关雎》之义也。""乐而不淫,哀而不伤"是孔子对《关雎》一诗的评论,包含着礼贵中和的思想。在我国古代,诗可合乐,《关雎》诸诗列于乡乐,孔子常常可以听到它的演奏,所以也是对音乐的评论,乐以辅礼,孔子对音乐的要求强调和,即中和。快乐不要过分,悲哀也不要过分,适可而止,恰到好处,符合于礼。"发乎情,止乎礼"就是孔子教育人们的处事原则。

哀公问社①于宰我②。宰我对曰:"夏后氏以松,殷人以柏,周人以栗③,曰:使民战栗④。"子闻之曰:"成事不说⑤,遂⑥事不谏,既往不咎⑦。"

【今译】
　　鲁哀公问宰我,古代用什么木料做社神的木主。宰我回答说:"夏朝人用松木,殷朝人用柏木,周朝人用栗木。说是让老百姓战战栗栗。"孔子听到后说:"做成的事不要再解释了,结束的事不要再谏阻了,已经过去的事不要再追究了。"

【注释】
　　① 社:土神。这里指木制的土神牌位。　② 宰我:孔子学生宰予,字子我。　③ 松、柏、栗:指用松、柏、栗木做的神主。　④ 战栗:害怕得发抖的样子。　⑤ 说:解释。　⑥ 遂:完成。　⑦ 咎:追究。

【评述】
　　本章记叙孔子责备宰我失言,教育他以后说话要慎重。鲁哀公问做社神牌位用什么木头。社,社稷的简称。社,土神;稷,谷神。古代帝王、诸侯建社稷坛以祭祀土神和谷神。后用社稷代表国家。"问社",《鲁论》作"问主",《古论》作"问社"(《论语正义·八佾第三》)。"主"同"社",即神主,俗称木主、牌位。哀公所问的"社"有两说:一说是神主,指用什么木头做神主。清庄述祖辑《白虎通》:"祭所以有主者何?言神无所依据,孝子以主继心焉。宗庙之主,用木为之者,木有终始,又与人相似也。"《公羊传》文公二年:"主者曷用?虞主用桑,练主用栗。用栗者,藏主也。"近人杨伯峻说:"古代祭祀土神,要替它制一个木主的牌位,这牌位叫主。"(《论语译注》)杜元凯、何休也都认为是木头做的神主。一说为建社坛时因土所宜而植的树木。"正义曰:凡建邦立社,各以其土所宜之木者,以社者五土之总神,故凡建邦之国必立社也。夏都安邑宜松,殷都亳宜柏,周都丰镐宜栗,是各以其土所宜木也。"(《十三经注疏·八佾第三》)《五经异义》说:"夏后氏都河东,宜松也;殷人都亳,宜柏也;周人都丰镐,宜栗也。"《周礼·大司徒》:"设其社稷之壝而树之田主,各以其野之所宜木,遂以名其社与其野。"它们都主张社坛因土之宜所植之树。

鲁哀公不知其故而问宰我,宰我作了正确的回答后,想当然地加了一句"使民以栗"。这一句话出了错误,违背了孔子行仁政原则。"孔子以宰我所对,非立社的本意,又启时君杀伐之心"(宋朱熹《论语集注》卷二),所以给予批评。但话已出口,驷马难追,只好用"成事不说,遂事不谏,既往不咎"来教育宰我今后说话要小心谨慎,持慎重态度。孔子教育宰我的这几话,以后形成成语格言,警戒人们小心说话,小心任事。

子曰:"管仲①之器②小哉!"或曰:"管仲俭乎?"曰:"管氏有三归③,官事不摄④,焉得俭?""然则管仲知礼乎?"曰:"邦君树⑤塞门⑥,管氏亦树塞门。邦君为两君之好,有反坫⑦,管氏亦有反坫。管氏而⑧知礼,孰不知礼?"

【今译】

孔子说:"管仲的器量真小呀!"有人问:"管仲节俭吗?"孔子回答说:"管仲有藏钱币的仓库,他办事的下属从不兼职,怎么会节俭呢?"又问:"那么管仲懂得礼吗?"孔子说:"国君在宫门口建造矮墙,管仲门口也建造矮墙。国君为了与外国国君修好关系,在厅上设有放酒具的土墩,管仲在厅上也设置放酒具的土墩。假如管仲懂得礼,那谁不懂得礼呢?"

【注释】

① 管仲:名夷吾,字仲,春秋齐国人,我国古代大政治家,帮助齐

桓公称霸诸侯。　②器:器量、器度。　③三归:说法较多。这里指藏钱币的府库。　④摄:兼职。　⑤树:建立。　⑥塞门:筑在大门外的矮墙,阻止外人探视。　⑦反坫(diàn):用土堆成的土墩,类似茶几,上面可以放东西。　⑧而:假若、假使。

【评述】

本章孔子从礼的角度批评管仲器量狭小而奢侈僭礼。孔子是非常推崇管仲的,曾以仁人相许。但在这里却批评管仲器量狭小,奢侈僭礼。批评是从"俭"字展开的。《左传》庄公二十四年说:"俭,德之共也;侈,恶之大也。"俭是美德,孔子一贯主张俭约,"俭以养德"。晏子一件狐裘穿了三十年,遣车一乘,到了祖宗墓地就回来,没有排场。汉文帝是节约的皇帝,一件袍子穿了一二十年还补起来穿。而管仲,在经济上有"三归",奢侈僭越。关于"三归",有多种解释。汉包咸说:"三归娶三姓女。"(《十三经注疏·八佾第三》)清俞樾《群经评议》说:"管仲有三处家庭。"清梁玉绳《瞥记》说:"三归为管仲之采邑。"清郭嵩焘《释三归》认为:"市租之常例之归之公者也。"清包慎言《温故录》认为:"三归当为僭侈之事,可能指祭祀时用天子太牢之礼,以三牲献。"清武亿《群经义证》认为是藏钱币的府库。近人杨伯峻《论语译注》释三归为市租。总之,说明他经济上奢侈而不俭约。

管仲在政治上"官事不摄",不能扼要统率,因人设官,叠床架屋。这些都是不节俭的表现,得出"焉得俭"的看法。由俭而引出"知礼"的问题,孔子摆出管仲有"树塞门"和"反坫"的事实,与国君分庭抗礼,认为他违礼僭越,因而得出"管氏而知礼,孰不知礼"的结论。可见孔子对人的态度是实事求是的,管仲之功,他肯定;管仲之过,他毫无掩饰。不像清毛奇龄在《稽求篇》中为管仲辩解:"《国策》有宋子罕、齐管仲掩盖君非二事。宋君之非在筑台,故子罕以扑筑掩之。齐桓之非在女市,女闾之多,故管仲以三娶掩之。"这是强辩。还是宋朱熹说得对:"闻管仲之器小,则疑其为俭,以不俭告之,则又疑其知礼。盖世方以诡遇为功,而不知为之范,则不悟其小宜矣。"(《论语集注》卷三)把孔子批评管仲的目的清楚明白地揭示出来:在于匡救时弊,示以榜样,遵行周礼。

子语①鲁大师②乐。曰:"乐其可知也。始作,翕③如也;从④之,纯⑤如也,皦⑥如也,绎⑦如也,以成。"

【今译】

孔子告诉鲁国乐官关于音乐的理论,说:"演奏的过程是可以知道的。开始演奏,乐器齐鸣,声音宏亮而和顺;接着各自展开,声音和谐委婉,清晰流畅,余音袅袅不绝,直至演奏结束。"

【注释】

① 语(yù):告诉。 ② 鲁大(tài)师:鲁国乐官之长。 ③ 翕(xī):和顺。 ④ 从(zòng):继续。这里指演奏各自展开。 ⑤ 纯:和谐。 ⑥ 皦(jiǎo):清晰。 ⑦ 绎:连续。

【评述】

本章记叙孔子与鲁乐师谈论演奏音乐的理论。音乐可以陶冶情操,去除邪恶,辅助修德。孟子说:"乐则生矣,生则恶可已也;恶可已,则不知足之蹈之,手之舞之。"(《孟子·离娄章句上》)孔子精通音乐,细致地描述了五音始奏,合乐以成的演奏过程,目的在于以乐辅礼,提高人们的道德修养。

仪封人①请见②,曰:"君子之至于斯也,吾未尝不得见也。"从者③见之。出曰:"二三子何患于丧④乎?天下之无道也久矣,天将以夫子为木铎⑤。"

【今译】

仪地的边防官请求会见孔子,说:"凡是到这里的有道德、有学问的君子,我没有不和他见面的。"孔子的随行学生请孔子接见了他。他出来后说:"诸位何必担心没有官做呢?天下黑暗无道已经很长久了,上天将要把你们的老师作为教育人民的木铎,来复兴圣人之道。"

【注释】

① 仪封人:仪:地名。封人:春秋时镇守边疆的官员。 ② 请见:请求会见。 ③ 从者:孔子的随行学生。 ④ 丧:丧失。这里指失去官职。 ⑤ 木铎:铜质木舌的铃子。古时摇木铎铃召集人民、宣布政令。这里有导师之意。

【评述】

本章孔子的学生通过仪封人之口说明孔子的思想是复兴圣道的旗帜。重点是"天将以夫子为木铎"一句。有两种解释,一说久衰必盛,久乱必治,孔子将得位设教,为国施政。宋朱熹说:"木铎,金口木舌,施政教时所振,以警众者也。言乱极当治,天必将使夫子得位设教,不久失位也。"(《论语集注》卷二)一说是天使夫子失位,周流四方行教。"木铎所以徇于道路,言天使夫子失位,周流四方以行其教,如木铎之徇于道路也。"(《论语集注》卷二)不管在位施政也好,在野宣传教化也好,仪封人和孔子的学生都把孔子看成是秉承天命而生,创立法度以垂教后世,是复兴圣道的旗帜。

子谓《韶①》:"尽美②矣,又尽善③也。"谓《武④》:"尽美矣,未尽善也。"

【今译】

孔子谈论《韶》乐:"音调优美而内容完善。"谈论《武》乐:"音调优美而内容不够完善"。

【注释】

①《韶》:相传是舜代的乐曲名。歌颂舜的功业。 ② 美:指声

音美妙动听。　③ 善:指内容完善。　④《武》:相传是武王时的乐曲名。歌颂周武王的功业。武王用武力夺取殷纣王王位,故孔子不以为然,认为不符合礼,故表示"未尽善"。

【评述】

本章记叙孔子以礼为出发点,评论《韶》乐与《武》乐的优劣,提倡文治,反对武功。也可以看成是孔子对礼乐文化精神的评价。《韶》是舜乐,代表当时国家民族精神,从形式到内容,都尽善尽美,达到真、善、美的境界。《武》乐,也是代表当时国家民族精神的,但孔子认为它尽美而未尽善,还有遗憾的地方。原因何在?汉孔安国说:"《韶》,舜乐名,谓以舜得受禅故尽美。《武》,武王乐也,以征伐取天下,故未尽善。"(《十三经注疏·八佾第三》)宋朱熹也说:"舜绍尧致治,武王伐纣救民,其功一也,故其乐皆尽美。然舜之德,性之也,又以揖逊而有天下。武王之德反之也,又以征诛而得天下。"(《论语集注》卷二)舜以禅让得天下,符合于礼,故尽善尽美,武王以武力得天下,故尽美而未尽善。孔子借评论音乐来评论政治,以表达其以礼治国的主张。

子曰:"居上①不宽②,为礼不敬③,临丧④不哀,吾何以观之哉?"

【今译】

　　孔子说:"居于统治地位而不能宽宏大量,举行仪式时不恭敬严肃,参加丧礼时不悲戚哀痛,这种人,我怎么能看得下去呢?"

【注释】

　　① 居上:处在统治地位的人。　② 宽:宽大、宽宏。　③ 敬:严肃认真。　④ 临丧:参加丧礼。临:到。

【评述】

本章孔子针对时弊,教育学生施行礼治要以宽、敬、哀为准则。这一章是本篇的总结,总言对礼治的要求,提出了三个原则问题。"正义曰:居上位者宽而得众,不宽则失于苛刻;凡为礼事,在于庄敬,不敬则失于傲惰;亲临死丧,当致其哀,不哀则失于和易。凡此三失,皆非礼矣。"(《十三经注疏·八佾第三》)宋朱熹说:"居上主于爱人,故以宽为本,为礼以敬为本,临丧以哀为本,既无其本,则以何者而观其所行之得失哉。"(《论语集注》卷二)

春秋时期,礼崩乐坏,存在着居上不宽、不敬、不哀的问题,而这又是礼治中的重大原则问题。居上位的人一定要有博大的胸怀,宽大为怀,对下级、对人民要宽容,宽则得众,而不是"察察为政"。东汉任尚接替班超为西域都护,向班超讨教统治经验,班超告诉他:"今君性严急,水清无大鱼,察政不得下和。宜荡佚简易,宽小过,总大纲而已。"(《后汉书·班超传》)对人要取宽容态度。居上位者为礼要敬,敬并不只是对上敬,所谓敬,就是要对人诚恳真挚,以心换心,才能得到人民的拥护。《左传》襄公十年:"三月癸丑,齐高厚相太子光,以先会诸侯于钟离,不敬。士庄子曰:'高子相太子以会诸侯,将社稷是卫,而皆不敬,弃社稷也,其将不免乎。'"在古代丧是一件大事,直接体现孝道。参加丧礼而不哀戚,就是不孝,不孝就不能教化人民,就要亡国。《左传》襄公十九年:"卫石共子卒,悼子不哀。孔成子曰:'是谓蹶其本,必不有其宗。'"这是临丧不哀而丧国的例子。据《世说新语》载:"卫(玠)司马以永嘉六年丧,谢鲲哭之,感动路人。"同书又载:王濛病重,在灯下睡眠。手中转着麈尾,看着它说:"如此人曾不得四十。"等到他死亡时,知交刘惔参加他的丧礼,当把王濛喜爱的犀柄麈尾放进棺材时,刘惔大恸而气绝。这是临丧而哀的例子。这三者是实行礼治的重大原则,孔子根据时弊提出,放在这里作为总结。

# 里仁第四

【解题】

本篇共二十六章,编者取首章"里仁为美"一句中的"里仁"两字为篇名。其中,记孔子直接论述二十四章,记孔子与曾子对话一章,记子游论述一章。

本篇是《论语》的重点篇章,孔子集中地论述了仁的学说。仁是孔子思想的核心,也是他心目中最高的、最完美的道德追求。首先,从择仁以处出发阐明仁的重要性。只有仁者,才能"长处乐",才能"成名",才能"去恶",成为一个完人。因而教育人们努力求仁,做到"无终日之间违仁,造次必于是,颠沛必于是"。其次,从自己"一以贯之"追求仁出发,论述仁的体与用。所谓体,是内心修养达到仁的境界,即孔子所说的"一"。仁之用,具有推己及人等精神,即曾子所理解的"忠恕"之道等。它包容万象,涵盖面甚广,忠、孝、礼、义、敬、敏、惠、让等都是它的外用。以之来感化他人,使人成仁。最后,以子游的话作结,勉励人们实行仁道也要注意方式方法。要多体会历史,多体会人生,因地、因时制宜去实行它。

子曰:"里①仁为美。择②不处③仁,焉得知④?"

【今译】

孔子说:"居住的地方要有仁风,才算是美好。选择没有仁风的地方居住,怎么能说是明智呢?"

【注释】

①里：居住的地方。　②择：选择。　③处(chǔ)：住处。
④知：同"智"，智慧、明智。

【评述】

本章孔子教人慎重选择具有仁风的环境。《集解》东汉郑玄说："里者，仁之所居，居于仁者之里，斯为美。求居而不处仁者之里，不得为有知。"（《十三经注疏·里仁第四》）《荀子·劝学篇》："故君子居必择乡，游必就士，所以防邪僻而近中正也。"清刘宝楠说："言所居之里，当以仁地为美，况择身所处，而不处仁道，安得智乎。"（《论语正义·里仁第四》）《大戴礼·主言》说："昔者明主之治民有法，必别地以州之，分属而治之，然后贤民无所隐，暴民无所伏。"

环境对人的影响很大，近朱者赤，近墨者墨，耳濡目染，相沿成习。所以择地而居，是古代的优良传统，孟母三迁，就是一个典型的例子。孟母为了教育儿子，曾经迁了三个地方，最后定居于太庙之旁，教育孟轲从小学习礼义。据《列女传·母仪》载：孟母的家靠近坟墓。孟子便作筑墓、掩埋死人的游戏。孟母说："此非吾所以居处子也。"乃迁到市场边。孟子便作商人买卖的游戏。孟母又说："此非吾所以居处子也。"又迁到学宫旁边。孟子便作祭祀揖让进退的游戏。孟母说："真可以居吾子矣。"遂在这里定居，终于教育孟子成为大儒。荀子说："蓬生麻中，不扶而直；白沙在涅，与之俱黑。"（《荀子·劝学篇》）可见选择有仁德的地方居住，为培养人创造条件，这是智者的做法。我们为学，也要有落实的地方，要以仁为标准，达到仁的境界，才可算是达到智慧的成就。

子曰："不仁①者不可以久处约②，不可以长处乐③。仁者安④仁，知者利⑤仁。"

【今译】

孔子说："没有仁德的人，不能长久地处在贫困之中，也不可以长久地处在安乐之中。只有仁德的人,才能安于仁德,聪明的人,才能利用仁德。"

【注释】

① 仁:仁德。　② 约:贫困。　③ 乐:安乐。　④ 安:安心。　⑤ 利:利用。

【评述】

本章孔子论述仁是做人的根本,有了仁才能安于现实,体用自如。魏王肃说:"知仁为美,故利而行之。"(《十三经注疏·里仁第四》)清刘宝楠说:"不仁之人,贫富皆不可久处,故先王制民使有恒产,既富必教之也。安仁者,心安于仁也。利仁者,知仁为利而行之也。二者中有所守,则可久处约、长处乐。"(《论语正义·里仁第四》)

本章前两句谈仁的修养问题。有了仁,就能素贫贱,安于贫贱,素富贵,行乎富贵,安之若素。像颜渊一样,箪食瓢饮、住陋巷而不减其乐;像晏子一样,居于富贵而不骄奢淫佚。如果没有仁,长久处于贫贱,就要为非作歹,长久处于富贵,就会骄纵佚乐。由此可见,仁是做人的根本。出于本心自然,植根于心。后两句论仁的体与用。安仁,乃仁之体;利仁,乃仁之用。《礼记·表记》说:"安仁,是自然体合,功过皆所不计,此其仁可知,故直许之曰仁者。若利仁、强仁,是与仁同功也,其仁未可知,故利仁但称为知也。"所以安仁与利仁又有层次的区别,安仁发乎本心,把仁植根于心,自自然然,毫不勉强。利仁是为了达到一定目的而行仁,是仁的外用。

子曰:"唯①仁者能好②人,能恶③人。"

【今译】

孔子说:"只有仁德的人,能够喜爱好人,能够憎恨坏人。"

【注释】

① 唯:只有。　② 好(hào):喜爱。　③ 恶(wù):厌恶、憎恨。

【评述】

本章孔子论述只有以仁为依据,才能审察人的善恶。仁者,是具有最高美德的人,其心中坦荡无私,站在公正的立场上,所以能明善辨恶。春秋时晋国的祁黄羊,"外举不避仇,内举不遗亲",坚持公道,以德举人,可以说具有仁心的表现。清焦循《论语补注》说:"仁者好人之所好,恶人之所恶,故为能好能恶。必先审人之所好所恶,而后人之所好好之,人之所恶恶之,斯为能好能恶也。"说明要明辨善恶,必先审人之善恶,唯仁者能够做到。清刘宝楠说:"凡人用情,多由己爱憎之私,于人之善不善有所不计,故不能好人恶人也。若夫仁者,情得其正,于人之善者好之,人之不善者恶之。好恶咸当于理,斯惟仁者能之也。"(《论语正义·里仁第四》)

子曰:"苟①志②于仁矣,无恶③也。"

【今译】

孔子说:"如果立志实行仁德,就不会做坏事了。"

【注释】

① 苟:如果、假使。　② 志:立志。　③ 恶(è):坏。

【评述】

本章孔子劝勉人们立志追求仁,则所行皆善,而无恶行。关于"无恶也",有两说,一说不干坏事。梁皇侃说:"言人若能志于仁,则是为行之胜者,故其余所行皆善,无恶行也。"(《十三经注疏·里仁第四》)宋朱熹说:"其心诚在于仁,则必无为恶之事矣。"(《论语集注》卷二)他们把"无恶也"看成是不干坏事。另一说认为"无恶也"是不讨厌人。近人南怀瑾《论语别裁》(上册)说:"一个人真正有了仁的修养,就不会特别讨厌别人了。"从孔子解释"仁者爱人"的观点看,此说也不无道理。一个从诚出发,立志有了仁的修养的人,对于善人固然能爱他,对于坏人,也能从爱护之心出发,能设法拯救他、感化他、改变他,使之改恶从善。这一说法,比较符合孔子本意。

子曰:"富与贵,是人之所欲①也;不以其道②得之,不处③也。贫与贱,是人之所恶也;不以其道得之,不去④也。君子去⑤仁,恶⑥乎成名?君子无终日之间违⑦仁,造次⑧必于是,颠沛⑨必于是。"

【今译】
　　孔子说:"富有与尊贵是人人都希望的;不用正当的途径取得它,君子是不接受的。贫穷与卑贱是人人所厌恶的;不用正当的途径抛弃它,君子是不摆脱它的。君子抛弃了仁德,怎么成就名声呢?君子不会有吃一餐饭的时间离开仁德,即使在仓促匆忙之中是这样,在流离颠沛之中也是这样。"

【注释】
　　① 欲:希望、要想。　② 不以其道:不用正当的手段。以:用。　③ 处:接受。　④ 去:摆脱。　⑤ 去:离开、抛弃。　⑥ 恶(wū):怎么、怎么样。表示疑问。　⑦ 违:违背、离开。　⑧ 造次:仓促匆忙。　⑨ 颠沛:流离不安定。

【评述】
　　本章孔子论述君子追求仁德的自我修养及其重要性。分三个层次加以论述。宋程端蒙说:"不以其道得富贵,不处;不以其道得贫贱,不去,是说处这事。君子去仁,恶乎成名,是主宰处。终食、造次、颠沛是操存处。"(《朱子语类·论语八》)
　　孔子首先论述具有仁心的人是怎样对待富贵贫贱的。富与贵、功名与地位都是人所喜欢的，但是，不以正当途径得来，君子是不要的。贫与贱，是人人都讨厌的，即使一个有仁德修养的人，对贫贱也是不喜欢的，可是要用正当的方法致富，取得功名与地位，慢慢摆脱贫贱，而不是走歪门歪道。这就是上章所说的"安仁"，只有具有仁心的人才能办到。《说苑·立节》说：曾子穿着破旧的衣服在耕田，鲁国国君派人送给他食邑。说："请以此修衣。"曾子不接受。鲁君又派人送去，曾子再次推辞。使者说："并不是先生去求人家，是人家自愿送给您，为什么不接受呢？"曾子说："我听说：接受别人东西会惧怕人，给人东西的人会骄视人，即使你赐我东西而不骄视我，我能够不畏惧吗？"终于不接受，安于贫贱。即是其例。

其次，论述仁是人的主宰。"君子去仁，恶乎成名"，失去了仁，就是失去了主宰，怎么能成就君子的名声呢？所以仁是人们的主导思想，离开了仁，即使其他方面有成就，也达不到仁的最高境界。齐景公有马千乘，贵为国君，富有东海渔盐之利，但死之日，"民无德而称焉"。伯夷、叔齐饿死于首阳山下，其仁成名于天下。所以仁是主宰、是关键。

最后，论述人们必须把握仁，以仁作为终身的操守。"君子无终日之间违仁，造次必于是，颠沛必于是。"任何事业的成就都要依靠仁。君子在事业上取得成功，泰然处之；在失意时，也不颓丧、怨叹，不为环境所左右。顺利时要靠仁而成功，失意时要靠仁而安定。

子曰："我未见好仁者<sup>①</sup>，恶<sup>②</sup>不仁者。好仁者，无以尚<sup>③</sup>之；恶不仁者，其为仁矣，不使不仁者加乎其身。有能一日用其力<sup>④</sup>于仁矣乎？我未见力不足者。盖<sup>⑤</sup>有之矣，我未之见也。"

【今译】

孔子说："我没有见过爱好仁德的人，也没有见过憎恨不仁德的人。爱好仁德的人,没有人能超过他;憎恨不仁的人,他实行仁德是不让不仁德的人的影响加在他自己身上。有谁能够在一天里致力于实行仁德呢?我没有见过力量不够的人。大概这样的人还是有的吧,只是我没有见到过。"

【注释】
　　① 好仁者:喜欢仁德的人。　② 恶(wù):厌恶、厌弃。　③ 尚:超过。　④ 力:力量。　⑤ 盖:大概、或许。发语词。

【评述】
本章孔子勉励人修养仁德,让不仁者也具备仁德。其中的好仁者、恶不仁者过去不少注疏家认为是两种人,也认为好仁者比恶不仁者更好。《集解》汉孔安国说:"言恶不仁者,能使不仁者不加非义于己,不如好仁者,无以尚之为优。"(《十三经注疏·里仁第四》)近人杨树达则认为是指一人。"'好仁者,恶不仁者'连读。"(《论语疏证》)《礼记·表记》说:"无欲而好仁者,无恶而不仁者,天下一人而已矣。"宋张载说:"好仁、恶不仁,只是一人。"(《朱子语类》论语八)按孔子原意,以一人为是。

本章也分三个层次分析仁者所应持的态度以及行仁的难易。首先孔子说没有看见过一个真正喜欢仁德的人,厌恶那个不仁的人。可见真正的仁者之少和行仁之难。其次讲仁者的表现。喜欢仁德的人果然是好,但如果他看不起不仁的人,讨厌不仁的人,那他还不能算是一个纯正的仁者。因为孔子要求"仁者爱人","己欲立而立人,己欲达而达人",作为仁者,自己达到仁的境界,当然是至高无尚的。但见到不仁者,不应该讨厌他,而应该教育他、感化他,不使"不仁者加乎其身",使他去恶成仁,成为仁者,这也就是仁者应有的表现。由于有人把好仁者、恶不仁者看成是两人,所以对孔子所讲的仁者的表现有不同理解。认为爱好道德的人,讨厌、看不起不道德的人,爱憎分明,嫉恶如仇,就是仁的境界。有人则认为好仁者为上,恶不仁者,若为仁,却能成德。朱熹说:"盖仁者真知仁之可好,故天下之物无以加之。恶不仁者,真知不仁之可恶,故其所以为仁者,必能绝去不仁之事,使少有及于身。"(《论语集注》卷二)当有人问朱熹好仁、恶不仁有优劣否?朱熹则认为:"好仁者,自有一般人资质较宽和温厚;恶不仁者,自有一般资禀较刚果决裂,然后皆可谓之成德。"(《朱子语类·论语八》)这种看法似乎不符合孔子原意。最后孔子指出仁虽是很难的修养,但人本来有爱人之心,只要立志,终生力行,是没有办不到的。"仁远乎哉,我欲仁,斯仁至矣。"仁就在自己身边,关键在于自己。所以孔子说:"我未见力不足者",说明仁的境界也是容易达到的,勉励人们坚定信心,立志求仁。

子曰:"人之过①也,各于其党②。观过,斯知仁③矣。"

【今译】

孔子说:"人们的错误,总是与他们所处的社会地位相适应的。考察他们的过失,就可以知道这是一个什么样的人了。"

【注释】

① 过:错误、过失。 ② 党:根据共同利益组成的集团。这里指人的不同类型。 ③ 仁:通"人"。

【评述】

此章孔子论述观察人的方法。此章之"仁",有两种解释,一为仁之原意,即仁德。一为仁政,人。两说均可通。宋邢昺说:"言人之为过也,君子小人各于其类也。观人之过,使贤愚各当其所。"(《十三经注疏·里仁第四》)《集解》汉孔安国说:"党,党类。小人不能为君子之行,非小人之过,当恕而勿责之。观过,使贤愚各当其所,则为仁矣。"(同上)梁皇侃引晋殷仲堪:"言人之过失,各由于性类的不同,直者以改邪为义,失在于寡恕,仁者以恻隐为诚,过在于容非是也。"(同上)清焦循《论语补疏》说:"各于其党,即是观过之法,此为莅民者示也。"本章孔子指出人的过失,往往是人所处的社会地位不同而不同的。从考察人的过失中,可以了解一个人的本质,知道他仁与不仁,也可以反省自己,引发仁的修养。

《后汉书·吴祐传》载:啬夫孙性私自收老百姓赋税,买了衣服给其父亲穿。其父得到衣服,大怒说:"有这样好的太守,你为什么欺骗他",督促孙性向吴祐请罪。孙性惭愧而恐惧,拿着衣服向吴祐自首。吴祐屏退左右,问明缘故。孙性详细地复述了父亲的话。吴祐说:"我的属吏因为父亲的缘故,背了污秽的恶名,可以说观过斯知仁了。"使孙性回家感谢他的父亲,并将衣服送给他。这是观过知仁的例子。据《韩非子·说林上》载:乐羊子为魏将而攻中山国,其子在中山国,中山国君便将他的儿子烹了,还送给乐羊子一杯肉羹,乐羊子坐在军幕下喝了下去。魏文侯对堵师赞说:"乐羊以我故而食其子之肉。"堵师赞回答说:"自己的儿子尚且忍心吃下去,这个人谁不会吃呢?"所以乐羊子攻下中山国后,魏文侯赏其功而对他存怀疑之心。这是观过知不仁的例子。

子曰:"朝①闻道②,夕③死可矣。"

【今译】

孔子说:"早晨听到真理,晚上死去也值得了。"

【注释】

① 朝:通"早"。早晨。　② 道:真理。也指仁。　③ 夕:晚上。

【评述】

本章孔子强调人生的最高目的是不断追求真理,即追求仁德。有两种解释:一为疾恨世之无道。梁皇侃说:"言将至死,不闻世之有道。设若早朝闻世有道,夕暮而死可无恨矣。"(《十三经注疏·里仁第四》)

一为自己闻道。宋朱熹说:"道者,事物当然之理,苟得闻之,则生顺死安,无复遗恨矣。"(《论语集注》卷二)宋程颐说:"言人不可以不知道,苟得闻道,虽死可也。"(《二程集·河南程氏经说卷第六》)清刘宝楠说:"闻道者,古先圣王君子之道,己得闻知之也。闻道而不遽死,则循习讽诵,将为德性之助,若不幸而早闻夕死,是虽中道而废,其贤于无闻也甚远,故曰'可矣'。"(《论语正义·里仁第四》)均之二说,观孔子原意,以后说为长。

这里提到的"道",也是一个很难讲清的问题。有时道代表形而上的本体;有时代表形而下的法则、原则;有时代表方法;有时指心性本体的理念,有时作道路。所以,解释《论语》中的道,一定要放到当时的语言环境中去分析。这里的道当指"真理"即"仁"。

子曰:"士①志于道,而耻恶衣恶食②者,未足与议也。"

【今译】

孔子说:"读书人有志于追求道义,却以穿粗布衣吃粗粮为可耻,这种人就不值得和他论道了。"

【注释】

① 士:知识分子,读书人。 ② 恶(è)衣恶食:穿粗布衣,吃粗粮。

【评述】

本章孔子勉励学生要专心致志求道,不为世俗所累。关于士,《白虎通·爵》说:"士者,事也,任事之称也。故《传》曰:'通古今、辨然不,谓之士。'"《荀子·儒效》说:"匹夫问学,不及为士,则不教也。"清刘宝楠说:"士居四民之首,其习于学,有德行道艺者。始出仕亦谓之士。故士为学人进身之阶。"(《论语正义·里仁第四》)可见士为知识分子而未出仕或始出仕者之称。

本章说明一个立志于修道的人,如果怕穿粗布衣服、吃粗粮食而贪图享受,就没有什么道可谈了。因为意志容易被物质环境所引诱,所以孔子从反面启发诱导,勉励学生屏除物欲的诱惑而立志求道。

子曰:"君子之于天下也,无适①也,无莫②也,义之与比③。"

【今译】

孔子说:"君子对于天下的事,不专主,也不固执,只要符合道义就照它去做。"

【注释】

① 适(dí):专主、刻板。 ② 莫:固执。 ③ 义之与比(bǐ):符合道义,就向它靠拢。义:适宜。比:靠拢、并排。

【评述】

本章孔子教人要以义为准则,机动灵活,而不要墨守成规。关于适、莫,一作专主和不肯解。宋朱熹说:"适,专主也;莫,不肯也。"(《论语集注》卷二)一作厚薄、亲疏解。宋邢昺说:"言君子于天下之人,无问富厚穷薄,但有义者,则与之为亲。"(《十三经注疏·里仁第四》)梁皇侃引范宁:"适、莫,犹厚薄也。比,亲也。君子与人无有偏颇厚薄,唯仁义是亲也。"(同上)一作贪慕解,《论语释文》说:"适,郑作敌。莫,郑音慕,无所贪慕也。"三种释义,以第一说较符合孔子原意。孔子在这里讲仁的修养和作用,对于治理天下国家之事,不应该有自己固定的成见,有所为,有所不为,要按客观形势而定,义之所在就做,背离义的就不做。立身处世,也要以仁义为行动的最高准则。诚如宋朱熹所说:"圣人之学则不然,于无可无不可之间,有义存焉,然则君子之心,果有所依乎?"(《论语集注》卷二)

子曰:"君子怀德①,小人怀土②;君子怀刑③,小人怀惠④。"

【今译】

孔子说:"君子怀念道德,小人怀恋乡土;君子关心法制,小人关心恩惠。"

【注释】

① 怀德:怀念道德修养。 ② 怀土:怀恋乡土。 ③ 刑:刑法、法制。 ④ 惠:恩惠。

【评述】

本章孔子用君子和小人作对比,指出君子和小人在生活追求上的差别。怀德、怀刑、怀土、怀惠,是君子与小人在仁的问题上的分野。君子心中存道德,遵守法度;小人心怀侥幸,追求恩惠。宋朱熹说:"君子、小人趣向不同,公私之间而已。"(《论语集注》卷二)朱熹分析他们之所以存在区别的焦点在"公私"二字上,这是很深刻的,他看到了问题的实质。

子曰:"放①于利而行,多怨②。"

【今译】

孔子说:"依据个人私利而行动,一定会招致很多怨恨。"

【注释】

① 放:根据、依据、放纵。 ② 怨:怨恨。

【评述】

本章孔子告诫人们纵心求利,会招致怨恨。《集解》汉孔安国说:"放,依也。言人每事依于财利而行,则是取怨之道也。"(《十三经注疏·里仁第四》)宋邢昺说:"此为在位好利者箴也。"(同上)清刘宝楠说:"在上位者宜知重义,不与民争利也。若在上者放利而行,利壅于上,民困于下,所谓长国家而务财用,必使灾害并至,故民多怨之也。"(《论语正义·里仁第四》)这种纵利而民怨的教训,历史上比比皆是。唐庄宗李存勖即帝位后,与刘皇后专事聚敛,内府珍宝山积而吝不赏军,结果被哗变的亲军杀死(《新五代史·唐庄宗纪》)。西晋石崇,任荆州刺史"劫远使客商,致富不赀","财产丰积,室宇宏丽"。与王恺斗富,结果被赵王伦所杀,临死时叹道:"奴辈利吾家财。"收者答曰:"知财致害,何不早散之。"(《晋书》卷三十三《石崇传》)在上位者固然不能纵心求利,招致怨恨,一般人为人处事,也不能过分强调个人利益,以利为结合点,必然会因利害冲突而招致怨恨。还是宋程颐说得好,"欲利于己,必害于人,故多怨"(《论语集注》卷二)。

子曰:"能以礼让①为国乎?何有②?不能以礼让为国,如礼何③?"

【今译】

孔子说:"能够用礼仪谦让来治理国家吗?治国有什么困难呢?不能够用礼仪谦让来治理国家,空口谈礼又有什么意义呢?"

【注释】

① 礼让:礼仪、谦让。 ② 何有:有什么。 ③ 如礼何:怎么对待礼呢?

【评述】

本章孔子提出礼让治国的主张。治国不难,视其是否能执行礼让原则。宋邢昺说:"让者,礼之实;礼者,让之文。先王虑民之有争也,故制为礼以治之。"(《十三经注疏·里仁第四》)南宋朱熹说:"言有礼之实以为国,则何难之有,不然,则其礼文虽具,亦且无如之何矣,何况于国乎。"(《论语集注》卷二)《管子·五辅》说:"夫人必知礼然后恭敬,恭敬然后尊让,尊让然后少长贵贱不相逾越,少长贵贱不相逾越,故乱不生而患不作。故曰:礼不可不谨也。"礼让,是我国文化的传统美德。《左传》襄公十三年说:"让,礼之主也。"古者诸侯立国要谦让就位。宋代官员接受皇帝任命,要再三辞让,有的要辞让五次、七次之多。尧舜的禅让被传为美谈。所以孔子主张礼让为国,认为能以礼让为国,治国不难。但礼有本质与形式的区别,国家的礼仪,必须有"礼让为国"的本质,使内容与形式统一。如果只讲礼的繁文缛节,而舍弃了礼的本质,也是没有作用的。

子曰:"不患①无位②,患所以立③。不患莫己知④,求⑤为可知也。"

【今译】

孔子说:"不担心没有职位,只担心没有任职的本领。不担心没有人了解自己,只追求有美好的才德值得别人了解。"

【注释】

①患:担心、忧虑。 ②位:职位,指做官。 ③立:通"位"。职位。 ④莫己知:不了解自己。为"莫知己"的倒装句,宾语提前。 ⑤求:追求。

【评述】

本章孔子勉励学生严格要求自己,掌握真正的坚实的立世本领。宋邢昺说:"不忧爵位,但忧其无立身之才学耳;不忧无人见知于己,求善道而学行之,使己才学有可知重,则人知己也。"(《十三经注疏·里仁第四》)要有爵位,要使人知,关键在于自己有真才实学,诚如宋程颐所说:"君子求其在己者。"(《二程集·河南程氏经说卷第六》)本章与《学而》最后一篇阐明同一道理。

子曰:"参①乎!吾道②一以贯③之。"曾子曰:"唯④。"子出,门人问曰:"何谓也?"曾子曰:"夫子之道,忠恕⑤而已矣。"

【今译】

孔子说:"曾参呀!我的学说是用一个原则贯穿着的。"曾参回答说:"是呀。"孔子出去后,其他学生问曾子说:"这是什么意思呢?"曾参说:"先生的学说,就是忠和恕罢了。"

【注释】

① 参:曾子的名字。 ② 道:学说。 ③ 贯:贯穿。 ④ 唯(wěi):应答声。 ⑤ 忠恕:忠诚和宽恕。

【评述】

本章孔子叙述自己学说中贯穿如一的道。在这里,孔子提出吾道以一贯之的问题,但用什么贯穿没有明确解释。曾参答应了一声,没有继续询问,似乎已经心领神会。等到门人围上来问他时,曾参回答是"忠恕"两字。那么这个"道"是什么,是不是就是曾子所说的"忠恕"两字,而贯穿道的"一"又是什么? 由于孔子与曾参打了一个哑谜,令人参不透,成为研究孔子学说中的一大疑案。后之学者,只好心中有数,各行其是。《集解》汉孔安国说:"直晓不问,故答曰唯。"(《十三经注疏·里仁第四》)宋邢昺说:"吾道一以贯之者,贯统也,孔子语曾子言,我所行之道唯用一理以统天下万事之理也。"(同上)清焦循《雕菰楼集》说:"孔子言吾道一以贯之,曾子曰忠恕而已矣。然则一贯者,忠恕也。忠恕者何? 成己以及物也。"清王念孙《论语疏证》说:"一以贯之,即一以行之也。"清阮元《揅经室集》说:"吾道一以贯之,此言孔子之道皆于行事见之,非徒以文学为教也。"

这个讨论在朱熹的门人中开展得十分热烈。潘时举问朱熹,什么是"一以贯之"? 朱熹说:"且要沉潜理会,此是《论语》中第一章。若看未透,且看后面去,却时时将此章来提省,不要忘却,久当自明矣。"(《朱子语类·论语九》)只说此章重要,但未作正面回答。宋董拱寿说:"一以贯之,犹一心应万事。"(同上)宋窦从周说:"一是一心,贯是万事,看有甚事来,圣人只是这个心。"(同上)宋杨道夫说:"一是忠,贯是恕。"宋李闳祖说:"忠恕而已矣,不是正忠恕,只是借'忠恕'字贴出一贯底道理。"(同上)但他们都没有把"忠恕"两字看作是孔子的一贯之道。孔子的学问确有一段内在的修养工夫,是很难学透的,到底孔子一贯之道是什么,"一"又是什么,自汉以来不得其解,这是《论语》留给我们探讨的一个问题。

子曰:"君子喻①于义,小人喻于利②。"

【今译】

孔子说:"君子明白大义,小人只懂得财利。"

【注释】

① 喻:明白、懂得。　② 利:财利、私利。

【评述】

本章孔子论述君子与小人对义与利的不同态度。孔子在这里提出了义利的问题。认为有道的君子以道义为先,而无德的小人则以财利为先。孔子提出这一问题是有针对性的。清刘宝楠说:"如郑氏(玄)说,则《论语》此章,盖为卿大夫之专利者而发。""及周之衰,其卿大夫缓于谊而急于利,故诗人刺之。尔好义,则民向仁而俗善,尔好利,则民向邪而俗败。"(《论语正义·里仁第四》)可见孔子区分君子与小人的标准是以义利为准则,卿大夫追求仁义即是君子,追求财利即是小人。晋范宁说:"弃货利而晓仁义,则为君子;晓货利而弃仁义,则为小人。"(同上)所以孔子对此有感而发,欲匡救时弊,勉励卿大夫追求仁义。

子曰:"见贤思齐①焉,见不贤而内②自省③也。"

【今译】

孔子说:"见到贤人就向他看齐,看见不贤的人,就从内心反省自己。"

【注释】

①思齐:考虑向他看齐。 ②内:内心。 ③自省(xǐng):自我反省。

【评述】

本章孔子教育学生向贤者学习,多作自我反省,以提高仁德的修养。宋邢昺说:"见彼贤则思之与齐等,见彼不贤则内自省察得无如彼人乎?"(《十三经注疏·里仁第四》)《荀子·修身》:"见善,修然必以自存也;见不善,愀然必以自省也。"孔子提出了一条个人道德修养的重要原则:向贤者学习,与之看齐;以后进为戒,从他们的错误中吸取教训。这样就能不断提高仁德的修养。

子曰:"事父母几谏①,见志②不从,又敬不违③,劳④而无怨。"

【今译】

孔子说:"奉事父母,如果他们有错误,要委婉地劝谏,看到自己的意见没有被接受,还是恭敬而不违礼,替他们担忧而不怨恨。"

【注释】

①几谏:婉转地劝谏。 ②志:观点、意见。 ③违:违背、违礼。 ④劳:担忧。

【评述】

本章孔子谈论孝道。教育人们劝谏父母应持的正确方法。《集解》东汉包咸说:"几者,微也。当微谏纳善言于父母。见志:见父母志有不从己谏之色,则又当恭敬,不敢违父母意而遂己之谏。"(《十三经注疏·里仁第四》)《孝经》说:"父有争子,则身不陷于不义。"父母有过,人子当谏止。关于"劳而不怨"的"劳"有两解:一作忧讲。清王引之《经义述闻》:"劳,忧也。"东汉高诱注《淮南子·精神》曰:"劳,忧也。凡《诗》言'实劳我心''劳心忉忉''劳心传传''劳人草草'之类,皆为忧也。"一作劳讲。宋邢昺说:"父母使己以劳辱之事,己当尽力服其勤,不得怨父母也。"(《十三经注疏·里仁第四》)联系《论语》上文,当以前说为善。孔子在这章里指出,父母不一定都正确,也有不是的父母。并不如宋儒所说"天下无不是之父母"。作为一个孝子,对父母不对的地方要尽力劝阻。但劝谏时态度要委婉。"下气怡色,柔声以谏。"(《论语集注》卷二)如果父母听不进,"起敬起孝,悦则复谏也"(同上)。与其父母得罪于乡党州里,宁不断劝谏,恭敬不违,劳而不怨。这才是孝父母的正确态度。

子曰:"父母在①,不远游②,游必有方③。"

【今译】

孔子说:"父母在世,不出远门游学、游宦,如果远出,一定讲清去处,安顿好父母。"

【注释】

① 在:在世、活着。　② 游:指到外地去游学、游宦。　③ 方:去的方向。含安顿父母之意。

【评述】

本章仍讲孝道,教人远游时讲清去处,安顿好父母。"游必有方"的"方"有三种解释。一是宋邢昺按东汉郑玄释方为常,解释为常所。《集解》东汉郑玄注:"方,犹常也。"宋邢昺说:"游必有常所,使父母呼己,得即知其处也。"(《十三经注疏·里仁第四》)二是近人杨伯峻释方向。"方,指方向,有一定的去处。"(《论语译注》)三是近人南怀瑾释为安顿好父母。"游必有方的方,是指方法,父母老了没人照应,子女远游时必须有个安顿的方法,这是孝子之道。"(《论语别裁》)南怀瑾的说法也有一定道理,一个人远游,一定有目的地,这是常识,要外出而安顿好父母,才是孝子应考虑的事。

子曰:"三年无改于父之道①,可谓孝矣。"

【今译】

孔子说:"三年之内不改变父亲生前奉行的准则,可以说是孝了。"

【注释】

① 道:准则、原则。

【评述】

本章孔子教人考察是否有孝行的方法。此章与《学而》第十一章重复。东汉郑玄说:"孝子在丧,哀戚思慕,无所改于父之道,非心所忍为。"(《十三经注疏·里仁第四》)宋邢昺说:"言孝子在父母丧三年之中哀戚思慕,无所改为父之道,非心所忍为故也。"(同上)汉董仲舒《春秋繁露·祭义》:"孔子曰:书之重,辞之复,呜呼!不可不察也,其中必有美者焉。"根据这一启发,此章与《学而》第十一章文字虽同,恐含意略有不同。此章承"游必有方"而来,孝子在外三年,不在父母面前,而对父母的爱心、孝心,时刻萦绕于怀,不忘父母。这样理解恐怕更合孝子的心情。

子曰:"父母之年①,不可不知也。一则②以喜③,一则以惧④。"

【今译】

孔子说:"父母的年龄不可以不知道的,一方面因父母高寿而高兴,一方面因父母的衰老而恐惧。"

【注释】

① 年:年龄。 ② 一则:一方面。 ③ 喜:因父母高寿而高兴。 ④ 惧:因父母衰老而恐惧。

【评述】

本章孔子教人要注意父母的年龄与身体状况,及时行孝。孔子昭示人们因父母增岁而产生的喜寿惧死的矛盾心理。汉孔安国说:"见其寿考则喜,见其衰老则惧。"(《十三经注疏·里仁第四》)宋邢昺说:"言孝子当知父母之年也,其意有二,一则以父母年多,见其寿考则喜也。一则以父母年老,形必衰弱,见其衰老则忧惧也。"(同上)他们都只从字面加以理解,其实,孔子说这句话的目的是教育人们应看到父母年寿日高而及时行孝,以成孝道。

子曰:"古者①言之不出②,耻躬③之不逮④也。"

【今译】

孔子说:"古代的君子言语从不轻易出口,他们怕说了做不到并以之为耻。"

【注释】

① 古者:古之君子。 ② 言之不出:话不轻易出口。 ③ 躬:亲身、自身。 ④ 逮(dài):及、赶上。

【评述】

本章孔子教人要少言多行,言行一致。《集解》东汉包咸说:"古人之言,不妄出口,谓身行之将不及。"(《十三经注疏·里仁第四》)《礼记·缁衣》说:"言从而行之,则言不可饰也;行从而言之,则行不可饰也。故君子寡言而行,以成其信。则民不得大其美而小其恶。"孔子教导人们出言要慎重,一言既出,驷马难追,必须言而有信,言行一致。这也是一种仁的修养。有仁的人"重然诺",言必信,说到做到。"轻诺则寡信"。这也是为人处世应该遵循的一个原则。

子曰:"以约①失②之者鲜③矣。"

【今译】

孔子说:"经常能用礼约束自己而犯错误的人是很少有的。"

【注释】

① 约:约束。　② 失:错误、过失。　③ 鲜(xiǎn):少。

【评述】

本章孔子教育人们用礼来约束自己,减少错误。关于本章中的"约"有两种理解。一作节俭讲,《集解》汉孔安国说:"俱不得中,奢则骄佚招祸,俭约无忧患。"(《十三经注疏·里仁第四》)《礼记·表记》说:"夫恭近礼,俭近仁,信近情,敬让以行,此虽有过,其不甚矣。夫恭寡过,情可信,俭易容也。以此失之者,不亦鲜乎!"他们都作节俭讲。一作节制讲,清刘宝楠引《曲礼》:"《曲礼》曰:'敖不可长,欲不可从,志不可满,乐不可极。'皆言约之道也。"(《论语正义·里仁第四》)"尹氏曰:凡事约则鲜失,非止谓俭约也。"(《论语集注》卷二)他们都认为约作节制、约束讲。均之两说,皆可通。但从孔子本意看,是教育人们用礼约束自己,故以后说为长。一个人如果常常能检点、约束自己,谨慎处事,错误自然就相对地少了。

子曰:"君子欲讷①于言而敏②于行。"

【今译】

孔子说:"君子说话要谨慎而办事要敏捷。"

【注释】

① 讷(nè):语言不流畅。这里指说话谨慎。 ② 敏:敏捷。

【评述】

本章孔子教育学生要少说空话,多做实事。《集解》东汉包咸说:"讷,迟钝也。言欲迟而行欲疾。"(《十三经注疏·里仁第四》)谢氏说:"放言易,故欲讷;力行难,故欲敏。"(《论语集注》卷二)在言与行的关系上,孔子一贯主张少说话,多做事,言行一致。这句话是针对当时言不符行的流弊而发,对学生提出言行一致的要求。宋邢昺说:"君子但欲迟钝于言,敏疾于行,恶时人行不副言也。"(《十三经注疏·里仁第四》)孔子教人追求仁德,言行一致是仁在言行上的体现。

子曰:"德不孤①,必有邻②。"

【今译】

孔子说:"有道德的人不会孤独,一定会有知音者与他为邻。"

【注释】

① 孤:孤独、孤单。 ② 邻:邻居、同伴。

【评述】

本章孔子阐述道德无所不在的力量。宋张栻《论语解》说:"德立于己,则天下之善斯归之,盖不孤也。如善言之集,良朋之来,皆所谓'有邻'也。至于天下归仁,是亦'不孤'而已矣。"宋朱熹说:"邻,犹亲也。德不孤立,必以类应,故有德者,必有其类从之,如居之有邻也。"(《论语集注》卷二)孔子勉励人们修德,说明道德无所不在的力量,以德归仁,进而说明仁的好处。就个人看,自己有道德涵养,能体用兼备,自然会影响身边的人,团结共事。推而广之就国家、君主来说,为政以德,自会众星之拱北辰而国泰民安了。所以本章可看作孔子讲仁的学说的一个总结。

子游曰:"事君数①,斯辱②矣;朋友数,斯疏③矣。"

【今译】

子游说:"多次劝谏君主,这就会招来侮辱;多次劝告朋友,这就会招来疏远。"

【注释】

① 数(shuò):多次。　② 辱:侮辱。　③ 疏:疏远。

【评述】

本章子游总结事君交友的处世之道。宋邢昺说:"数,则渎而不敬,故事君数斯致罪辱矣;朋友数,斯见疏薄矣。"(《十三经注疏·里仁第四》)胡氏说:"事君谏不行,则当去。导友善不纳,则当止。至于烦渎,则言者轻、听者烦矣。是以求荣反辱,求亲而反疏也。"(《论语集注》卷二)关于"数",有两种解释,一谓数己之功。东汉郑玄说:"数,数己之功劳也。"(《十三经注疏·里仁第四》)一谓数君友之过。刘五河《经义说略》:"数,当训为数君友之过。数,责也,'数让''责让'皆数其过之义。"以后说为合理。本章中子游说这话的意思是,讲仁德也要注意方法。对君主尽忠也不容易,说多了,硬进谏,反而会惹怒君主丢掉性命。对朋友也一样,劝多了反而见疏。俗语说:"好里成怨。"所以行仁德也要见止而止,适可而止。这是子游为人处世的经验总结。

# 公冶长第五

【解题】

本篇共二十八章。编者取首章"子谓公冶长"一句中的"公冶长"三字为篇名。其中,记孔子直接论述十七章,记孔子与大夫、学生、他人对话十章,记子贡赞美孔子一章。

本篇以仁德为依据,采用孔子直接评论,与学生、他人讨论,对话等方式评述古今人物的贤愚得失,体现了孔子的道德准则和政治理想。评论分三种类型:首先表彰善人、贤人,并肯定其德行。如表扬南容,肯定其善于处世;赞扬晏平仲,肯定其善与人交;赞扬子产,肯定其有君子之道等。其次,既有表扬,又有批评。如赞扬子路之勇,又指出其好勇过我;赞扬季文子能三思而行,又指出其多思之失等。其三,批评愚人、懒人。如批评臧文仲奢侈愚蠢;批评宰予懒惰;申枨不刚;微生高不直等。在评论人物中我们还可以看出孔子如下思想:(1) 他从不以仁轻易许人。最多肯定人"有道""君子""忠""清"等,而把仁看做是最高的道德,很难达到。(2) 评论人物以德为标准,没有偏见。(3) 他的政治社会理想是"老者安之,朋友信之,少者怀之"。(4) 熟悉教育对象,知人善任。

子谓公冶长①:"可妻②也。虽在缧绁③之中,非其罪也。"以其子④妻之。

【今译】

孔子谈论公冶长说:"可以把女儿嫁给他。他虽然被关过监狱,但这不是他的罪过。"于是把自己的女儿嫁给他为妻。

【注释】

① 公冶长:孔子学生,姓公冶,名长。 ② 妻(qì):嫁的意思,名词作动词用。 ③ 缧绁(léi xiè):缚犯人的绳索,这里指代监狱。 ④ 子:儿女。古代儿子、女儿通称子。这里专指女儿。

【评述】

本章记叙孔子实事求是地对待公冶长。关于公冶长的事迹,所知不多。《集解》汉孔安国说:"冶长,弟子,鲁人也。姓公冶,名长。缧,黑索。绁,挛也。所以拘罪人。"(《十三经注疏·公冶长第五》)梁皇侃《论语义疏》引晋范宁:"公冶行正获罪,罪非其罪,孔子以女妻之,将以大明衰世用刑之枉滥,劝将来实守正之人也。"他坐过牢,为什么坐牢,孔子没有说明,只说他"非其罪也",吃了冤枉官司。传说则有公冶长懂鸟语的故事:有一天,一只鸟飞来对他说:"公冶长、公冶长,前山有只虎拖羊,你吃肉来我吃肠。"公冶长跑到南山,果然看到一头被老虎咬死的羊,就背回来吃掉,忘记给鸟吃肠。鸟心中愤恨,便设法报复。有一天,鸟又飞来对他说:"公冶长、公冶长,前山有只虎拖羊,你吃肉来我吃肠。"公冶长跑到南山,没有羊,只见一个被害死的人躺在血泊里。公差守候在旁。一见公冶长,便将他捉住。公冶长有口难辩,便被捕入狱。后来弄清事实,无罪释放。宋邢昺说:"旧说冶长解禽语,故系之缧绁,以其不经,故不取。"(《十三经注疏·公冶长第五》),可见早在宋以前就流传着公冶长懂鸟语的故事。清刘宝楠说:"愚以《周官》:'夷隶掌与鸟言','貉隶掌与兽言',则以公冶长解鸟语,容或有之,而谓因此获罪,则傅会之过矣。"(《论语正义·公冶长第五》)至于孔子为什么愿将女儿嫁给公冶长,也没有说明,人们只好按孔子察人以德为尚来加以推测,估计公冶长是一位有德的贤人。宋朱熹说:"夫子称其可妻,其必有以取之矣。"(《论语集注》卷三)由此可知,孔子实事求是地对人,不存偏见。

子谓南容①:"邦有道,不废②;邦无道,免于刑戮③。"以其兄之子妻之。

【今译】

孔子谈到南容时说:"国家政治清明,他总有官做,不被废弃;国家政治昏暗,他也不至于遭受刑罚。"于是把自己哥哥的女儿嫁给他为妻。

【注释】

① 南容:孔子学生南容适(kuò),字子容。 ② 不废:不废弃官职。 ③ 刑戮:刑罚、杀戮。这里指遭受刑杀。

【评述】

本章孔子赞美南容善于谨慎处世。南宋朱熹说:"南容,孔子弟子,居南容,名绦,又名适,字子容,谥敬叔,孟懿子之兄也。"(《论语集注》卷三),可见是一位世家公子,孔子将其哥哥孟皮的女儿嫁给他。《史记索隐》引《孔子家语》:"梁纥(孔子父亲)娶鲁之施氏,生九女。其妾生孟皮,病足,乃求婚于颜氏征在",生孔子。孟皮是孔子的哥哥,有残疾,已死,孔子扶养侄女,为之择偶。为什么孔子让侄女嫁给南容呢?因为南容"三复白圭"非常注意道德品质的修养,又善于处世。治平之世,才具不被埋没,混乱之时,不会遭到生命危险。非有大智大慧的人,是很难做到这一点的。朱熹说:"以其慎于言行,故能见用于治朝,免祸于乱世也。"(《论语集注》卷三)所以受到孔子的赏识而将侄女嫁给他。

子谓子贱①:"君子哉若人②!鲁无君子者,斯焉取斯③?"

【今译】

孔子谈到子贱说:"这个人真是君子啊! 如果鲁国没有君子,那么,他从哪里取得这些好品德呢?"

【注释】

① 子贱:孔子学生宓不齐,字子贱。 ② 若人:这个人。 ③ 斯焉取斯:从哪里取得这些品德。斯:代词,前一斯指代他,即宓子贱。后一斯指代品德。

【评述】

本章孔子赞美子贱为君子。宋朱熹说:"子贱盖能尊贤取友以成其德者,故夫子既叹其贤,而又言若鲁无君子,则此人何所取以成此德乎,因以见鲁之多贤也。"(《论语集注》卷三)据《孔子家语·弟子篇》说:"宓不齐,鲁人,字子贱。少孔子四十九岁,为单父宰,有才知,仁爱百姓,不忍欺之,故孔子大之。"《吕氏春秋·察贤篇》说:"宓子贱治单父,弹鸣琴,身不下堂,而单父治。"《韩诗外传》说:"子贱治单父,其民附。孔子曰:'告丘之所以治之者。'对曰:'所父事者三人,所兄事者五人,所友者十有二人,所师者一人。'孔子曰:'所父事者三人,足以致孝矣;所兄事者五人,足以教弟矣;所友者十有二人,足以祛壅蔽矣;所师者一人,足以虑无失策,举无败功矣。惜也,不齐为之小,不齐为之大,功乃与尧舜参矣。'"子贱能得人,能善于听取各方面的意见,集思广益,出色地用德治理了单父,所以得到孔子的高度评价,称之为君子。但孔子毕竟目光深邃,还看到了使宓子贱形成君子的原因,是鲁国有一个君子群的氛围,是受到鲁国许多君子影响、培育的结果。说明一个人的成才,除了主观努力外,客观条件也不容忽视。

子贡问曰:"赐①也何如?"子曰:"女,器②也。"曰:"何器也?"曰:"瑚琏也③。"

【今译】

　　子贡问孔子说:"我是一个怎样的人?"孔子说:"你,是一个有用的器具。"子贡又问:"什么器具呢?"孔子说:"是宗庙祭祀时盛黍稷的玉制瑚琏。"

【注释】

　　① 赐:子贡的名字。　② 器:器皿、器具。　③ 瑚琏(hé liǎn):即簠簋。古代祭祀时盛粮食的玉制器皿,很尊贵。

【评述】

　　本章孔子赞许子贡的才干。子贡为什么向孔子发问呢?梁皇侃《论语义疏》说:"子贡闻孔子评诸弟子而不及己,故有此问。"(《十三经注疏·公冶长第五》)孔子则评他为瑚琏之器。《集解》东汉包咸说:"瑚琏,黍稷之器,夏曰瑚,殷曰琏,周曰簠簋,宗庙之器贵者。"(同上)清刘宝楠说:"夫子言:'赐也达,可使从政',故以宗庙贵器比之。言女器若瑚琏者,则可荐鬼神,羞王公矣。"(《论语正义·公冶长第五》)认为是国家的栋梁之材。瑚琏,虽然珍贵,但不常用,国家有重大祭祀,才取出来供在庙堂之上,正好展示了子贡高、贵、清的风格。

　　子贡是一个政治、外交、语言、经济、工商都精通的人,但平时不露锋芒,不屑做低下的小事,只在孔子身边安心学习。有一次,鲁国有难,子贡自告奋勇,代孔子去办外交,游说诸侯,使鲁国转危为安。据《左传》记载,子贡与诸侯国君分庭抗礼,吴越之战、吴齐之战、越晋之战都是他挑起的,他挑动大国之争,使鲁国免于大国的欺凌而泰然处于战争之外,可见其才具之高。孔子晚年的生活都是靠子贡照顾,孔子死后,别人守孝三年,他在孔子墓旁守丧六年,手植柏树遗址,至今还保存在曲阜孔庙里。可见其道德风格之高尚。孔子以瑚琏之器评价他,是恰如其分的,很切合子贡的身份。由此也可以看出:孔子对学生是十分了解的,故而能因材施教。

或曰:"雍①也仁而不佞②。"子曰:"焉用佞? 御人③以口给④,屡憎⑤于⑥人。不知其仁,焉⑦用佞?"

【今译】

有人说:"冉雍有仁德而没有口才。"孔子说:"何必要有口才? 用能言善辩的口才与人争辩,常常会被人憎恨。冉雍这个人我不知道他是否有仁德,但哪里一定要有口才呢?"

【注释】

① 雍:孔子的学生冉雍,字仲弓。　② 佞(nìng):富有口才。　③ 御人:防御别人,这里指争辩。　④ 口给(jǐ):能言善辩。　⑤ 憎:憎恨。　⑥ 于:被。介词。　⑦ 焉:哪里。同"何",疑问副词,

【评述】

本章孔子针贬当时盛行的口辩风尚。有人认为冉雍虽身有仁德而口无才辩。因春秋末期盛行口辩,取胜于人,所以认为冉雍仁德未备。《曲礼·释文》:"口才曰佞。"清刘宝楠说:"仲弓德行中人,行必先人,言必后人,或者以为仁而不佞者,当时尚佞,见雍不佞,故深惜之。"(《论语正义·公冶长第五》)宋朱熹说:"佞,口才也。仲弓为人,厚重简默,而时人以佞为贤,故美其优于德,而疾其短于才也。"(《论语集注》卷三)

孔子是深恶痛绝强嘴利舌的。《韩诗外传》说:"人之利口赡辞者,人畏之,畏之斯恶之。子曰:'恶利口之覆邦家者。'"《说苑·尊贤篇》:"孔子教哀公以取人之术曰:毋取拑者,毋取口锐者。拑者大给利,不可尽用;口锐者多诞而寡信,后恐不验也。"反对鲁哀公进用口辩取胜的人。所以说佞人"御人以口给,屡憎于人"。用强嘴利舌与人对抗的人,常常会被人讨厌。所以孔子一方面认为冉雍尚未达到仁的境界,但没有口才并不影响他追求仁德。而另一方面却在针砭当时崇尚口辩的时弊。表明自己鲜明的态度。

子使漆雕开①仕②。对曰:"吾斯之未能信③。"子说④。

【今译】

孔子让漆雕开去做官。他回答说:"我对做官这件事还没有信心。"孔子听了很高兴。

【注释】

① 漆雕开:孔子学生,姓漆雕,名开,字子开。 ② 仕:做官、出仕。 ③ 吾斯之未能信:为"吾未能信斯"倒装句,宾语前置。"之"是用来倒装的词。意思是:我对做官还没有信心。 ④ 说(yuè):通"悦",高兴。

【评述】

本章孔子赞扬漆雕开不图虚名,虚心向学的美德。漆雕开为孔子弟子,大概孔子在鲁国担任司寇时让他出去做官,但漆雕开答以志于学道,对治国安民之道研习未深,恐不能胜任,不欲仕进。《集解》汉孔安国说:"开,弟子也。漆雕姓,开名。仕进之道未能信者,未能究习。"(《十三经注疏·公冶长第五》)孔子对于他有志于学道,专诚为学,不汲汲于追求禄位的实事求是作风,非常赞赏,这从另一侧面反映孔子"为政以德"思想和尊重学生的精神。关于"仕",有两说:一种释为做官。宋邢昺说:"开志于学道,不欲仕进。"(《十三经注疏·公冶长第五》)一种释为治国安民之道未学好而不愿仕进。汉孔安国主此说。从漆雕开的话来看,其平时好学,不自矜伐,与其居官临民存有敬畏之心分不开,并不是不欲做官,而是条件尚未成熟,故以后说为长。

子曰:"道①不行,乘桴②浮于海。从③我者,其由与?"子路闻之喜。子曰:"由也好勇过我,无所取材④。"

**【今译】**

　　孔子说:"我的学说不能实行,就乘上小木筏在海上漂浮。跟从我的人,大概只有仲由吧?"子路听了这话很高兴。孔子便说:"仲由呀,好勇的精神大大地超过了我,就没有什么可取的了。"

**【注释】**

　　① 道:学说。　② 桴(fú):小木筏。　③ 从:跟随。　④ 材:通才。人才。

**【评述】**

　　此章孔子委婉地表达了自己政治主张不能实行的愤激之情。孔子周游列国,推行他的政治学说,但均拒不见用,而欲浮海离开中国。宋邢昺说:"夫子本欲行道于鲁,鲁不能竟其用,乃去而之他国,最后乃如楚。则以楚虽蛮夷,而与中国通已久,其时昭王又贤,叶公好士,故遂如楚以冀其用,则是望道之行也。至楚又不见用,始不得已而欲浮海居九夷。"(《论语正义·公冶长第五》)。其实,这不过是一句愤激之言,并非真要浮海去九夷。子路是一个直性子的人,信以为真,听了非常高兴,恨不得马上动身。所以孔子说他,好勇超过了我,没有用场可派了。子路这个人也实在戆直得可爱,孔子深刻了解子路的秉性,因材施教,在表扬中匡正缺失,引导子路前进。

　　关于"材"字,有三种解释。一种认为"材"通"才",作人才讲,"这个人才,没有什么可取。"见近人杨伯峻《论语译注》。一种作木材讲,认为没有地方去取木材作桴,以讥讽子路。东汉郑玄说:"无所取材者,以子路不解微言,故戏之耳。"(《十三经注疏·公冶长第五》)一说"材"通"裁",认为子路不能裁度事理。宋朱熹曰:"故夫子美其勇,而讥其不能裁度事理。"(《论语集注》卷三)联系上下文,作才讲,以其才无所取为善。

　　孟武伯问:"子路仁①乎?"子曰:"不知也。"又问。子曰:

"由也,千乘之国,可使治②其赋③也,不知其仁也。"

"求也何如?"子曰:"求也,千室之邑④,百乘之家⑤,可使为之宰⑥也,不知其仁也。"

"赤⑦也何如?"子曰:"赤也,束带⑧立于朝,可使与宾客⑨言也,不知其仁也。"

【今译】

孟武伯问孔子:"子路有仁德吗?"孔子说:"不知道。"孟武伯又问。孔子说:"仲由嘛,拥有一千辆兵车的国家,可以派他去管理军政工作。但不知道他有没有仁德。"

孟武伯又问:"冉求怎么样?"孔子说:"冉求嘛,拥有一千户人口的城邑,拥有一百辆兵车的大夫采邑,可以让他去担任行政长官。但不知道他有没有仁德。"

孟武伯又问:"公西赤怎么样?"孔子说:"公西赤嘛,穿着礼服站在朝堂上,可以让他接待外国使节,与他们谈话。但不知道他有没有仁德。"

【注释】

① 仁:仁德。 ② 治:管理。 ③ 赋:兵赋。这里指军政事务。 ④ 邑:古代居民聚居的地方。分公邑和采邑两种,这里指公邑。 ⑤ 家:卿大夫的采邑,也叫食邑。 ⑥ 宰:古代县、邑的行政长官和卿大夫的家臣都称宰。 ⑦ 赤:孔子学生公西赤,字子华。 ⑧ 束带:束着冠带,指穿着礼服。 ⑨ 宾客:指外国使节。

【评述】

本章孔子评述子路、冉求、公西赤之才而不言其仁。说明仁道至大,仁道难求。孟武伯问子路、冉求、公西赤是否具备仁德,因为他们都是孔子门下著名的学生,但孔子含笑不作肯定的答复,意思是还没有达到仁的境界。仁是孔子最高的道德标准,要达到它是非常困难的。当孟武伯又问时,孔子具体地谈了他们的才干:子路长于军事,冉求长于行政,公西华长于外交,他们都是国家出色的人才。但是否具备"仁",则委婉地推说不知。由此可知,孔子对仁的要求是极其严格的,不肯轻易以仁许人,在孔子眼中几乎没有一个学生可以达到这个标准。同时也可以了解到孔子培养人才之多,军事、政治、外交都有,真可谓人才济济。孔子对他们的特长了解得清清楚楚,知人善任,一个个将他们推荐出去。

子谓子贡曰:"女① 与回也孰愈②?"对曰:"赐也何敢望③回?回也闻一以知十,赐也闻一以知二。"子曰:"弗如也;吾与④女弗如也。"

【今译】
　　孔子对子贡说:"你与颜回哪一个强些?"子贡回答说:"我哪里敢与颜回相比?颜回听到一件事,就能推知十件事,我听到一件事,只能推知二件事。"孔子说:"确实不及他呀;我赞同你的话,确实赶不上他。"

【注释】
　　① 女(rǔ):同"汝"。你。　② 孰愈:谁好、谁强、哪一个好。
③ 望:仰望,望其项背。这里有相比的意思。　④ 与:同意、赞同。

【评述】
本章孔子赞美颜回的德行,勉励子贡进一步深造。孔子问子贡,你与颜回相比谁强些。子贡颇有自知之明,用"闻一知十"和"闻一知二"作比较进行答复。一者数之始,十者数之终,原始要终,一以贯之,说明颜回资质高,品德高,才学优,是上等人才。而子贡自己则认为是"闻一知二"的中等资质人才,两人相差悬殊,怎敢望颜回之项背。回答得既诚恳,又坦然,非常得体。因而孔子十分满意,赞成他的看法。

梁皇侃《论语义疏》引顾欢：“回为德行之俊，赐为言语之冠，浅深虽殊，而品裁未辨，欲使名实无滥，故假问'孰愈'？子贡既审回、赐之际，又得发问之旨，故举十与二，以明悬殊愚智之异。”（《十三经注疏·公冶长第五》）据《新序·杂事二》载：邹忌以鼓琴见齐宣王，齐宣王任命他为相，稷下先生淳于髡等看不起邹忌，向他提了三个问题。一、"白狐皮的裘袍，用破羊皮补起来，怎么样"？邹忌回答说："好吧，我不敢在贤人中杂以不肖之人。"二、"方的轴和圆的铁圈，怎么样呢"？邹忌回答说："好吧！我谨守内部，不敢留宾客。"三、"三个人一起放牧一头羊，羊没有东西吃，人也不能休息，怎么样"？邹忌回答说："好吧！就减省官吏，不使扰民。"淳于髡等的三个问题，事关齐国弊政，邹忌成竹在胸，一一作答，使淳于髡等人辞屈而去。即是其例。

关于孔子所说："吾与女弗如也"句，有两种理解，有人认为表明孔子谦虚的态度，有人认为是怕子贡羞愧，予以安慰的话。《集解》东汉包咸说，"既然子贡不如，复云吾与汝俱不如者，盖欲以慰子贡也。"（《十三经注疏·公冶长第五》）宋邢昺也说："既然答子贡不如，又恐子贡惭愧，故复云吾与汝俱弗如，以安慰子贡之心，使无惭也。"（同上）有人则认为是赞同之意。宋朱熹说："与，许也。"近人杨伯峻《论语译注》说："与，动词，同意、赞同。这里不应看作连词。"以上两说相较，以后说较合孔子原意。颜回是孔子一直嘉许的学生，孔子问子贡时已含有赐不如回之意，子贡实事求是地作答，心地坦然，"深得发问之旨"。所以对子贡来说，不如颜渊，并不感到羞愧；对孔子来说，不必在这些问题上表示谦逊。

宰予昼寝①。子曰："朽木②不可雕也，粪土之墙不可杇③也；于予与何诛④？"子曰："始吾于人也，听其言而信其行；今吾于人⑤也，听其言而观其行，于予与改是。"

【今译】

宰予白天睡觉。孔子说："腐烂的木头不可以雕刻了，粪土似的墙壁不可以粉刷了。我对宰予还责备什么呢?"孔子说:"开始,我对于别人,总是听他的话,相信他的行动;今天,我对于别人,听了他的话,还要观察他的行动。通过宰我昼寝之事,使我改变了看人的观念。"

【注释】

① 昼寝:白天睡觉。　② 朽木:烂木头。　③ 杇(wū):泥工抹墙的工具。这里指粉刷。　④ 诛:责备。　⑤ 于人:对于别人。

【评述】

本章孔子痛责宰我怠惰和言行不一。梁皇侃说:"此二者(指朽木、粪土)以喻人之学道,当轻尺璧而重寸阴,今乃废惰昼寝,虽欲施功教之,亦终无成也。"(《十三经注疏·公冶长第五》)宋朱熹说:"言其志气昏惰,教无所施也。"(《论语集注》卷三)孔子是个勤奋好学的人,学而不厌,看到宰予昼寝,便深深责备了他。由于宰予是语言科学生,擅长语言,从宰予昼寝这件事中,改变了孔子对人的看法,由"听其言而信其行",改为"听其言而观其行",一字之改,态度迥异。说得好听,并不见得行动就好,说得好,还得行动好,言副其行。东汉郑玄说:"改是:听言信行,更察言观行,发于宰予之昼寝。"(《十三经注疏·公冶长第五》)《逸周书·芮良夫解》说:"以言取人,人饰其言;以行取人,人竭其行。饰言无庸,竭行有成。"《说苑·尊贤》:"夫言者,所以抒其匈(胸)而发其情者也。能行之士必能言之,是故先观其言而揆其行。夫以言揆其行,虽有奸轨之人,无以逃其情矣。"

子曰:"吾未见刚①者。"或②对曰:"申枨③。"子曰:"枨也欲④,焉⑤得刚?"

【今译】

孔子说:"我没有见过刚强的人。"有人回答说:"申枨是刚强的人。"孔子说:"申枨私欲很重,怎么能刚强呢?"

【注释】

　　① 刚:刚强。　② 或:有人。　③ 申枨(chéng):孔子学生,姓申名枨,字周。　④ 欲:私欲。　⑤ 焉:哪里?

【评述】

本章孔子评价申枨私欲太多,不可能具有刚强的品德。孔子从有人认为申枨刚强展开评论,重点是突出一个"欲"字。私欲太多,怎能刚强? 同时孔子也是有感时弊而发。梁皇侃说:"刚谓质直而理者也。夫子以时皆柔佞,故云吾未见刚者。"(《十三经注疏·公冶长第五》)当时的社会柔媚巧言,形成风气,所以孔子深恶痛绝,提倡刚直。刚直来源于无欲,而申枨多情欲,情欲既多,徇私佞媚,那里还能刚直呢? 古人说:"无欲则刚。"宋程颐说:"人有欲则无刚,刚则不屈于欲也。"(《二程集·河南程氏经说卷第六》)宋谢氏说:"刚与欲正相反,能胜物之谓刚,故常伸于万物之上,为物掩之为欲,故常屈于万物之下。"(《论语集注》卷三)《集解》东汉郑玄说:"刚谓强志不屈挠。"(《十三经注疏·公冶长第五》)志不屈挠,则能做到富贵不能淫,贫贱不能移,威武不能屈。

子贡曰:"我不欲人之加①诸我也,吾亦欲无加诸②人。"子曰:"赐也,非尔所及③也。"

【今译】

　　子贡说:"我不愿意别人强加于我,我也不愿意强加于人。"孔子说:"子贡呀,这不是你所能做得到的。"

【注释】

　　① 加:施加、强加。　② 诸:之于合词,语助词。　③ 及:做得到。

【评述】

本章孔子认为推己及人难,子贡还未能达到,勉励他努力去做。

子贡说,我不喜欢加到我身上的事,也不愿意加到别人身上。《集解》汉孔安国说:"言不能止人使不加非义于己。"(《十三经注疏·公冶长第五》)清刘宝楠说:"《大学》言'絜矩之道'云:'所恶于上,毋以使下;所恶于下,毋以事上;所恶于前,毋以先后;所恶于后,毋以从前;所恶于右,毋以交于左;所恶于左,毋以交于右。'即子贡此言之旨。"(《论语正义·公冶长第五》)实质上,这就是"己所勿欲,勿施于人"的恕道。这是实践仁的重要方法。清程瑶田《论学小记·进德篇》说:"仁者,人之德也;恕者,行仁之方也。尧、舜之仁,终身焉而已矣。"子贡自己以为能行恕道,所以孔子回答他"非尔所及也"。言下之意,我还做不到呢,你哪能轻易地做到? 从而鼓励子贡,不断朝这个方向努力,追求仁德。诚如清刘宝楠说:"自以为及,将止而不进焉,故夫子以'非尔所及'警之。"(《论语正义·公冶长第五》)

**子贡曰:"夫子①之文章②,可得③而闻也;夫子之言性④与天道⑤,不可得而闻也。"**

【今译】

子贡说:"老师文献方面的学问,我们能够听得到;老师谈人性与天道的理论,我们不能够听得到。"

【注释】

① 夫子:先生、老师。指孔子。　② 文章:指关于古代文献方面的学问。　③ 得:能。　④ 性:人的本性。　⑤ 天道:指自然现象及其规律。

【评述】

本章子贡赞美孔子完美的至道。魏何晏《注》:"章,明也,文彩形质著见,可以耳目循。性者,人之所受以生也。天道者,元亨日进之道。深微,故不可得而闻也。"(《十三经注疏·公冶长第五》)关于文章,古代并不只指书写的文章。有两种说法。一是朱熹所说:"文章,德之见乎外者,威仪文辞皆是也。"(《论语集注》卷三)包括美好的语言、思想、行为举动,待人接物、为人处世等表之于外的都叫文章,也就是事理成了一个章法,蕴含艺术的气氛,就叫文章。一说是经过孔子删定的《诗》《书》《礼》《乐》等古代文献。宋邢昺说:"据《世家》诸文,则夫子文章谓《诗》《书》《礼》《乐》也。"(《十三经注疏·公冶长第五》)此两说,以后说为宜。

关于"不可得而闻也"句,也有两种理解。一种认为没有可能听到。《后汉书·桓谭传》:"天道性命,圣人所难言。自子贡而下,不得而闻。"一种认为子贡过去没有听到,现在听到了,不禁发出赞美之辞。宋朱熹说:"至于性与天道,则夫子罕言之,而学者有不得闻者,盖圣门教不躐等,子贡至是始得闻之,而叹其美也。"(《论语集注》卷三)天道和性命是哲学的命题,高深难懂,按孔子循序渐进的教学原则,子贡过去没有系统听说过,一旦学业上进,听到讲论,便发出会心的赞叹。故以后一种看法为长。

关于孔子所讲的性与天道,一般学者均认为是指《易》学。宋邢昺说:"盖《易》藏太史氏,学者不可得见。故韩宣子适鲁,观书太史氏,始见《周易》。孔子五十学《易》,惟子夏、商瞿晚年弟子得传是学。然则子贡言'性与天道不可得而闻',《易》是也。"(《十三经注疏·公冶长第五》)从本章子贡赞美孔子高深精微的学说中,我们可以看到孔子是一个伟大的教育家,他自身博学多能,而教学方法贯彻循序渐进、教不躐等、启发诱导、因材施教等原则,都是留给后人的宝贵财富。

**子路有闻[①],未之能行,唯恐[②]有[③]闻。**

【今译】

子路听到一些道理,还没有去实行,担心又听到新的道理。

【注释】

① 有闻:指听到一种观点、道理。　② 唯恐:只怕、恐怕。

③ 有:又。

【评述】

本章记叙子路闻善必行。子路有好勇之称,性格直爽,虽然鲁莽,但专心向善,追求美好的德行,所以深得孔子的喜爱。他闻道以后,勇于践履,"若子路可谓能用其勇矣"(《论语集注》卷三)。子路勇于实践正道的精神是可贵的。但过于拘泥,不会变通,以致白白断送了自己的性命。

据《左传》哀公十五年记载:子路与子羔同在卫国任职,子路为孔悝家臣,子羔为卫国大夫。有一次卫国发生内乱,太子蒯聩率甲士五人,劫孔悝登台,要他驱逐辄公,立他为国君。子路闻乱,赶往孔悝家,在城门口碰到子羔,子羔劝他离开,不必介入他们的非义之争。但子路说:"食焉,不辟其难。"意思是食孔悝之禄,不应当逃避其难,直奔孔悝家,守门的公孙敢也劝子路回去,不必介入。子路还是进入孔悝家,直奔台下,打算焚台救孔悝。太子蒯聩便遣甲士石乞、孟黡拒子路,子路未穿甲胄,不能敌石、孟二人,被他们用戈击中冠缨。子路说:"君子死,冠不免。"赶紧将帽带结紧,结果被石、孟二人剁成肉酱,死得很不值得。当孔子听到卫国发生内乱,就说:"柴(子羔)其来,由也死矣。"可见孔子对学生性格的了解以及对子路的关切。

子贡问曰:"孔文子①何以谓之'文'也?"子曰:"敏②而好学,不耻下问③,是以谓之'文'也。"

【今译】

子贡问孔子说:"孔文子凭什么得到'文'的谥号呢?"孔子曰:"他聪明而又好学,向下级请教,不以为耻,所以称他的谥号为'文'。"

【注释】

① 孔文子:卫国大夫孔圉。"文"是谥号。　② 敏:聪明。

③ 不耻下问：向下级请教不以为可耻。耻：羞耻。

【评述】

本章孔子肯定孔文子敏而好学、不耻下问的学风。孔文子，卫大夫孔圉。据宋苏辙《论语拾遗》记载：他"使太叔疾出其妻而妻之，疾通于初妻之娣，文子怒，将攻之。访于仲尼，仲尼不对，命驾而行。疾奔宋，文子使疾弟遗室孔姞。"是一个生活不检、道德败坏的人。这样的人死后谥之为"文"，不是失实吗？所以子贡提出疑问。而孔子却指出其"敏而好学，不耻下问"的优点，认为他当得起"文"这个谥号。宋朱熹说："凡人性敏者多不好学，位高者多耻下问。"（《论语集注》卷三）由于孔文子与之相反，所以孔子给予充分肯定，由此可见孔子对人不是求全责备的。

子谓子产①："有君子之道②四焉：其行己③也恭，其事上也敬，其养民也惠，其使民也义④。"

【今译】

孔子谈论子产时说："他具有君子的四种行为准则：他要求自己谦恭有礼，他侍奉君主恭敬负责，他教养人民施以恩惠，他使用人民合乎道义。"

【注释】

① 子产：郑国郑简公、郑定公时执政。姓公孙，名侨，字子产，是中国古代杰出的政治家、外交家。　② 道：行为准则。　③ 行己：自己的行为。　④ 义：合乎道义。

【评述】

本章孔子赞扬子产为政的四种美德。孔子对子产评价很高。称他合乎君子之道，是个既居上位，又有道德的政治家。宋邢昺说："子产德能居位，合于道者有四，故夫子表之：行己者，则能修身。事上敬，则能尽礼。养民惠,则畴能殖,子弟能诲。故夫子称为惠人。惠者仁也。仁者爱人,故又言古之遗爱也。使民义,则《集注》所云'如都鄙有章,上下有服,田有封洫,庐井有伍之类'皆是రి。"(《十三经注疏·公冶长第五》)子产作为郑国执政,能注意修身,严格要求自己,事上以礼,治民以惠、义,正确处理好对君主、对人民的关系,所以孔子用恭、敬、惠、敏四德称誉他,说他符合君子之道。

子曰:"晏平仲①善与人交②,久而敬之③。"

【今译】

孔子说:"晏平仲善于与别人交朋友,时间越久,他对别人始终很尊敬。"

【注释】

① 晏平仲:齐国政治家、外交家,世称他为齐国贤大夫。名婴,字平仲,谥平。《晏子春秋》记载他的事迹。　② 交:交朋友。　③ 敬之:尊敬朋友。之:代词,指代朋友。

【评述】

本章孔子赞美晏平仲笃于交友的品德。晏平仲,名婴,以善于外交著称,《晏子春秋》中留下不少关于他的故事。关于"久而敬之"的"之"是指谁,有两种说法。一种认为指朋友,是晏平仲尊敬别人。宋程颐说:"人之交久则敬衰,久而能敬,所以为善与人交也。"(《二程集·河南程氏经说卷第六》)梁皇侃《论语义疏》引孙绰:"交有倾盖如旧,亦有白首如新。隆始者易,克终者难,敦厚不渝,其道可久,所以难也。"东汉郑玄说:"敬,故不慢旧也,晏平仲久而敬之。"(《十三经注疏·公冶长第五》)一种认为指晏平仲,是别人尊敬晏平仲。宋邢昺说:"凡人交易绝,而平仲交久而人愈敬之也。"(同上)两说皆可通,但权衡二者,以前说为善。晏平仲担任齐国宰相三十年,地位尊贵显赫,别人对他自然恭敬。而他久居相位而不怠慢故交,是他的可贵之处。所以以前说较符合孔子称赞他的原意。

子曰:"臧文仲①居蔡②,山节③藻棁③,何如其知也?"

【今译】

孔子说:"臧文仲盖房子给大乌龟住,柱子上雕着有山形的斗拱,大梁的短柱上画着花草,这样的人怎能算得是聪明呢?"

【注释】

①臧文仲:鲁国大夫臧孙辰。"文"是谥号。 ②居蔡:蓄养大乌龟。蔡:大乌龟。蔡国出产大乌龟,故以"蔡"指代大乌龟。 ③节:柱子上的斗拱。 ④棁(zhuō):大梁上的短柱。

【评述】

本章孔子批评臧文仲奢侈和愚昧。孔子对鬼神、卜筮之事是持保留态度的,他见臧文仲为大乌龟造"山节藻棁"的龟房,搞迷信活动,既奢侈,又僭越,是无知的表现,故批评他不智,这是很中肯的。但有的注家则从孔子尊礼出发,认为臧文仲做了僭礼之事,所以批评他。东汉郑玄说:"山节藻棁是二事,皆非文仲宫室中所当有,故夫子讥之。"(《十三经注疏·公冶长第五》)宋邢昺说:"包(咸)以山节藻棁为奢侈,不言僭者,以奢侈则僭可知。"(同上)这种看法恐怕不符合孔子本意。孔子固然反对僭礼,但在这里主要是批评他不智,搞愚昧无知的迷信活动。

子张问曰:"令尹①子文②三仕为令尹,无喜色;三已③之,无愠色④。旧令尹之政,必以告新令尹。何如?"子曰:"忠矣。"曰:"仁矣乎?"曰:"未知,焉得仁?"

"崔子⑤弑⑥齐君⑦,陈文子⑧有马十乘⑨,弃而违之。至于他邦,则曰:'犹吾大夫崔子也。'违之⑩。之⑪一邦,则又曰:'犹吾大夫崔子也。'违之。何如?"子曰:"清⑫矣。"曰:"仁矣乎?"曰:"未知,焉得仁?"

【今译】

　　子张问孔子道:"令尹子文多次担任令尹,没有露出喜悦的脸色;多次被免职,没有露出怨恨的脸色。旧令尹的政事,一定将它原原本本地告诉新令尹。这个人怎么样呢?"孔子说:"可以说是忠于职守了。"子张又问:"算得上仁吗?"孔子说:"不知道,怎么算得上仁呢?"

　　崔杼杀了齐庄公,陈文子有四十匹马,十辆车,抛弃车马离开齐国。到了另外一个国家,就说:"这里的执政跟我国的大夫崔杼差不多。"便马上离开。到了另外一个国家,就又说:"这里的执政跟我国的大夫崔杼差不多。"又马上离开。这个人怎么样呢?"孔子说:"可以说是清白了。"子张又问:"算得上仁吗?"孔子说:"不知道,怎么算得上仁呢?"

【注释】

　　① 令尹:楚国官名。相当于宰相。　② 子文:姓斗(dòu),名穀於菟(gòu wū tú),字子文。楚国政治家。　③ 已:停止,指免职。④ 愠色:恼怒、怨恨的脸色。　⑤ 崔子:齐国大夫崔杼。　⑥ 弑:杀。古代下级杀上级叫弑。　⑦ 齐君:齐庄公,姓姜名光。　⑧ 陈文子:齐国大夫陈须无,"文"是谥号。　⑨ 十乘:四匹马驾一辆车为一乘,十乘为四十匹马、十辆车。　⑩ 违之:离开它。　⑪ 之:通"至",到。⑫ 清:清白。

【评述】

　　本章孔子赞令尹子文为忠,赞陈文子为清,但未以仁相许。宋朱熹说:"子文,姓斗,名穀於菟,其为人也,喜怒不形,物我无间,知有其国而不知有其身,其忠盛矣,故子张疑其仁。然其所以三仕、三已、告新令尹者,未知其皆出于天理而无人欲之私也,是以夫子但许其忠而未许其仁也。"(《论语集注》卷三)又说:"文子洁身去乱,可谓清矣。然未知其心果见义理之当然,而能脱然无所累乎,抑不得已于利害之私,而犹未免于悔怨也,故夫子特许其清而不许其仁。"(同上)

从事实来考察,令尹子文与陈文子的确没有达到仁的境界。令尹子文虽为楚国的政治家,所谋无非是攻打别国,扩大楚国疆域之事,他推举刚愎自用的子玉为帅,结果被晋国打败,失去霸主地位。东汉王符《潜夫论·遏利》说:"楚斗子文三为令尹,而有饥色,妻子冻馁,朝不及夕。"对老百姓没有善政。至于他"旧令尹之政,必以告新令尹",不过是忠于职守而已。至于陈文子,在齐国任官,当崔杼因齐庄公与其妻棠姜通奸而杀庄公时,他既不能讨,又一走了之,最多是洁身去乱,明哲保身,不久又回到齐国,所以更算不了有仁德。东汉王充《论衡·问孔》云:"子文曾举子玉代己而伐宋,以百乘败而丧其众,不知如此,安得为仁。"对于陈文子,梁皇侃《论语义疏》引李充:"违乱求治,不污其身,清矣,而所至无可,骤称其乱,不如宁子之能愚,蘧生之可卷,未可谓知也。洁身而不济世,未可谓仁也。"他们的分析是中肯的,诚如南宋朱熹说:"子张未识仁体,而悦于苟难,遂以小者信其大者,夫子之不许也宜哉。"(《论语集注》卷三)

季文子<sup>①</sup>三思<sup>②</sup>而后行。子闻之,曰:"再,斯可矣。"

【今译】

季文子办事,反复思考然后付诸行动。孔子听到后说:"考虑二次,也就可以了。"

【注释】

① 季文子:鲁国大夫季孙行父,"文"是谥号。 ② 三思:反复思考。三:指多次。

【评述】

本章叙述孔子既赞成多思,又反对思虑过多,过分小心谨慎。三思而后行,是古人留下来的美德,孔子是赞成的。本章所说:"再,斯可矣",是针对季文子这个特例而说的。孔子了解季文子,处事非常谨慎,不会出差错,这样的人再思就可以了。《左传》文公六年载:季文子将聘于晋,使求遭丧之礼以行。有人说:"将焉用之?"文子说:"备豫不虞,古之善教也,求而无之,实难。过求,何害?"行前,他考虑到晋襄公病重,恐其死亡,必须行祭弔礼,所以事先作了准备。果然不出所料,季文子到了晋国,晋襄公果然死亡,作为鲁使的季文子事先有了准备,就应付裕如。对于这样一个考虑周密、谨慎行事的人来说,"再思可矣"。所以是有针对性的。

对于季文子的再思问题,也有不同理解,宋程子曰:"为恶之人,未尝知有思。有思则为善矣。然至于再则已审,三则私意起而反惑矣。"(《论语集注》卷三)程颢、程颐赞成思,认为再思最佳,三思反而会疑惑不决。这也不尽然。《三国志·吴志·诸葛恪传》注引《志林》:"恪辅政,大司马吕岱戒之曰:'世方多难,每事必十思。'恪答曰:'昔季文子三思而后行',夫子曰:'再,斯可矣。'今君令恪十思,明恪之劣也。"诸葛恪自恃才高,有点小聪明,固执专断,不听吕岱劝告,疏于思虑,终于被杀。对于疏于思虑的人,十思也并不为多。所以多思到什么程度为好,对于具体的人、具体的事,要作具体分析。

子曰:"宁武子①,邦有道,则知②;邦无道,则愚③。其知可及④也,其愚不可及也。"

【今译】

孔子说:"宁武子这个人,当国家政治清明时,他就聪明,当国家政局混乱时,他就装傻。他的聪明,别人是赶得上的。他的装傻,别人是赶不上的。"

【注释】

① 宁武子:卫国大夫宁俞。"武"是谥号。　② 知:同"智",聪明。　③ 愚:装傻。　④ 及:达到。

【评述】

本章孔子赞扬宁武子对待治世和乱世的不同态度。宋朱熹说:"宁武子,卫大夫,名俞。案《春秋》传,武子仕卫,当文公、成公之时,文公有道,而武子无事可见,此其知之可及也。成公无道,至于失国,而武子周旋其间,尽心竭力,不避艰险,凡其所处,皆智巧之士所深避而不肯为者,而能卒保其身以济其君。此其愚之不可及也。"(《论语集注》卷三)

宁武子所处的卫国,在卫文公统治时期政治比较清明,他的智慧才能都被发挥出来,这是他的智。到了卫成公统治时期,政局混乱,动荡不安,情况险恶,招来祸难。成公被逐,流亡在外。宁武子周旋其间,尽心竭力,不避艰险,最后使卫成公复国。卫成公是个不识人的昏君,他曾杀忠臣叔武,宁武子奉侍昏君,表面上碌碌无为,好像没有什么表现,可是他对国家、对社会做了不少好事。所以孔子赞扬宁武子一个"愚"字,宁武子既有装傻的一面,又有在傻的掩盖下,尽忠竭谋的知的一面,"愚表智里",这是别人所不能及的。宋万人杰说:"若宁武子之愚,既能韬晦以免患,又自处不失其正,此所以为不及也。"(《朱子语类·论语十一》)

子在陈①,曰:"归与②!归与!吾党之小子③狂简④,斐然成章⑤,不知所以裁⑥之。"

【今译】

孔子在陈国,说:"回去吧!回去吧!我家乡的学生们志向远大,行为粗犷,辞采富丽,文笔可观,但我不知怎样去培育、指导他们。"

【注释】

① 陈:陈国,姓妫,在今河南开封以东一带。 ② 归与:回去吧。 ③ 小子:指学生们。 ④ 狂简:志向远大,行为粗犷,但不切实际。 ⑤ 斐(fěi)然:文采富丽的样子。 ⑥ 裁:剪裁。引申为培育、指导。

【评述】

本章记述孔子周游历国,屡遭挫折,决心回国讲学,把学识传给学生。宋朱熹说:"此孔子周流四方,道不行而思归之叹也。"(《论语集注》卷三)孔子在陈一年多,吴王夫差伐陈,夺去了陈国三座城池。孔子在陈三年,又碰到晋、楚争霸,轮流伐陈。吴国又侵陈,陈国屡受兵燹之灾。孔子在陈绝粮,遭到颠沛、困厄,见道不可行,思归讲学,培养人才。宋郑南升说:"夫子历聘诸国,见当时不能行其道也。故欲归而传之门人。狂简者立高远之志,但过高而忽略,恐流于异端,故孔子思归,将以裁正之也。"(《朱子语类·论语十一》)

子曰:"伯夷、叔齐①,不念旧恶②,怨是用希③。"

【今译】

孔子说:"伯夷、叔齐,不记过去的仇恨,所以,别人对他们的怨恨也就少了。"

【注释】

① 伯夷、叔齐:商朝末年孤竹国君的两个儿子,孤竹君死后,互相让位而出逃。周武王灭商,他们表示反对,决心不食周粟,饿死在首阳山。 ② 旧恶:过去的仇恨。 ③ 希:稀少。

【评述】

本章孔子赞美伯夷、叔齐不念旧恶的品德。《春秋·少阳》载:"伯夷姓墨名允,字公信。伯,长也;夷,谥。叔齐名智,字公达。伯夷之弟,齐亦谥也。"《史记·伯夷列传》载:"伯夷、叔齐,孤竹君二子也。父欲立叔齐。及父卒,叔齐让伯夷。伯夷曰:'父命也。'遂逃去。叔齐亦不肯立而逃之。国人立其中子。于是伯夷、叔齐闻西伯昌善养老,盍往归焉。及至,西伯卒,武王载木主,号为文王,东伐纣。伯夷、叔齐叩马而谏曰:'父死不葬,爰及干戈,可谓孝乎？以臣弑君,可谓仁乎？'左右欲兵之。太公曰:'此义人也。'扶之而去。武王已平殷乱,天下宗周,而伯夷、叔齐耻之,义不食周粟,隐于首阳山,采薇而食之。……遂饿死于首阳山。"

孔子对于伯夷、叔齐是非常敬佩的,因为他们薄帝王而不为,明忠孝而识礼义,所以推许他们是仁人。这里则赞美他们不念旧恶的美德,能实行恕道,也就是具有仁德。孔子说这话的用意是自己即将回鲁国,过去在鲁国的恩恩怨怨,以伯夷、叔夷为榜样,排之于方寸之外,胸怀坦荡地讲学授徒,培养人才。

子曰:"孰①谓微生高②直③？或乞醯④焉,乞诸其邻而与之。"

【今译】

孔子说:"谁说微生高正直？有人向他讨醋,他向邻居乞讨来后,再交给讨醋的人。"

【注释】

① 孰:谁,哪一个。　② 微生高:鲁国人,《庄子·盗跖篇》:"尾生与女子期于梁下,女子不来,水至不去,抱梁柱而死。"《淮南子》东汉高诱注云:"鲁人,则微生盖尝硁硁自守者,故当时或以为直也。"③ 直:正直。　④ 醯(xī):醋。

【评述】

本章孔子强调为人处事要老老实实,实事求是,不弄虚作假。《集解》汉孔安国说:"微生,姓,名高,鲁人也。乞之四邻以应求者,用意委曲,非为直人。"(《十三经注疏·公冶长第五》)宋郑南升说:"微生高不过是曲意徇物,掠美市恩而已。"(《朱子语类·论语十一》)宋徐富说:"微生高用心也是怪,醯有甚难得之物,我无了,那人有,教他自去求可矣,今却转乞与之,要得恩归于己,此是甚心术。"(同上)他们都认为微生高弄虚作假,不是正直者。本章中孔子举微生高乞醋于人,再付向他乞醋之人的行为,说明他不实事求是,不是一个正直的人。孔子善于观察人,以小见大,可见其观察之细致,思想之敏锐。

子曰:"巧言,令色,足恭①,左丘明②耻之③,丘亦耻之。匿怨④而友其人,左丘明耻之,丘亦耻之。"

【今译】
　　孔子说:"花言巧语,面目伪善,过分的恭敬,这种态度左丘明以它为可耻,我也以它为可耻。内心藏匿怨恨,而伪装与人友好。这种作风左丘明以它为可耻,我也以它为可耻。"

【注释】
　　① 足恭:过分的恭敬,变成虚伪。　② 左丘明:春秋时鲁国史官。　③ 耻之:以它为耻。　④ 匿(nì)怨:内心藏匿怨恨。

【评述】
　　本章孔子教育人们不要心存诡诈,要表里如一。宋谢氏说:"二者之可耻,有甚于穿窬也。左丘明耻之,其所养可知矣。夫子自言丘亦耻之,盖窃比老彭之意。又以深戒学者,使察乎此而立心以直也。"(《论语集注》卷三)在本章中孔子列举了心存诡诈不直的四种表现形式:花言巧语、面目伪善、过分恭敬、内心怨恨而表面装出友好。左丘明反对的,也是自己所反对的,把左丘明引为同调。一方面赞美左丘明的美德,另一方面警戒后人,要用正直以立身。

颜渊、季路①侍②。子曰:"盍③各言尔志④?"子路曰:"愿车马衣轻裘与朋友共,敝⑤之而无憾⑥。"颜渊曰:"愿无伐善⑦,无施劳⑧。"子路曰:"愿闻子之志。"子曰:"老者安⑨之,朋友信⑩之,少者怀⑪之。"

【今译】

颜渊、季路侍立在孔子身边。孔子说:"你们何不各自谈谈自己的志向?"子路说:"我愿意把自己的车、马、裘皮衣服与朋友一起使用,用坏了也没有怨言。"颜渊说:"我不愿夸耀自己的好处,也不愿表白自己的功劳。"子路说:"我们希望听听老师的志向。"孔子说:"我愿年老人得到安乐,朋友们得到信任,少年们得到关怀。"

【注释】

① 季路:即子路。　② 侍:侍奉、侍候,这里指站在孔子旁边。③ 盍(hé):何不的合音词。　④ 志:志向。　⑤ 敝:破、旧。　⑥ 无憾:没有不满情绪。　⑦ 伐善:夸耀好的地方。　⑧ 施劳:表白功劳。⑨ 安:安逸、安乐。　⑩ 信:信任。　⑪ 怀:关怀、关切。

【评述】

本章师生各自言志,表达了孔子大公无私、平治天下的胸襟抱负。颜渊、季路陪孔子闲坐,各言其志。子路表达了重义轻财之志,颜渊表达了仁人之志,孔子表达了天下大同的圣人之志。清刘宝楠说:"窃谓子路重伦轻利,不失任邺之道,义者之事也。颜子劳而不伐,有功而不德,仁者之事也。夫子仁覆天下,教诫爱深,圣者之事也。"(《论语正义·公冶长第五》)宋程颐说:"颜渊、季路与夫子之言志,夫子安仁也,颜渊不违仁也,季路求仁也。"(《二程集·河南程氏经说卷第六》)又说:"子路勇于义者,观其志,岂可以势利拘之哉,亚于浴沂者也。颜子不自私己,故无伐善,知同于人,故无施劳,其志可谓大矣。然未免出于有意也。至于夫子,则如天地之化工,付与万物而已不劳焉,此圣人之所为。"(同上)他们都是从义、仁、圣三个不同层面上,剖析三人之志的递层关系和深浅程度。

子路的志,代表了子路的个性和思想修养,侠义豪放,胸襟开阔;颜渊的志,也代表了颜渊的个性和思想修养,道德高,涵养深;孔子的志表达了孔子的个性和思想修养,敞开了"仁者爱人"的胸襟,展现了以爱天下为己任,平治天下的抱负。对老年人,物质上、精神上都有所安顿。对朋友,即同辈的人,互相信任,致力于事业、创造。对少年,即下一代,则关心爱抚,培养他们成长。孔子之志确实不同凡响,是圣人的志向。其境界之高,胸怀之宽,别人在他面前都黯然失色而无法比拟了。

子曰:"已矣乎①,吾未见能见其过②而内自讼③者也。"

【今译】

孔子说:"过去的就算了吧,我还没有看见过自己发现错误而能从内心深处责备自己的人。"

【注释】

①已矣乎:过去的就算了吧。已:过去。　②过:过失、错误。③自讼:自己责备自己。

【评述】

本章孔子激发人们反省自己的错误。清刘宝楠说:"人凡有过,其始也皆藏于意,故能自见。能自见而内自讼,则如恶恶臭,必思所以去之。"(《论语正义·公冶长第五》)自己的错误,自己最了解,能经常自责,则知明而行无过矣。所以孔子希望为学之人,能随时反省,随时检讨自己,责备自己,追求仁德。

《后汉书·张奂传》载:当时窦太后临朝,大将军窦武与太傅陈蕃定谋,要想诛尽宦官。事机不密,中常侍曹节乘机作乱,因张奂新征入朝,不明底细,便矫诏张奂与少府周靖率领五营兵围攻窦武。窦武自杀,陈蕃被害。张奂升任少府,又升任大司农,因功封侯。张奂内心深深感到被曹节所出卖,误伤好人,上书坚决辞让,封还印绶,终于不肯受职。即是其例。

子曰:"十室之邑①,必有忠信如②丘者焉,不如③丘之好学也。"

【今译】

孔子说:"十户人家的小地方,一定有忠心、诚实像我一样的人,只是不及我那样爱好学习罢了。"

【注释】

① 十室之邑:十户人家的小地方。古代四井为邑,三家一井,共十二家。十家举其成数。　② 如:像。　③ 不如:不及。

【评述】

本章孔子以自己好学为榜样,激发学生勤奋学习。孔子从来不认为自己是生而知之,而是学而知之者,即使十二户人家的小邑中,也不难找到像自己一样的人。但自己高于别人的地方,只是好学而已。《韩诗外传》说:"剑虽利,不厉不断;材虽美,不学不高;故学然后知不足。"梁皇侃《论语义疏》引卫瓘说:"所以忠信不如丘者,由不能好学如丘耳。苟能好学,可使如丘也。"孔子是深明这一点的,所以对自己,"学而不厌""发愤忘食";对学生,激励他们好学。在学习的过程中,不断陶冶情操,提高道德品质的修养,成为一个仁人、君子。

## 雍也第六

【解题】

本篇共三十章。编者取首章"雍也可使南面"一句中的"雍也"两字为篇名。其中,记孔子直接论述二十章,记孔子答君主、大夫、学生问九章,记闵子骞辞费宰一章。

本篇承上篇,继续评述古今人物的贤愚得失,围绕"仁"展开。首先评述学生的德、才。着眼于学生的品德、才能和知识等方面。如评论冉雍有帝王之才。评论颜渊仁而好学,评论子路"果敢"、子贡"通达"、冉求"多艺",均为从政之才。其次评论古今人物的才德。如评孟之反"不伐",不自夸其功。评祝鲍之佞,宋朝之美。其三,在评论中教育人们求仁之道。认为"仁"是人们追求的最高目标,人们修身养德"何莫由斯道也",都要经过这一阶段。要求人们推己及人,将心比心,追求仁道,鼓励学生不要"中道而废",成为一个于国家有利的"君子儒"。

在评论中也体现了孔子以下几个观点:(1)在经济上主张"周急不继富"。他鼓励原宪将粟救济贫困乡亲,为他们雪中送炭;反对冉求继富,为公西华锦上添花。(2)对仁作了明确的解释:"仁者,先难而后获","夫仁者,己欲立而立人,己欲达而达人。"(3)提出了心目中最高的道德标准是圣,其次才是仁的观点。认为仁、圣是相通的,不过有程度深浅高低之不同,实行仁道,达到"博施于民而能济众"的地步,也就由仁而致圣了。(4)辩证了知与仁的关系,认为知者动、仁者静;知者乐、仁者寿。

子曰:"雍也可使南面①。"

【今译】

孔子说:"冉雍有帝王之才。"

【注释】

① 南面:面朝南而坐,借指帝王。这里指有帝王之才。

【评述】

本章孔子肯定冉雍有帝王之才。关于"南面",有两种理解:一为指天子、诸侯。东汉包咸说:"可使南面者,言任诸侯治。"(《十三经注疏·雍也第六》)汉刘向《说苑·修文》:"当孔子之时,上无明天子也。故言雍可使南面。南面者,天子也。"宋朱熹说:"南面者,人君所治之位,言仲弓宽弘简重,有人君之度也。"(《论语集注》卷三)一为指卿大夫。《文选·思玄赋》注引《论语摘辅象》:"仲弓淑明清理,可以为卿。"宋程颐说:"仲弓才德,可使为政也。"(《二程集·河南程氏经说卷第六》)孔子的理想是贤人政治,在他看来,天子、诸侯应有德者为之,谁有德行,谁可居天子之位。舜是由平民,经过尧认真考察,二十八年后登天子之位。禹也因治水有功而为天子。孔子认为冉雍可以做天子、诸侯,言下之意是当时天子、诸侯大都失德,不称其德。那末,仲弓为什么不能做天子、诸侯呢?原因是要做天子,除德之外,还应有其他条件。孟子说:"匹夫而有天下,德必若舜、禹,而又有天子荐之者,故仲尼不有天下。"(《孟子·万章上》)荀子曰:"圣人之得势者,舜、禹是也;圣人之不得势者,仲尼、子弓是也。"(《荀子·非十二子》)子弓即仲弓。根据孟子的说法,居天子之位必须有两个条件,一是有德,一是有天子推荐。孔子与仲弓虽有德可居天子之位,但无天子推荐,仍不能为天子。由此可见,孔子并不主张君权神授、父死子承,君主地位不可移易的。主张君权神授、三纲五常,乃是汉儒董仲舒等改造儒学的产物。

仲弓问子桑伯子①。子曰:"可也简②。"仲弓曰:"居敬而行简③,以临④其民,不亦可乎?居简而行简⑤,无乃⑥大⑦简乎?"子曰:"雍之言然⑧。"

【今译】

　　冉仲弓问子桑伯子的情况。孔子说:"还可以,办事简练。"仲弓说:"平时态度严肃而办事简练,用这种态度来治理人民,不亦是可以的吗?平时简单粗疏而办事简单草率,那不是太简单了吗?"孔子说:"冉雍的话是对的。"

【注释】

　　①子桑伯子:人名,事迹无考。　②简:精简。　③居敬而行简:平居态度严肃而办事简练。　④临:靠近。引申为治理。　⑤居简而行简:平时简单粗疏而办事简率。　⑥无乃:不是。用于反诘。　⑦大:通"太"。　⑧然:对。

【评述】

　　本章孔子主张居官处事要慎重,办理政务要力求简约而不扰民。此章与上章联系较密切,宋朱熹在《论语集注》中将它们合并为一章。孔子肯定冉雍可以为国君,冉雍便问子桑伯子这个人的德行如何?孔子肯定子桑伯子政简刑轻,不扰百姓,还是可以的。仲弓听后,对孔子的说法加以补充,提出简有"居敬行简和居简行简"的区别,前者主张政简刑轻而结合礼治,后者则不考虑礼治而是一味从简。而子桑伯子之简正是后一类。据汉刘向《说苑·修文》载:孔子去拜访子桑伯子,子桑伯子不穿衣戴帽待在家里。孔子的学生问孔子,"你为什么去见此人?"孔子说,"他这个人本质粹美而没有礼文,我想劝说他懂得礼文。"孔子回去后,子桑伯子的学生不高兴,说:"你为什么见孔子?"子桑伯子说:"孔子这个人本质粹美而礼文太多,我想劝说他去掉繁文缛节的礼文。"

在孔子看来,文质具备叫做君子,有质无文,叫做易野。子桑伯子易野,欲同人道于牛马,当时隐士都是这样的。居敬则有礼文,居简则无礼文,存礼与去礼,实质上是儒家思想与道家思想的原则区别。宋朱熹说:"言自处以敬,则中有主而自治严,如是而行简以临民,则事不烦而民不扰,所以为可。若先自处以简,则中无主而自治疏矣,而所行又简,岂不失之太简,而无法度之可守乎?"(《论语集注》卷三)《集解》汉孔安国说:"居身敬肃,临下宽略,则可。"(《十三经注疏·雍也第六》)东汉包咸说:"伯子之简,太简。"(同上)所以孔子赞同冉雍的看法。

哀公问:"弟子孰①为好学?"孔子对曰:"有颜回者好学,不迁怒②,不贰过③,不幸短命④死矣。今也则亡⑤。未闻好学者也。"

【今译】

鲁哀公问孔子说:"您的学生中谁最爱学习?"孔子回答说:"有一个叫颜回的学生最喜爱学习,他从不把怒气发泄在别人身上,从不犯同样错误,不幸短命死了。现在就没有这样的人了。也没有听说有这样喜爱学习的人了。"

【注释】

① 孰:谁、哪一个。　② 不迁怒:不把怒气发泄在别人身上。　③ 不贰过:不犯同样的错误。　④ 短命:古代三十岁以前死去称短命。据《孔子家语》等书载:颜回三十一岁去世,故孔子称其短命。　⑤ 亡:通"无"。没有。

【评述】

本章孔子赞颜回好学,惜其英年早逝。鲁哀公问孔子,弟子中谁最好学,孔子以颜回为答。孔子从不以好学轻易许人,除自己好学外,只有称颜回好学。在回答哀公问话时,惋惜颜回短命而死外,又指出颜回"不迁怒,不贰过"的两条思想修养原则。《集解》魏何晏说:"凡人任情,喜怒违理,颜渊任道,怒不过分。"(《十三经注疏·雍也第六》)"迁者,移也。怒当其理,不易移也。不贰过者,有不善未尝复行。"(《论语正义·雍也第六》)就是说颜回从不把怒气转移到别人身上去,从不犯同样性质的错误。《中庸》说:"子曰:回之为人也,择乎中庸,得一善,则拳拳服膺,而弗失之矣。"《易·象》说:"君子以见善则迁,有过则改。"颜渊就是具有见善就学,有过则改的品德。由此可见,孔子所说的好学,除了学习知识以外,还包括品德修养,而把品德修养放在首位。

子华①使②于齐,冉子③为其母请粟④。子曰:"与之釜⑤。"请益⑥。曰:"与之庾⑦。"冉子与之粟五秉⑧。子曰:"赤之适齐⑨也,乘肥马⑩,衣⑪轻裘。吾闻之也:君子周⑫急不继富。"

【今译】
　　公西赤出使到齐国去,冉有替他母亲请求发给安家小米。孔子说:"给她六斗四升。"冉有请求增加。孔子说:"那就给她十六斗。"冉有却给了她八十斗。孔子说:"公西赤到齐国去,乘坐着肥马拉的车子,穿着轻暖的皮袍。我听说过:君子救济穷人的急难,而不去帮助富人更富。"

【注释】
　　① 子华:孔子学生公西赤的字。　② 使:出使。　③ 冉子:冉有。　④ 请粟:请求发给安家口粮。粟:小米。　⑤ 釜(fǔ):计量单位,古代六斗四升为一釜。约合今天容量为一斗二升八合。　⑥ 益:增加。　⑦ 庾(yǔ):古代十六斗为一庾。　⑧ 秉(bǐng):古代十六斛为一秉,十斗为一斛,约合今天容量为三石二斗。五秉为八十斛,合今天容量为十六石。　⑨ 适齐:到齐国去。适:到。　⑩ 乘肥马:乘着

由肥马驾的车子。　⑪ 周：通"赒"，救济。

【评述】
本章体现孔子"周急不继富"的经济思想。孔子在鲁国当司寇时，派公西赤出使去齐国。公西赤便"乘肥马，衣轻裘"威风凛凛出使去齐，其富可知。管总务的冉有向孔子请求发给公西赤之母的安家小米。孔子说，给六斗四升。冉有竟给了他八十斛。违背了孔子"周急不继富"的经济原则。宋黄榦说："与之釜者，所以示不当与也。求不达其意而请益，与之五秉，故夫子非之。"（《朱子语类·论语十三》）宋朱熹说："乘肥马、衣轻裘，言其富也。周者补不足，继者续有余。"（《论语集注》卷三）续有余是锦上添花，补不足是雪中送炭。孔子的经济思想之一是周济天下穷困不足之人，而不是增益富人。我国古代常说："求人须求大丈夫，济人须济急时无。"孔子是主张这样做的。宋程颐说："夫子之使子华，义也。而冉求乃欲资之而为之请粟。夫子曰与之'釜'者，所以示冉求不当与也。求不达而请益，则'与之庾'，求犹未达夫子之言，故自与之粟五秉，故夫子非其继富。盖赤苟至乏，则夫子必周之矣。"（《二程集·河南程氏经说卷第六》）冉有做了锦上添花的事，违背了孔子"周急不济富"的经济思想，受到孔子的批评。

原思①为之②宰③，与之粟④九百，辞。子曰："毋⑤！以与尔邻里乡党⑥乎！"

【今译】
　　原思替孔子做家宰，孔子发给他小米九百斗，他推辞不受。孔子说："不！你可以拿回去送给乡亲中的穷人呀！"

【注释】
　　① 原思：孔子学生原宪，字子思。　② 之：他。指代孔子。　③ 宰：家宰、总管。　④ 粟：小米。　⑤ 毋：不。　⑥ 邻里乡党：都

是古代地方单位名称,五家为邻,二十五家为里,五百家为党,一万二千五百家为乡。这里指乡亲们。

【评述】

本章承上章意旨,孔子主张救济贫困乡亲。此章与上章联系较密切,宋朱熹在《论语集注》中合并为一章。孔子任鲁国司寇时,俸禄为六万。清胡治勤《论语拾义》:"孔子居鲁,奉粟六万。"他以原宪为家宰,付给他九百俸禄。九百是多少,没有注明衡量单位,无可考。汉孔安国认为是"九百斗"。原宪认为太多,辞让不受。孔子劝他接受,如果有多余的话,可以救济贫困的乡亲。宋朱熹说:"常禄不当辞,有余自可推之以周贫乏,盖邻里乡党,有相周之义。"(《论语集注》卷三)程子说:"原思为宰,则有常禄,思辞其多,故又教以分之邻里之贫者。"(同上)。张栻说:"于斯二者,可见圣人之用财矣。"(同上)孔子对于公西赤,因其已经富有,故不当与;而对家境贫寒的原宪,则多给俸禄,原宰以多为辞,孔子劝他救济贫穷乡亲。从上下两章的事实对比中,可以看出孔子理财"周急不继富"的思想原则。表现在:第一,既不吝啬,也不浪费,以是否符合义为准的。第二,主张雪中送炭,而不主张锦上添花。

子谓仲弓,曰:"犁牛①之子骍②且角③,虽欲勿用④,山川其⑤舍诸?"

【今译】

孔子谈到冉雍,说:"耕牛生的小牛,长着红色的毛,端正的角,即使想不用它来祭祀神祇,但山川之神难道肯舍弃它吗?"

【注释】

① 犁牛:杂毛耕牛。借指冉雍出身于劳动人民。 ② 骍:红色,周朝尚赤,祭祀用红色牲畜。 ③ 角:牛角,指牛角长得端正。

④ 用：用来祭祀。　⑤ 其：岂，难道。

【评述】

本章孔子以犁牛之子为喻，肯定仲弓必为社会所用。魏何晏说："犁，杂文。骍，赤也。角者，角周正，中牺牲。虽欲以其所生犁而不用，山川宁肯舍之乎？言父虽不善，不害于子之美。"（《十三经注疏·雍也第六》）仲弓出生在贫穷的百姓之家，其父地位低微，且行为不善，为人所歧视。但其子仲弓却道德高尚，有帝王之才。所以孔子用犁牛之子作比喻，说明仲弓虽是杂毛的牛所生，但却生得全身红毛，双角端正，符合祭祀要求的牛。一方面说明其父虽卑贱，并不妨碍他儿子的进步。另一方面也在鼓励仲弓抛弃自卑感，轻装前进。表现了孔子任人唯贤，不讲出身的人才观。东汉王充《论衡·自纪》说："母犁犊骍，无害牺牲；祖浊裔清，不妨奇人。"宋朱熹也说："仲弓父贱而行恶，故夫子以此譬之。言父之恶，不能废其子之善。"（《论语集注》卷三）

子曰："回也，其心三月①不违仁②，其余则日月③至焉而已矣。"

【今译】

孔子说："颜回呀，他的心能长久地不离开仁德，其他学生，只能在短时间里想到仁德罢了。"

【注释】

① 三月：指较长时间。三：虚数，指多，不能理解为实指三。② 不违仁：不离开仁德。违，违背、背弃。　③ 日月：指较短时间。

【评述】

本章孔子论述学生求仁的不同情况。《集解》魏何晏说："余人暂有至仁时，唯回移时而不变。"（《十三经注疏·雍也第六》）梁皇侃说："既'不违'，则应终身而止。举'三月'者，三月一时，为天气一变。人心行善,亦多随时移变,惟回也,其心虽经一时复一时,而不变移。一变尚能行之,则他时能可知也。"(同上)宋朱熹说:"三月,言其久,仁者,心之德。心不违仁者,无私欲而有其德也。"(《论语集注》卷三)孔子很少以仁赞许人,这是统率忠恕、孝悌、敬爱各种德行的总德,其归结点是无私。颜回修养仁德达到很高的境界,可以三月不违仁,而其他同学只能"日月至焉"而已,在短时间内能够做到,故孔子特别赞扬颜回。

季康子问:"仲由可使从政①也与②?"子曰:"由也果③,于从政乎何有④?"曰:"赐也可使从政也与?"曰:"赐也达⑤,于从政乎何有?"曰:"求也可使从政也与?"曰:"求也艺⑥,于从政乎何有?"

【今译】

季康子问孔子:"仲由可以让他管理政事吗?"孔子说:"仲由果决明断,对于管理政事有什么困难呢?"又问:"端木赐可以让他管理政事吗?"孔子说:"端木赐通达事理,对于管理政事有什么困难呢?"又问:"冉求可以让他管理政事吗?"孔子说:"冉求多才多艺,对于管理政事有什么困难呢?"

【注释】

① 从政:管理政事。　② 也与:吗。语气词连用,表疑问。　③ 果:果决、勇于决断。　④ 何有:有什么?"有何"的倒装句,宾语前置。　⑤ 达:通达、明达。　⑥ 艺:多才多艺。

【评述】

本章孔子评论子路、子贡、冉求各具有不同的参政才能。鲁人使使召冉求,冉求先归。季康子遂向孔子问子路、子贡、冉求三人能从政否?孔子对学生的特点非常了解,用果、达、艺三个字概括出子路、子贡、冉求的才能,有了这些才能,对于从政有什么困难呢?宋程颐曰:"季康子问三子之才可以从政乎?夫子答以各有所长。非惟三子,人各有所长,能取其长,皆可用也。"(《二程集·河南程氏经说卷第六》)清刘宝楠说:"果者能任事,达者能明事,艺者能治事,故皆可以从政。"(《论语正义·雍也第六》)孔门弟子,各有所长。但孔子并未将三个学生推荐给季康子,因为当时季氏霸持鲁国政权,专横僭越,孔子不愿学生助纣为虐。从本章中,我们可以看出孔子一方面对学生的特点非常了解;一方面循礼而行,不愿为僭礼者效力。

**季氏使闵子骞①为费宰②。闵子骞曰:"善③为我辞④焉!如有复⑤我者,则吾必在汶上⑥矣。"**

【今译】

季孙氏准备派闵子骞去当费邑的行政长官。闵子骞对使者说:"希望你委婉地替我辞谢吧!如果有人再来请我,那我一定会避居到汶水边去的。"

【注释】

① 闵子骞(qiān):孔子学生闵损,字子骞。 ② 费宰:费邑的行政长官。费,季氏的食邑,在今山东费县西北二十里。 ③ 善:好。引申为委婉地。 ④ 辞:推辞、辞谢。 ⑤ 复:再。 ⑥ 汶上:在今山东大汶河之北。这里暗指齐国。

【评述】

本章记叙闵子骞不愿依附僭礼的季孙氏为官,赞扬其遵礼的美德。费地,是季氏的食邑,因为季氏僭礼乐,逐昭公,有不臣之心,所以其邑宰南蒯、公山弗扰先后据费邑背叛他。季氏为了巩固其根据地,闻闵子骞之贤,所以派人请闵子骞去担任费邑邑宰。闵子骞是个有德行、有头脑的人,怎肯屈身依附专横跋扈,僭礼越轨的权臣。他明确表示:如果再去请他,他就将被迫越过汶水逃亡到齐国去隐居。

从闵子骞辞费宰的事实中,一方面我们可以看出闵子骞德行甚高,不愧是孔子德行科的学生。他又是个大孝子,不行非礼之事,对于功名利禄十分淡薄。另一方面我们也可以看出孔门弟子都有高洁品德,遵从师教,不愿依附季氏。宋程颐说:"仲尼之门,能不仕大夫之家者,闵子、曾子数人而已。"(《二程集·河南程氏经说卷第六》)关于闵子骞不仕费宰也有不同看法,认为是难以担任所致。清毛奇龄《论语改错》说:"夫子一门多仕季氏,即夫子已先为季氏史,为季氏司职吏,闵子只以费本岩邑,而其先又经叛臣窃据,实恐难任,故辞之颇坚。观其居丧未终,要经从政,则非仲尼之门不肯仕大夫之家已可知也。"也可备一说。

伯牛①有疾,子问之,自牖②执其手,曰:"亡③之,命矣夫!斯人④也而有斯疾也!斯人也而有斯疾也!

【今译】

冉伯牛生病,孔子去探望他,从窗口握着他的手说:"要死了,这是命运啊!这样好的人竟会得这样恶的病啊!这样好的人竟会得这样恶的病啊!"

【注释】

① 伯牛:孔子学生冉耕,字伯牛。 ② 牖(yǒu):窗。 ③ 亡:死、死亡。 ④ 斯人:这样的人、这个人。

【评述】

本章孔子痛惜冉伯牛有德行而患恶疾。冉伯牛德行甚高,是孔门次于颜渊、闵子骞的高行者,患恶疾将死,孔子前去探望,与之永诀,连声叹息:"斯人也而有斯疾也!"表达了痛惜之情。至于冉伯牛患什么病有不同说法。一种认为是癞疾。南宋朱熹说:"先儒以为癞也。"

(《论语集注》卷三)《淮南子·精神训》:"伯牛为疠。《说文》:'疠,恶疾也。'厉即疠省。"清毛奇龄《论语賸言》说:"古以恶疾为癞,《礼》:'妇人有恶疾去',以其癞也。"一种认为是恶疾。汉包咸说:"伯牛有恶疾。"(《十三经注疏·雍也第六》)至于孔子为什么不进屋而"自牖执其手"与冉伯牛诀别,也有两种说法,汉包咸说:"牛有恶疾,不欲见人,故孔子从牖执其手也。"(同上)一种认为伯牛家以礼尊孔子,将伯牛之床迁于南牖下,使孔子能从南面探望。南宋朱熹说:"牖,南牖也。礼,病者居北牖下,君视之,则迁于南牖下,使君得以南面视己,时伯牛家以此礼尊孔子,孔子不敢当,而自牖执其手,盖与之永诀也。"(《论语集注》卷三)较之两说,以朱说为合理。在本章中孔子关怀学生,学生尊敬孔子,师生之情,于此可见。

子曰:"贤哉,回也! 一箪食①,一瓢饮,在陋巷②,人不堪③其忧,回也不改其乐。贤哉,回也。"

【今译】
　　孔子说:"贤德啊,颜回这个人! 一竹篮饭,一瓢水,住在简陋的屋子里,别人不能忍受这种贫穷的忧愁,而颜回不改变他向学的快乐。贤德啊,颜回这个人。"

【注释】
　　① 一箪(dān)食:一筐饭。箪:古代盛饭的圆形竹器。　② 陋巷:简陋的小巷。这里指简陋的小屋。　③ 不堪:不能忍受。堪,忍受、担当。

【评述】
　　本章孔子赞扬颜回安贫乐道的美德。孔子饱含深厚的感情叹颜回之贤。在人们不堪忍受的艰苦环境中致力于仁的追求,不减其乐。体现了儒家追求精神生活,轻视物质享受的安贫乐道的态度。《集解》

汉孔安国说："颜渊乐道,虽箪食、在陋巷,不减其所乐。"(《十三经注疏·雍也第六》)南宋朱熹说："颜子之贫如此,而处之泰然,不以害其乐,故夫子再言贤哉回也,以深叹美之。"(《论语集注》卷三)个人道德修养达到这样的境界,真不简单。颜渊不愧为孔门第一弟子。这种安贫乐道思想对后世知识分子影响很深。东汉袁安也是这样的人。有一年洛阳大雪,他人皆除雪外出乞食,只有袁安门前积雪如故。洛阳令按户查看,以为袁安已经冻饿而死,便让人扫除积雪,进屋察看。只见袁安直挺挺地躺着,便问:"何以不出?"袁安答道,"大雪人皆饿,不宜干人。"表现了安贫乐道、宁死不乞求的气节。

关于"陋巷",有两种解释:一种认为是街道里巷。一种认为是居室狭小。清刘宝楠说："颜子家贫,所居陋狭,故曰'陋巷'。"清王念孙《经义述闻》说："颜子陋巷,即《儒行》所云:'一亩之宫,环堵之室。'"(《论语正义·雍也第六》)关于颜渊之"乐",也有两种理解。一为安贫乐道之"乐"。汉郑玄说："贫者,人之所忧,而颜渊志道,自有所乐,故深贤之。"(《十三经注疏·雍也第六》)汉赵岐《孟子·注》说："当乱世安陋巷者,不用于世,穷而乐道也。惟乐道,故能好学。夫子疏水曲肱,乐在其中,亦谓乐道也。"宋邢昺说："回也不改其乐道之志,不以贫为忧苦也。"(《十三经注疏·雍也第六》)一为克尽私欲之乐。宋朱熹在回答潘时举问"不改其乐,莫是乐个贫否"时说："颜子私欲克尽,故乐,却不是专乐个贫。"(《朱子语类·论语十三》)均之两说,以前说为长。

冉求曰:"非不说①子之道②,力不足也。"子曰:"力不足者,中道③而废。今女画④。"

【今译】
冉求说:"我并不是不喜欢老师的学说,实在是能力不够呀!"孔子说:"能力不够的人,中途停顿下来。而你是画地自限,不想再前进了。"

【注释】

① 说(yuè):通"悦"。高兴、喜欢。 ② 道:学说。 ③ 中道:半途。 ④ 画:停止。

【评述】

本章孔子勉励冉求要知难而进。冉求对追求孔子高深的学问发出力不能及的感叹。孔子从关心爱护出发,批评其中道而废,自画界线。勉励他奋力向前。汉孔安国说:"画,止也。力不足者,当中道而废。今女自止耳,非力极。"(《十三经注疏·雍也第六》)张栻《论语解》说:"为仁未有力不足者,故仁以为己任者,死而后已焉。今冉求患力之不足,乃自画耳。……画者,非有以止之而自不肯前也。"清刘宝楠说:"冉求未至罢顿力极,而曰力不足,则自为画止,非力不足可知。"(《论语正义·雍也第六》)孔子看出冉求主观努力不够,所以批评中加以劝勉,要他在主观上下定决心,努力追求仁道。宋朱熹说:"力不足者,欲进而不能;画者,能进而不欲。谓之画者,如画地以自限也。"(《论语集注》卷三)程颐说:"夫子告以为己之学,未有力不足者,乃中道而自废耳。今女自止,非力不足也。"(《二程集·河南程氏经说卷第六》)黄榦说:"力不足者,正谓其人自不肯进尔,非真力不足也。"(《朱子语类·论语十四》)他们都看出冉有所说的"力不足"是主观不努力的问题。

## 子谓子夏曰:"女为君子儒①,无为②小人儒。"

【今译】

孔子对子夏说:"你要做君子式的儒者,不要做小人式的儒者。"

【注释】

① 君子儒:君子式的儒者,以明道为首务。 ② 无为:不做、不

要做。

【评述】

本章孔子勉励子夏为君子之儒。什么是君子儒,什么是小人儒呢? 魏何晏《史记集解》说:"君子之儒将以明道,小人为儒则矜其名。"宋邢昺说:"言人博学先王之道,以润其身者,皆谓之儒。但君子则将以明道,小人则矜其才名。"(《十三经注疏·雍也第六》)宋程颐说:"君子儒为己,小人儒为人。"(《二程集·河南程氏经说卷第六》)那么什么是儒呢?《周官·太宰》说:"儒以道保民。"注曰:"儒,诸侯保氏有六艺以教民者。"《周官·大司徒》:"四曰联师儒。"注曰:"师儒,乡里教以道艺者。"

由此可见,"儒"为教民者之称,即后世的老师。而儒则有两种,一种是君子儒,他的特点是明道。他能识大而可大受,胸怀宽广,学习的目的为了明道。一种是小人儒,他的特点是矜名。务卑近而无大识,胸襟狭窄,学习的目的为了图好名声,做给人看。那么孔子为什么要教子夏为君子儒呢? 子夏当时设教授徒,孔子看到他胸襟狭窄的特点,故教育他为君子之儒,不作矜名钓誉的小人之儒。这也是孔子因材施教的又一例证。

子游为武城①宰。子曰:"女得人焉耳乎?"曰:"有澹台灭明②者,行不由径③,非公事,未尝④至于偃之室也。"

【今译】

子游担任武城县县长。孔子说:"你发现人才了吗?"子游回答说:"有一个叫澹台灭明的人,办事从来不走后门。如果不是公事,从来不到我的房间里来。"

【注释】

① 武城:鲁国城邑,在今山东费县西南。 ② 澹(dàn)台灭明:

姓澹台,名灭明,字子羽。后为孔子学生。　③ 行不由径:走路不绕小道。引申为办事不走后门。　④ 未尝:不曾。

【评述】
本章孔子赞美子游有识人之才,识澹台灭明公且方。公,指不以私见卿大夫;方,指不走捷径,动必从正道。据《史记·仲尼弟子列传》:"澹台灭明,武城人,字子羽,少孔子三十九岁。状貌甚恶,欲事孔子。孔子以其材薄。既已受业,退而修行。行不由径,非公事不见卿大夫。南游至江,从弟子三百人,设取予去就,名施乎诸侯。孔子闻之曰:'吾以言取人,失之宰予;以貌取人,失之子羽。'"孔子是非常注意选拔人才的,澹台灭明曾拜在孔子门下,因其形貌丑陋,孔子并未注意到他。他回到武城,专意于自身修养,武城县长官子游发现他有两个善行:一、"行不由径",即为人正派,不走歪门邪道。二、"非公事未尝至于偃之室也",即不走上层路线,不搞私人关系。所以当孔子问子游在武城是否发现人才时,子游推举了澹台灭明。后澹台灭明列为孔门弟子,在事业上取得很大成功,他带领学生到长江流域,南方诸侯对他很尊敬,言听计从。所以孔子曾自责说:"以貌取人,失之子羽。"这句话以后成为成语。

子曰:"孟之反①不伐②,奔而殿③,将入门④,策⑤其马,曰:'非敢后也,马不进也'。"

【今译】
　　孔子说:"孟之反不夸耀自己,鲁军败退时,他在后面断后掩护,将要进入城门时,他鞭打自己的马说:'不是我敢于断后,实在是马不肯快跑呀!'"

【注释】
　　① 孟之反:鲁国大夫,又名孟之侧。　② 不伐:不夸耀自己。

③ 奔而殿：打败仗撤退时，走在后面抵挡敌人追赶。殿：殿后。
④ 门：城门。　⑤ 策：马鞭，这里指用马鞭打马。

【评述】

本章孔子赞扬孟之反不居功的谦逊品德。据《左传》哀公十一年载：齐国国书、高乎(bì)率军进攻鲁国，到达清地，形势十分危急。鲁国派孟儒子泄率右师、冉求率左师分兵二路进行抵抗。左师胜而右师败。孟子反在右师，在鲁国郊外与齐军接触，结果被齐军打得大败，狼狈奔逃，齐军在后面穷追猛打，右军面临全军覆没的危险，孟之反主动出来断后，抵挡齐军，掩护部队撤退，使右师免遭覆没。所以孟之反才最后回城。有人问他，为什么回来得这么晚，他举着马鞭轻轻地打着马说："这是马不肯快跑的缘故。"他为自己断后的英雄行为和保全鲁国右军的大功掩饰，不愿声张出来，这种谦逊的美德是非常可贵的。孔子表彰了他，使他的名声传之后世，为人们所景仰。

子曰："不有①祝鮀②之佞③，而有宋朝④之美，难乎免⑤于今之世矣。"

【今译】

孔子说："假如没有祝鮀的口才，而有宋朝的美貌，在今天的社会里就难以避免祸患了。"

【注释】

① 不有：假若没有。表假设语气。　② 祝鮀(tuó)：卫国大夫，字子鱼。　③ 佞：能言善辩、口才出众。　④ 宋朝：宋国公子。美男子。　⑤ 免：避免祸患。

【评述】

本章孔子针砭当时崇尚口辩的社会风尚。据《左传》定公四年载："宋朝谓宋公子子朝也。朝初仕卫为大夫，通于襄夫人宣姜，又通于灵公夫人南子,是其善淫也。"这章的原意是没有祝鮀的口才,而有宋朝的美貌,在今天的社会里是免不了祸患的。这是孔子对当时崇尚口辩的社会风尚的感叹。清刘五河《经义说略》说:"美必兼佞,方可见容。美而不佞,衰世犹嫉之。"这话是有道理的。宋朱熹说:"言衰世好谀悦色,非此难免。"(《论语集注》卷三)宋程颐说:"无鮀之巧言与朝之令色,难免乎今之世,必见憎疾也。"(《二程集·河南程氏经说卷第六》)都说明在衰世,风气不正,不管有美色而无口辩也好,有口辩而无美色也好,都会遭到嫉忌而得祸的。

子曰:"谁能出不由户①?何莫由斯②道③也?"

【今译】

　　孔子说:"谁能够走出房间而不经过房门呢?为什么人们立身处世不遵循这条路走呢?"

【注释】

　　① 户:房门。　② 斯:这。　③ 道:道路。实际是喻指孔子的学说。

【评述】

本章以出房必经房门为喻,劝勉人们要行正道,走正路。《集解》汉孔安国说:"言人立身,成功当由道,譬犹出入,要当从户。"(《十三经注疏·雍也第六》)宋程颐说:"道,不可离也。事必由其道,犹出入之必由户也。"(《二程集·河南程氏经说卷第六》)孔子的"道"是博大精深的。这里的道可能是喻指孔子的学说,可能是指礼,教人们循礼而行。《礼记·礼器》说:"礼有大有小,有显有微,大者不可损,小者不可益,显者不可掩,微者不可大也。故经礼三百,曲礼三千,其致一也。未有入室而不由户者。"人常习礼而行,循道而行,但有时形成自然而不自觉。所以孔子用出门由户的比喻方法,提醒人们注意,要自觉地循礼而行、循道而行。

子曰:"质①胜文②则野③,文胜质则史④。文质彬彬⑤,然后君子。"

【今译】

孔子说:"朴质胜过文采,就显得粗野;文采胜过朴质,就显得虚浮。既文雅又朴质,结合适当,才算得上是个君子。"

【注释】

① 质:朴实、朴质。这里指内容。　② 文:文采。这里指形式。　③ 野:粗野。　④ 史:史官。这里借指注重外表。　⑤ 文质彬彬:既文雅又朴质的样子。

【评述】

本章孔子论述形式与内容,外表与内在要结合适当,才能相得益彰。《集解》东汉包咸说:"野,如野人,言鄙略也。史者,文多而质少。彬彬,文质相丰之貌。"(《十三经注疏·雍也第六》)宋程颐说:"君子之道,文质得其宜也。"(《二程集·河南程氏经说卷第六》)本章孔子提出了内容和形式、内在与外表的统一问题,也是针对当时在位者而发的。他们有的文胜质,有的质胜文,各有所偏,不合中庸之道。所以孔子提出"文质彬彬,然后君子"的要求。认为在位者应该做到内容和形式的统一,外表与内在的统一,合乎中庸之道,才能为人民效法,起到君子的作用。

子曰:"人之生也直①,罔②之生也幸③而免。"

【今译】

孔子说:"人生存在世界上,要靠正直,不正直的人也能生存,那是他侥幸免于祸害。"

【注释】

　　① 直：正直。　② 罔：指不正直的人。　③ 幸：侥幸。

【评述】

本章孔子教育人们为人处世应正直磊落、襟怀坦白。《集解》东汉马融说："言人所以生于世而自终者，以其正直也。"（《十三经注疏·雍也第六》）什么是直，清刘宝楠说："盖直者，诚也。内不自以欺，外不以欺人。《中庸》说：'天地之道，可一言而尽也，其为物不贰，则其生物不测。'不贰者，诚也，即直也。天地以至诚生物，不诚则无物，故诚为生物之本。人能有诚，则行主忠信。若夫罔者，专务自欺以欺人，所谓'自作孽，不可活'者，其能免此者，幸尔。"（《论语正义·雍也第六》）孔子从人的生存这一侧面主张人应该正直，反对诬罔。诬罔的人，如果活着，也是出于侥幸。他勉励人们襟怀坦白，直道而行。

　　子曰："知之①者，不如好之②者；好之者，不如乐之③者。"

【今译】

　　孔子说："对于学问和事业，了解它的人，不如喜欢他的人；喜欢它的人，不如以它为乐的人。"

【注释】

　　① 知之：了解它。　② 好之：喜欢它。　③ 乐之：以它为乐。以上三者说明对待学问和事业的三种境界。

【评述】

本章孔子论述在求学明道过程中的知之、好之、乐之三种由浅入深的境界。宋张敬夫说："知而不能好，则是知之未至也；好之而未及于乐，则是好之未至也。此古之学者，所以自强而不息者欤。"（《论语集注》卷三）程伊川说："知之者，在彼，而我知之也。好之者，虽笃，而未能有之。至于乐之,则为己之所有。"(《朱子语类·论语十四》)孔子在本章中提出学习明道的三种由浅入深的不同境界,目的在于勉励人们立志求道,始能由浅入深,登堂入室。

子曰:"中人①以上,可以语上②也;中人以下,不可以语上也。"

【今译】

孔子说:"中等水平以上的人,可以教授高深的学问;中等水平以下的人,就不可以教授高深的学问了。"

【注释】

① 中人:中等水平的人。　② 语上:教授高深的学问。

【评述】

本章孔子论述因材施教的问题。魏王肃说:"上谓上知之所知者,两举中人,以其可上可下。"(《十三经注疏·雍也第六》)孔子提出因材施教原则,他根据人的才识分为上知、中人、下愚三个等次。在孔子看来,"上知"与"下愚"是不移的,所能教的则是"中人"。中等水平以上可以教授高深学问,中等水平以下只能教授初等的学问。宋张敬夫说:"圣人之道,精粗虽无二致,但其施教,则必因其材而笃焉。盖中人以下之质,骤而语之太高,非惟不能以入,且将妄意躐等,而有不切于身之弊,亦终于下而已矣。故就其所及而语之,是乃所以使之切问近思,而渐进于高远也。"(《论语集注》卷三)宋朱熹也说:"言教人者,当随其高下而告语之,则其言易入而无躐等之弊矣。"(同上)宋徐寓说:"圣人教人,不问智愚高下,未有不先之浅近,而后及其高深。"(《朱子语类·论语十四》)他们都论及因材施教问题。可见孔子因材施教,循序渐进的教学原则,是他留给我们的一份宝贵财富。

樊迟问知①。子曰:"务民之义②,敬鬼神而远③之,可谓知矣。"问仁④。曰:"仁者先难而后获⑤,可谓仁矣。"

【今译】

　　樊迟问孔子怎样才算聪明。孔子说:"专心致志教育人民走向正义,尊敬鬼神而疏远它们,可以说是聪明了。"樊迟又问怎样才算有仁德?孔子说:"有仁德的人,一定先付出艰难的辛劳而后有收获,可以说是有仁德了。"

【注释】

　　① 知:聪明。　② 务民之义:教育人民达到正义。　③ 远:疏远。　④ 仁:仁德。　⑤ 获:收获。

【评述】

本章孔子教导樊迟追求"知"和"仁"的方法。樊迟问孔子"知"和"仁",孔子从"务民之义"的角度给以回答。大概樊迟这时已经出仕,所以孔子从如何临民教育他行知行仁。什么是知呢?孔子说:"敬鬼神而远之。"清刘宝楠说:"敬鬼神而远之者,谓以礼敬事鬼神也。"(《论语正义·雍也第六》)《礼记·表记》说:"子曰:'夏道尊命,事鬼敬神而远之,近人而忠焉。殷人尊神,率民以事神,先鬼而后礼。周人尊礼尚施,事鬼敬神而远之,近人而忠焉'。"夏道尊命与周道尊礼相似,都是近人之事,所以孔子教导樊迟,作为临民的官吏,要遵从周道,解决好人与神的关系。首先要着眼于对人的教育,施行父慈、子孝、兄爱、弟悌、夫义、妇听、长惠、幼顺、君仁、臣忠的仁义教育,提高他们的道德品德修养。其次,要摆脱殷人崇鬼的影响,对于鬼神取敬而远之的态度。这才算是知。

什么是仁呢?孔子说:"先难而后获。"《集解》汉孔安国说:"先劳苦而后得功,此所以为仁。"(《十三经注疏·雍也第六》)宋朱熹说:"先其事之所难,而后其效之所得,仁者之心也。"(《论语集注》卷三)清刘宝楠说:"治身者,先难后获。以此之谓治身之与治民,所先后者不同焉矣。"(《论语正义·雍也第六》)可见求仁之道在于先修己而不为无妄之求,先劳苦而后得食。孔子答樊迟求仁的话,是有针对性的,当时的统治者不劳而获,习以为常。所以孔子教育樊迟,作为临民的官吏,首先要自己修身,然后才可以治民。要先其事而后食,要先考虑人民的利益,率先为他们劳苦,然后得禄。不能像《诗经·伐檀》"彼君子兮,不素餐兮"那样,"先食后事"或"食而不事"。孔子对樊迟的教导,也是对当时为政临民者的教育。

子曰:"知者乐①水,仁者②乐山。知者动,仁者静。知者乐③,仁者寿。"

【今译】
孔子说:"聪明的人喜爱水,仁德的人喜爱山。聪明的人活跃,仁德的人安静。聪明的人快乐,仁德的人长寿。"

【注释】
① 乐(yào):喜爱。 ② 仁者:仁德的人。 ③ 乐(lè):快乐。

【评述】
本章孔子分析知者和仁者的性格差别及其作用,分三个层次加以说明。"知者乐水,仁者乐山",首先用比喻手法说明知者与仁者的性格不同。《集解》东汉包咸说:"知者乐运其才智以治世,如水流而不知已。仁者乐如山之安固,自然不动而万物生焉。"(《十三经注疏·雍也第六》)梁皇侃《论语义疏》说:"乐水、乐山为智、仁之性。"其次,"知者动、仁者静",说明知与仁之用。东汉包咸说:"日进故动"。(《十三经注疏·雍也第六》)《集解》汉孔安国说:"无欲故静。"(同上)梁皇侃《论语义疏》说:"动、静为智、仁之用。"宋郑南升说:"知者动、仁者静,动是运动周流,静是安静不迁,此以成德之体而言也。"(《朱子语类·论语十四》)第三,"知者乐、仁者寿",说明知、仁的功用。东汉郑玄说:"知者自役得其志,故乐。"(《十三经注疏·雍也第六》)东汉包咸说:"性静者多寿考。"(同上)梁皇侃《论语义疏》说:"寿、乐为智、仁之功。"宋朱熹说:"乐、寿以效言也。动而不括,故乐;静而有常,故寿。"(《论语集注》卷三)当然,孔子所论的知、仁性格差别及其作用的严密性是不够的,我们只能将之看作智者的快乐像水一样活泼欢畅,仁者的寿考像山一样巍然屹立。

子曰:"齐①一变②,至于鲁③;鲁一变,至于道④。"

【今译】

孔子说:"齐国的政治和教育一变革,就会达到鲁国的水平;鲁国的政治和教育一变革,就可以合于大道了。"

【注释】

① 齐:齐国。 ② 变:指政治和教育的改革。③ 鲁:鲁国。④ 道:大道、至道。指达到仁政的境界。

【评述】

本章孔子寄希望于鲁国的政治、教育改革,以复兴周礼。《集解》东汉包咸说:"言齐、鲁有太公、周公之余化。太公大贤,周公圣人。今其政教虽衰,若有明君兴之,齐可使如鲁,鲁可使如大道行之时。"(《十三经注疏·雍也第六》)《说苑·政理》说:"伯禽与太公俱受封而各之国,三年,大公来朝。周公问曰:'何治之疾也?'对曰:'尊贤,先疏后亲,先义后仁也。此霸者之迹也。'周公曰:'太公之泽及五世。'五年,伯禽来朝。周公问曰:'何治之难?'对曰:'亲亲,先内后外,先仁后义也。此王者之迹也。'周公曰:'鲁之泽及十世。'故鲁有王迹者,仁厚也,齐有霸迹者,武政也,齐之所以不如鲁者,太公之贤不如伯禽也。"

孔子是尊鲁而抑齐的,本章是孔子针对齐鲁两国的政治现实而作出的评价。当时鲁国还保存周礼,故民风尚较朴实。齐国擅渔盐之利,发展工商业,奢侈成风。所以孔子从周礼角度加以观察,认为齐不如鲁,希望齐国进行政治、教育改革,改变风俗,向鲁国靠拢。而希望鲁国也进行政治、教育改革,改变风俗,向周礼靠拢。由此可以反映出孔子在春秋时期急剧的社会变革中所持的复周礼的态度。

子曰:"觚①不觚,觚哉!觚哉!"

【今译】

孔子说:"觚不像觚,觚啊!觚啊!"

【注释】

① 觚(gū):古代盛酒的器皿。腹部和足部都有四条棱角。

【评述】

本章孔子借物抒情,感叹周道衰微。《集解》东汉马融说:"觚,礼器,一升曰爵,二升曰觚。觚哉、觚哉,言非觚也,以喻为政不得其道,则不成。"(《十三经注疏·雍也第六》)宋程颐说:"觚而失其觚之形制,则非觚也。故君而失其君之道,则不为君,臣而失其臣之职,则为虚位。"(《二程集·河南程氏经说卷第六》)在这里,孔子借物抒情,感叹当时世风日下,君不君、臣不臣、父不父、子不子的社会现实。反映恢复周礼的迫切心情。

宰我问曰:"仁者①,虽告之曰:'井有仁②焉③。'其④从之也?"子曰:"何为其然也?君子可逝⑤也,不可陷⑥也;可欺⑦也,不可罔⑧也。"

【今译】

宰我问孔子说:"一个有仁德的人,假使有人告诉他说:'井里掉进一位仁人。'他会跟着下井去吗?"孔子说:"为什么要这样说呢?君子听到了可以去井边设法营救,但不能自陷于井;君子有时也会上当受骗,但绝不可以愚弄他。"

【注释】

① 仁者:有仁德的人。 ② 仁:指仁人。 ③ 焉:在哪里。 ④ 其:岂、难道。 ⑤ 逝:离开。这里指跑到井边去。 ⑥ 陷:陷害。 ⑦ 欺:欺骗。 ⑧ 罔:愚弄。

【评述】

本章孔子阐述仁者有仁人之心,但绝不会被诬罔者蒙蔽。宰我向孔子提出了一个问题,井里掉进一位仁人,是否跟着跳到井里去呢?言下之意是学习仁甚难,有什么用?孔子便耐心地开导他。仁人通晓应变,能对事物进行判断,不是蠢人,不会去干蠢事。君子虽可杀身成仁,但非理陷害他,他是不会上当受骗的。宋朱熹说:"欺,谓诳之以理之所有;罔,谓昧之以理之所无。盖身在井上,乃可以救井中之人,若从之于井,则不复能救之矣,此理甚明。"(《论语集注》卷三)宋黄榦说:"宰我问,仁者好仁,不避难,虽告之以赴井为仁,亦从之乎?夫子谓不然,君子可使之有往,不可陷于不知,可欺以其方,不可罔以非其道。"(《朱子语类·论语十五》)清俞樾《群经评议》说:"君子杀身成仁则有之,故可得而摧折,不可以非理陷害之。"孔子用仁人能以理判断,不会受骗来启发、教育宰我,鼓励他求仁明理。

子曰:君子博学于文①,约②之以礼,亦可以弗畔③矣夫!"

【今译】

孔子说:"君子广泛地学习文献,用礼来约束自己,也就可以不离经叛道了!"

【注释】

① 文:文献。　② 约:约束。　③ 畔:同"叛"。背叛。这里指离经叛道。

【评述】

本章孔子教人追求仁德的具体方法。怎样才能不违背仁道呢?孔子教人两个方法,一是要博学于文,即学习古代遗留下来的《诗》《书》《礼》《乐》等文献,陶冶情操,提高自身的道德修养。二是要用礼制来约束自己,循礼而行。东汉郑玄说:"弗畔,不违道。"(《十三经注疏·雍也第六》)宋朱熹说:"君子学欲其博,故于文无所不考,守欲其要,故其动必以礼,如此则可以不背于道矣。"(《论语集注》卷三)清刘宝楠说:"文所以载道,而以礼明之者也。礼即文之所著以行之者也。"又说:"礼者,道之所以行也。人违道与否,不可得知。但己博文约礼,由其外以测其内,亦可不致违道。"(《论语正义·雍也第六》)所以博学于文和约之以礼二者又是辩证的统一,用学习和实践相结合来进行自我修养,培养完美的仁道。

子见南子①,子路不悦。夫子矢②之曰:"予所③否者,天厌④之!天厌之!"

【今译】

孔子会见南子,子路不高兴。孔子发誓说:"我如果做了不正当的事,天厌弃我吧!天厌弃我吧!"

【注释】

① 南子:卫灵公夫人,当时把持朝政,作风淫乱,名声不好。② 矢:发誓。　③ 所:如果、假使。　④ 厌:厌弃。

【评述】

本章记叙孔子会见南子所引发的故事。据《史记·孔子世家》载:

孔子过蒲,"反乎卫,主蘧伯玉家。灵公夫人有南子者,使人谓孔子曰:'四方之君子不辱欲与寡君为兄弟者,必见寡小君。寡小君愿见。'孔子辞谢。不得已而见之。夫人在绨帷中。孔子入门,北面稽首。夫人自帷中再拜,环珮声璆然。孔子曰:'吾乡为弗见,见之答礼焉。'"南子是卫灵公的宠姬,约见孔子,孔子第一次不去。再次约见,孔子不得已而礼节性见之。只叩了个头,解释了第一次不去的原因。而南子对孔子十分守礼恭敬,站在帘子里面,再次向孔子下拜行礼,振得环珮也叮咚作响。对这件事,守礼的子路大为不满,又不理解孔子的苦衷。孔子急得没办法,只好对天起誓了。此情此景中从另一侧面可以看出孔子与学生之间师生关系之密切、融洽。

子曰:"中庸①之为德也,其至②矣乎！民③鲜久矣。"

【今译】

孔子说:"中庸作为一种道德,恐怕是至高无尚的了！可惜人们已经好久不能做到它了。"

【注释】

① 中庸:这是孔子所倡导的最高的道德标准。中:折中,无过无不及。庸:平常。　② 至:达到最高点。　③ 民:老百姓。

【评述】

本章孔子感叹世人不追求中庸之德已很久了。什么是中庸？《集解》魏何晏说:"庸,常也。中和可常行之德。"(《十三经注疏·雍也第六》)说明中庸是中和之道。清洪震煊《中庸说》:"名曰《中庸》者,以其记中之为用也。"中庸,是孔子的哲学方法论,其原则是不偏不倚,无过不及,恰到好处。孔子认为这是一个很好的方法。所以我们现在说中庸,就是了解中和的道理。《易经》说,天下的事物都在变,没有不变的事,如何适应这个变,这是一门大学问。又说,变是对立的变,任何一件事都是相对的,一切都是相对的,在相对之中,有一个中和的道理。有最高道德的人,它能够使用中和,各保留其对的一面,各舍弃其不对的一面,这就变成对了。这就是孔子所说的中庸的本意,并不是宋儒所说搞调和折中。在本章中孔子要求人们掌握中庸之道,感叹很少有人能运用中庸之道了。

子贡曰:"如有博施①于民而能济众②,何如?可谓仁乎?"子曰:"何事于仁!必也圣③乎!尧、舜④其犹病⑤诸!夫仁者,己欲立⑥而立人,己欲达⑦而达人。能近取譬⑧,可谓仁之方⑨也已。"

【今译】

子贡说:"如果有人广泛地施恩于人民而且能够救济大众,怎么样?这样的人可以说是仁人了吗?"孔子说:"何止仁人!一定是圣人了!尧、舜大概还担心做不到呀!有仁德的人,自己站得住脚,也要帮助别人站得住脚,自己想达到的,也要帮助人家能达到。能够就近选择榜样,可以说是实行仁德的方法了。"

【评述】

本章孔子教子贡就近取仁德的方法。孔子与子贡的对话中说明了三个问题。

第一,孔子提出心目中的最高道德标准是圣,其次才是仁。子贡认为能做到"博施于民而能济众",可以达到仁的境界了。而孔子回答"何事于仁!必也圣乎!尧、舜其犹病诸!"犹言何待于仁,必定是圣了,连尧、舜这样的圣人要做到"博施于民而能济众",也是感到为难的。汉孔安国说:"君能广施恩惠,济民于患难,尧舜至圣,犹病其难。"(《十三经注疏·雍也第六》)宋邢昺说:"君能博施济众,何止事于仁,谓不啻于仁,必也为圣人乎?然行此事甚难,尧舜至圣,犹病之以为难也。"(同上)宋潘时举说:"博施济众,是无尽底地头,尧舜也做不了。盖仁者之心虽无穷,而仁者之事则有限。"(《朱子语类·论语十五》)宋徐寓说:"仁以理言,圣以事业言。"(同上)清毛奇龄《论语改错》说:"仁也,则内圣外王,总以仁及万物为言。"说明圣与仁是相通的。清阮元《论仁篇》说:"孔子论人以圣为第一,仁即次之,仁固甚难能矣。圣、仁,孔子皆谦不敢当。子贡视仁过高,误入圣域,故孔子分别圣字。"清刘宝楠说:"仁与圣,皆推心之恕。……仁道大成,方可称圣。"(《论语正义·雍也第六》)可见孔子心目中圣为第一,仁为其次,而两者又是相通的,积仁可以至圣。

第二,提出了仁者的标准,这就是"己欲立而立人,己欲达而达人"。汉孔安国说:"更为子贡说仁者之行。"(《十三经注疏·雍也第六》)清阮元《论仁篇》说:"所谓仁者,己之身欲立则亦立人,己之身欲达则亦达人。如己欲立孝道,亦必使人立孝道。己欲达德行,亦必使人达德行。"能做到推己及人,就达到仁的标准。

第三,提出了行仁的方法,"能近取譬,可谓仁之方也已。"汉孔安国说:"更为子贡说仁者之行。方,道也,但能近取譬,于己皆恕,己所欲而施之于人。"(《十三经注疏·雍也第六》)清刘宝楠说:"《说文》:'恕,仁也。'如己之心,以推诸人,此求仁之道,故'恕'也训'仁'。恕、仁本一理,子贡未能至恕,故夫子以为非尔所及。"(《论语正义·雍也第六》)程颐说:"恕者,为仁之方也。"(《二程集·河南程氏经说卷第六》)可见行恕道乃是为仁的方法,能近取譬,做到推己及人,将心比心。一步一步地做去,就可能由仁而至圣了。

# 述而第七

**【解题】**

本篇共三十八章。据"正义曰:《释文》云:'旧三十九章,今三十八章。'所云旧,当谓六朝旧本。所多一章,疑分'子路问三军'为一章也。《释文》又云:'子于是日'以下,旧别为章,今宜合前章。'亡而为有'以下,旧别为章,今宜与前章合。"(《论语正义·述而第七》)据清卢文弨《释文考证》,"以旧三十九章为《释文》本,今三十八章为朱子本。"(同上)今从刘宝楠《论语正义》本。编者取首章"子曰:述而不作"一句中的"述而"两字为篇名。其中,记孔子论述二十章,弟子记述孔子仪态风姿、行事准则、教学内容等十一章,记孔子与大夫、学生等对话六章,记冉有、子贡问孔子是否赞同卫君一章。

本篇主要围绕孔子的学问修养开展论述。首先论述孔子以"仁"为核心的学问之道。如"志于道,据于德,依于仁,游于艺","求仁而得仁","我欲仁,斯仁至矣"。要求立志于道,进行仁、德的自我修养,掌握六艺的本领。只要主观努力,仁是可以求得的。第二,论述孔子不是生而知之,而是学而知之的谦逊好学精神。如"我非生而知之者,好古敏以求之者也","发愤忘食,乐以忘忧"。择善而从,述而不作,襟怀坦白,知过必改。第三,论述孔子的教育思想与教学原则。孔子以文、行、忠、信教育学生,有教无类,教学相长,不愤不启,采用启发式教育,鼓励学生提高道德修养,争取学业进步。第四,论述孔子道德、礼仪修养。如临丧则哀;慎于齐、战、疾;不语怪、力、乱、神;钓而不纲,弋不射宿;温而厉、威而不猛,恭而安;用行舍藏等。

子曰:"述而不作①,信而好古②,窃③比于我老彭④。"

【今译】

孔子说:"传述而不创新,相信而且爱好古代文化。我私下把自己比作老彭。"

【注释】

① 述而不作:整理、阐述前人的著作而不创新。　② 古:指古代文化。　③ 窃:私下。谦词。　④ 老彭:殷朝的贤大夫。

【评述】

本章孔子谦逊地评价自己的著述。述而不作,信而好古,是孔子自己对著作和教学思想的概括。认为自己像老彭一样,喜好古代文献而加以证信,只述而不作。孔子为什么这样说呢?他删《诗》《书》,定礼、乐,演《周易》,修《春秋》,有述也有作。只说述而不作,一方面固然是自谦;另一方面是作了圣人之事,于心不安,故讳言之。因为在古代,著作是圣人之事,只有天子才能制礼作乐。《礼记·中庸》说:"非天子不议礼,不制度,不考文。""虽有其位苟无其德,不敢作礼乐焉;虽有其德苟无其位,亦不敢作礼乐焉。"《汉书·儒林传》说:"(孔子)究观古今之篇籍,于是叙《书》则断《尧典》,称乐则法《韶舞》,论《诗》则首《周南》。缀周之礼。因鲁《春秋》,举十二公行事,绳之以文武之道,成一王法,至获麟而止。盖晚而好《易》,读之韦编三绝,而为之传。皆因近圣之事,以立先王之教,故曰:'述而不作,信而好古。'"

关于老彭,是一位传说中的长寿老人,活了八百岁。有几种说法。一种认为是殷代的贤大夫。汉包咸说:"老彭,殷贤大夫,好述古事。"(《十三经注疏·述而第七》)《大戴礼记·虞戴德》说:"昔老彭及仲虺,政之教大夫,官之教士,技之教庶人,扬则抑,抑则扬,缀以德行,不任以言。"一种认为是老子和彭祖二人。郑玄注:"老,老聃;彭,彭祖。老聃,周之太史。"(《十三经注疏·述而第七》)一种认为就是彭祖一人。《庄子音义》引《世本》:"彭祖姓篯,名铿,在商为守藏史,在周为柱下史。"宋邢昺说:"彭祖于尧时封彭城,即老子也,以老彭、彭祖、老聃为一人。"(《论语正义·述而第七》)三说之中,以第一说较为合理,孔子不过是引好述古事而不作的老彭自况而已。

子曰:"默而识①之,学而不厌②,诲人不倦,何有③于我哉?"

【今译】
　　孔子说:"默默地记住所学的知识,努力学习而不满足,教诲别人而不厌倦,这对我来说有什么困难呢?"

【注释】
　　① 识(zhì):记住。　② 厌:满足。　③ 何有:有什么。

【评述】
　　本章孔子自述默识、学习、教人的态度。孔子是我国伟大的教育家,本章他说了自己学和教的三件事。首先是"默而识之"。默默地记诵古代先哲圣王的遗文。宋朱熹说:"识,记也,默识,谓不言而存之心也。一说识,知也,不言而心解也。前说近是。"(《论语集注》卷四)清刘宝楠说:"识者,记也。《诗》《书》《礼》《乐》,士之正业,皆须讽诵,若博学无方,既非家有其书,则惟宜默识之也。"(《论语正义·述而第七》)在古代,书籍甚少,刻在竹简上,很难得到,熟读成诵,默记于心,是非常必要的。其次是"学而不厌"。这是孔子经常提到的。他自己认为不是生而知之,而是学而知之,他的知识是自强不息"学而不厌"得来的,一个人的一生能坚持做到"学而不厌",看似平凡,其实是非常难以做到的。第三是"诲人不倦"。孔子常说:"圣则吾不能,我学不厌,教不倦也。"诲人不倦要有爱人、爱世、甘为人梯、甘为红烛的自我牺牲精神,正是"诲人不倦",孔子赢得了学生们的爱戴,赢得后人的景仰,成为我国一位大教育家。至于孔子在这里说到的"何有于我",乃是自谦之辞。东汉郑玄说:"无是行于我,我独有之。"(《十三经注疏·述而第七》)总之说明孔子能做到默而识之、学而不厌、诲人不倦三者,终身行之而不懈怠。

子曰:"德①之不修,学之不讲,闻义不能徙②,不善不能改,是吾忧也。"

【今译】

孔子说:"品德不修养,学问不讲论,听到正义的事而不能去实践,有错误而不能改正,这是我所忧虑的事。"

【注释】

① 德:品德。　② 徙:迁移。引申为亲身实践。

【评述】

本章孔子论述常常忧虑的修德、讲学、迁善、改过四件事,体现了他崇高的道德修养。梁皇侃说:"德在修行,学须讲习,闻义事当徙意从之,有不善则追悔改之。夫子常以此四者为忧,忧己恐有不修、不讲、不徙、不改之事。"(《十三经注疏·述而第七》)宋尹氏说:"德必修而后成,学必讲而后明,见善能徙,改过不吝,此四者日新之要也。"(《论语集注》卷四)清刘宝楠说:"修,治也,五常之德,人所固有,当时修治之,则德日新;讲,习也,习,肄也。孔子适宋,与弟子习礼大树下,鲁诸儒讲礼,乡饮,大射于孔子冢,皆讲学也。礼乐不可斯须去身,故孔子忧学之不讲;君子以见善则迁,有过则改,二者贵能力行,故有取于风雷。否则习为不善,而不复进于德矣。四者是夫子诲人之语,而云'吾忧'者,正恐教术或疏,致有斯失,故引为己责也。"(《论语正义·述而第七》)本章孔子所忧的"修德""讲学""迁善""改过"四件事,实质是提出了个人道德修养问题,人不可能没有缺点、错误,只有"知过必改",加强思想锻炼和修养,才能达到仁人的境界。这也是针对时弊而发的。孔子勉励执政者修德,因为个人的道德修养如何,直接关系到治国、平天下。由此可见孔子忧国忧民之心和追求仁德的精神状态。

子之燕居①,申申②如也,夭夭③如也。

【今译】

孔子在家闲居时,衣着整齐,神色和乐。

【注释】

① 燕居:在家闲居。　② 申申:整饬的样子。　③ 夭夭:和乐的样子。

【评述】

本章记述孔子闲居时庄肃而又和舒的态度。宋程子说:"此弟子善形容圣人处也。为申申字说不尽,故更著夭夭字。今人燕居之时,不怠惰放肆,必太严厉,严厉时著四字不得,怠惰放肆时亦著此四字不得,惟圣人便自有中和之气。"(《论语集注》卷四)本章是孔子弟子记述孔子在家闲居时的态度,既庄严,又和舒,形成一种"中和之气"的气象,反映孔子平时注意从思想到生活的修养。

子曰:"甚①矣,吾衰②也! 久矣,吾不复梦见周公③。"

【今译】

孔子叹息道:"我衰老极了! 我已经好久再没有梦见周公了。"

【注释】

① 甚:极、严重。　② 衰:衰老。　③ 周公:姓姬名旦,周文王的儿子。周礼的创制者,孔子心目中最敬佩的圣人之一。

【评述】

本章孔子感叹自己日益衰老而理想不能实现。宋朱熹说:"孔子盛时,志欲行周公之道,故梦寐之间,如或见之,至其老而不能行也,则无复是心,而亦无复是梦矣。故因此而自叹其衰之甚也。"(《论语集注》卷四)周公是孔子最敬佩的圣人之一,他制订的礼乐,孔子认为是最好的典章制度,所以孔子毕生为恢复和实践周礼而奔走。可能因心有所思,便夜有所梦,在年轻时常梦见周公。但周游列国,不为各国所用,理想不能实现,因而感叹不复梦见周公。而孔子执着追求的精神是始终不渝的,晚年,他回到鲁国,即着手整理我国古代文献,取得了辉煌的成就。诚如清刘宝楠说:"夫子日有孳孳,不知老之将至。至是血气益衰,力极疲顿,无复从前之精专,故有此叹。"《吕氏春秋·博志》说:"盖闻孔子、墨翟,昼日讽诵习业,夜亲见文王、周公旦而问焉,用志如此其精也,何事而不达?何为而不成?"

子曰:"志①于道,据②于德,依③于仁,游④于艺⑤。"

【今译】

孔子说:"立志于学道,以德为根据,以仁为依靠,而游憩于礼、乐、射、御、书、数六艺之中。"

【注释】

① 志:立志、志向。 ② 据:根据。 ③ 依:依靠。 ④ 游:游憩。 ⑤ 艺:技艺。这里指礼、乐、射、御、书、数六艺。

【评述】

本章孔子教导学生修业进德的方法。宋朱熹说:"志者,心之所之之谓;道,则人伦日用之间所当行者是也;据者,执守之意;德者得也,得其道于心而守之不失;依者,不违之谓;仁,则私欲尽去而心德之全也;游者,玩物适情之谓;艺,则礼乐之文,射御书数之法。此章言人之为学当如是也。盖学莫先于立志,志道则心存于正而不他,据德则道得于心而不失,依仁则德性常用而物欲不行,游艺则小物不遗而动息有养。学者于此,有以不失其先后之序,轻重之伦焉。"(《论语集注》卷四)

本章孔子论述其学术、教学思想的中心问题。他首先教育学生要立志,要立定远大的志向。志立在什么地方呢?必须立足在求"道"上,即修己治人之道。第二,讲述修己的问题,他要求学生"据于德,依于仁",完善自我。德是道德规范,是一个人立身行事的准则。而人的一切行为准则的德目中,仁又是主要的,它统摄各种道德,所以必须依于仁,只有达到仁的境界,个人的修养才达到炉火纯青的地步。第三,论述治人之道,即游于六艺之中,掌握礼、乐、射、御、书、数的本领,将来为治人作好充分的准备。当然修己与治人的修养应该是同步进行的。所以这四者体现了孔子的教学思想和教育目的,中心明确,次序分明。

子曰:"自行束脩①以上,吾未尝无诲②焉。"

【今译】

孔子说:"凡是自愿送上十条干肉为学费的人,我从来没有不教诲的。"

【注释】

① 束脩(xiū):十条干肉。脩:干肉。束:十条为一束。古人用作初次见面的礼物,即今之学费。 ② 诲:教诲。

【评述】

本章孔子自述诲人不倦、有教无类的教育思想。关于"束脩",有两种解释。一种认为是十条干肉。《少仪·疏》说:"束脩,十脡脯也。"(《论语正义·述而第七》)"《檀弓》说:'古之大夫束脩之问不出境.'

《少仪》曰：'其以乘壶酒、束脩、一犬赐人。'《谷梁传》曰：'束脩之问不行竟中,是知古者持束脩以为礼,此是礼之薄者,其厚则有玉帛之属。'"(《十三经注疏·述而第七》)一种认为是束带修饰。李贤《后汉书·延笃传注》说："束脩谓束带修饰。"郑注《论语》说："束脩谓年十五以上也",意思是可以行贽见礼。均之二者,以前说为长。宋朱熹曰："圣人之于人,无不欲其入于善。但不知来学,则无往教之礼。故苟以礼来,则无不有以教之也。"(《论语集注》卷四)

孔子在本章中自述其诲人不倦、有教无类思想。孔子开春秋时期私人办学之先河,打破了学在官府的局面。只要交一点菲薄的进见之礼,便来者不拒,悉心教导,他有三千弟子,七十二贤人,可谓盛矣。他的有教无类思想,首先表现在学生中除少数几个贵族子弟外,绝大多数是贫穷知识分子;其次表现在不受地域限制,他的学生除鲁国人外,齐、卫、宋甚至远在蛮貊之邦的吴、楚等国都有。

子曰："不愤①不启②,不悱③不发。举一隅④不以三隅反,则不复⑤也。"

【今译】

孔子说："不到学生反复思考,将要明白而未明白时,我不去启发他;不到学生反复默想,要想说出而说不出时,我不去开导他。列举一个道理而不能类推出三个道理,就不再教育他了。"

【注释】

①愤:思考问题而未想通。 ②启:启发。 ③悱(fěi):想说话而表达不出来。 ④一隅:一个角落。 ⑤复:再。

【评述】

本章孔子自述启发式的教学方法。《孟子·尽心下》说："君子引而不发,跃如也。"南宋朱熹说："愤者,心求通而未得之意;悱者,口欲言而未能之貌。启,谓开其意;发,谓达其辞。物之有四隅者,举一可知其三。反者,还以相证之义。欲学者勉于用力,以为受教之地也。"(《论语集注》卷四)

孔子论述的启发式教学方法,是有积极意义的,他的着眼点是在教师的主导作用下,充分调动学生学习的主动性、积极性,培养学生独立思考能力。其做法是:(1)一定要在学生"心求通而未得"的时候才给开导,引导是建立在学生积极努力的基础上。(2)一定要在学生"口欲言而未能"的时候,才给以提示,使水到渠成。(3)要求学生举一反三,以一证三,培养推理能力。孔子启发式的教育思想和方法,是他长期进行教育实践的经验总结,是我国教育思想宝库中的一份珍贵财富。我们应该很好地学习、继承。

子食于有丧者①之侧②,未尝饱也。

【今译】

孔子在有丧事的人家吃饭,从来没有吃饱过。

【注释】

① 有丧者:办丧事的人家或有丧服在身的人。 ② 侧:旁边。

【评述】

本章记述孔子参加丧礼时的哀痛之心。我国古代对于丧礼是非常重视的,它直接体现了孝道,所以制度的规定也非常严密。孔子参加丧礼,与人同哀,心存哀痛恻隐之心,难过得吃不下饭,这是一种礼的表现。《集解》魏何晏说:"丧者哀戚,饱食于其间,是无恻隐之心。"(《十三经注疏·述而第七》)宋邢昺说:"故得有食饥而废事,非礼也;饱而忘哀,亦非礼。"(同上)

子于是日①哭,则不歌②。

【今译】

孔子这一天哭过,就不再唱歌。

【注释】

① 是日:这一天。 ② 歌:唱歌。

【评述】

本章记述孔子参加丧礼吊祭哭泣,这一天便不再唱歌。本章与前章内容有联系,朱熹在《论语集注》中将它们合为一章。宋邢昺说:"一日之中或哭或歌,是亵于礼容。"(《十三经注疏·述而第七》)《礼记·檀弓》说:"君子哀乐不同日。"《曲礼》说:"大夫无故不撤县,士无故不撤琴瑟。"在古代,大概每天都要奏乐或弹琴唱歌。孔子是喜爱唱歌的,吊丧以后,余哀尚存,故不再唱歌,这是合于礼的。宋朱熹说:"哭,谓吊哭,一日之内余哀未忘,自不能歌也。"(《论语集注》卷四)可见孔子为人处事都合于礼,循礼而行。

子谓颜渊曰:"用之则行①,舍②之则藏,惟我与尔有是③夫!"子路曰:"子行④三军⑤,则谁与?"子曰:"暴虎冯河⑥,死而无悔者,吾不与⑦也。必也临事⑧而惧,好谋而成者也。"

【今译】

孔子对颜渊说:"用我就去行道,不用我就退隐,只有我与你有这个修养吧!"子路说:"老师统率军队,那么,与谁共事呢?"孔子说:"赤手空拳打老虎,赤脚淌过河,死了也不懊悔的人,我是不和他共事的。一定要面临任务,表示担忧,善于谋划而成就大事的人,我才与他共事。"

【注释】

① 行:行道、行动起来。 ② 舍:舍弃,这里指不用。 ③ 是:这个。 ④ 行:指挥、统率。 ⑤ 三军:古代大国有上、中、下三军,这里

泛指军队。　⑥ 暴虎冯(píng)河:空手与老虎搏斗,赤足淌水过河。⑦ 与:共事。　⑧ 临事:面对任务。

【评述】

本章孔子赞美颜渊能用行舍藏,教育子路尚智不尚勇。孟子说:"古之人得志,泽加于民,不得志,修身见于世。穷则独善其身,达则兼善天下。"(《孟子·尽心上》)孔子热心于行道济世,也具有旷世之才。但仅在鲁国做了几个月的代理宰相,不为世所用,只好归隐著书。所以他把颜渊引为同调,两人都有用行舍藏的修养。用,当然要有济世之才,隐,也要有退隐之志,这都是有德行的表现。

可是心直口快的子路不服气了,见孔子又在赞美颜渊,便提出行军打仗用谁的问题。他自己认为英勇善战,有军事才能,若国君让孔子指挥军队,孔子一定要用他为将。孔子便针对其好勇之失,对他进行教育。《左传》襄公四年:"善为国者不师,善师者不阵,善阵者不战,善战者不死,善死者不亡。"《逸周书·武纪解》:"谋有不足者三:仁废则文谋不足,武废则勇谋不足,备废则事谋不足。"所以孔子教育他行军作战,不能凭一己之勇,必须"临事而惧,好谋而成",多谋善断,尚智不尚勇,才能克敌致胜。

子曰:"富①而可求也,虽执鞭之士②,吾亦为之。如不可求,从吾所好③!"

【今译】

　　孔子说:"财富如果可以求得,就是做拿着鞭子维持市场秩序的人,我也愿意做的。如果不能够求得,那么,还是做我自己爱好的事吧!"

【注释】

　　① 富:财富。　② 执鞭之士:有两说,一指手执皮鞭维持市场秩

序的人,比喻贱役。一指天子或诸侯外出,有二至八人手执皮鞭清道的人。今从前说。　③ 从吾所好:干自己所喜爱的事。

【评述】

本章孔子教人正道求富。春秋末期,随着生产力的发展,发财致富已成为社会风尚,出现了不少大商人、大工商业者,他们结驷连骑,富埒王侯,名动卿相,与国君分庭抗礼。如齐之管仲、鲁之阳货、吴之陶朱公、孔子的学生子贡等都是。所以关于如何求富的问题,是当时的一个热门话题。孔子并不反对求富,而是主张求富的。"富而可求也,虽执鞭之士,吾亦为之。"为贱役而能致富,孔子也愿意干的。但问题在于可求不可求,用什么方式去求。可求者,应符合于道,不可求者,也应取决于道。孟子说:"古之人未尝不欲仕也,又恶不由其道。"(《孟子·滕文公下》)宋朱熹说:"设言富若可求,则虽身为贱役以求之,亦所不辞。然有命焉,非求之可得也,则安于义理而已矣。"(《论语集注》卷四)如果靠搞歪门邪道而致富,孔子是不为的,还是安贫乐道为好。

### 子之所慎①:齐②、战③、疾④。

【今译】

孔子所慎重对待的事有:斋戒、战争、疾病。

【注释】

① 慎:小心、谨慎。　② 齐(zhāi):通"斋"。斋戒。　③ 战:战争。　④ 疾:疾病。

【评述】

本章记述孔子慎重地对待祭祀、战争、疾病三件大事。宋邢昺说:"将祭,散斋七日,致斋三日。斋之为言齐也,所以齐不齐也,故戒慎之。夫兵凶战危,不必其胜,重其民命,固当慎之。君子敬身安体,若偶婴疾病,则慎其药以治之。此三者凡人所不能慎,而夫子能慎之也。"(《十三经注疏·述而第七》)在我国古代,"国之大事,唯祀与戎",敬神是否至诚、战争能否胜利,自然非慎重对待不可。至于疾病,事关人的死生存亡,也不能不慎。所以孔子也取慎重态度。

子在齐①闻《韶②》,三月不知肉味。曰:"不图③为乐之至于斯也。"

【今译】

孔子在齐国听到演奏《韶》乐,长时间辨不出肉的味道。说:"没有想到听乐曲竟会达到如此美妙入神的境地。"

【注释】

① 齐:齐国。　② 韶:《韶》乐,歌颂舜的乐章。　③ 不图:想不到。图:图谋,料到。

【评述】

本章记叙孔子赞《韶》乐之美而沉醉于乐。孔子对《韶》乐十分赞赏,以为"尽善尽美"。《韶》乐是赞美舜的乐章,为什么流传到齐国去呢?据《汉书·礼乐志》载:"夫乐,本性情,浃肌肤而藏骨髓,虽经乎千载,其遗风余烈尚犹不绝。至春秋时,陈公子完奔齐,陈,舜之后,《韶》乐存焉,故孔子适齐闻《韶》。"原来齐国的《韶》乐是陈国公子完传过去的。那么,孔子又是怎样在齐国听到《韶》乐呢?据《史记·孔子世家》载:"孔子年三十五,昭公奔于齐,鲁乱,孔子适齐,与齐太师语乐,闻《韶》音。"《说苑·修文》说:"孔子至齐郭门之外,遇一婴儿挈一壶,相与俱行,其视精,其心正,其行端。孔子谓御曰:'趣驱之、趣驱之,《韶》乐方作。'"孔子是因三桓驱逐鲁昭公,鲁国大乱而到齐国听到《韶》乐的。孔子听了《韶》乐,叹为观止;学习《韶》乐,专心致志,所以三月不知肉味了。无独有偶,吴公子季札听了《韶》乐,也叹为观止。据《左传》襄公二十九年载:"吴季札见舞《韶·箾》者,曰:'德至矣哉,大矣!如天之无不帱也,如地之无不载也。虽甚盛德,其蔑以加于此矣,观止矣。'"可见《韶》乐确是尽善尽美,美妙绝伦的。

冉有曰:"夫子为①卫君②乎?子贡曰:"诺③,吾将问之。"入,曰:"伯夷、叔齐,何人也?"曰"古之贤人也。"曰:"怨④乎?"曰:"求仁而得仁,又何怨?"出,曰:"夫子不为也。"

【今译】

冉有说:"老师会帮助卫出公吗?"子贡说:"好,我去问问他。"子贡进去问道:"伯夷、叔齐是怎样的人呢?"孔子说:"是古代的贤人呀!"子贡说:"他们对让君位这件事后来悔恨吗?"孔子说:"他们追求仁而得到了仁,又会有什么怨恨呢?"子贡出来对冉有说:"老师不会帮助卫出公的。"

【注释】

① 为:帮助、赞成、赞许。 ② 卫君:指卫出公辄。曾与其父蒯聩争夺君位。 ③ 诺:答应的声音。 ④ 怨:悔恨。

【评述】

本章记叙孔子以仁为依据判断是非。冉求问子贡,孔子是否会帮助卫出公。卫出公辄是卫灵公的孙子,太子蒯聩的儿子。据《左传》定公十四年、哀公二年载:卫灵公太子蒯聩得罪于君夫人南子,出奔到宋国,后转到晋国。哀公二年,卫灵公卒,立孙子辄为卫君,即卫出公辄。这时流亡在外的卫出公之父蒯聩在赵国赵鞅的帮助下到了戚城,卫出公派石曼姑与齐国组成联军,包围戚城,阻止其父回来,展开了父子争夺王位的非义战争。

这时孔子正在卫国,冉有怕孔子会帮助卫出公,便问子贡。子贡很聪明,便问孔子伯夷、叔齐是什么人?子贡当然知道伯夷、叔齐是孤竹国君的两个儿子,为了让王位而双双逃走,劝阻武王伐纣,饿死在首阳山下,他们的行为正好与卫出公、蒯聩父子争夺王位相反。如果肯定伯夷、叔齐,便不会赞成卫出公。所以当孔子回答伯夷、叔齐是"古之贤人"以后,子贡又追问了一句:"怨乎?"意思是说伯夷、叔齐对让王位的事最后是否追悔。孔子便回答他:"求仁而得仁,又何怨?"把伯夷、叔齐看成是仁人。孔子很少以仁许人,居然称他们为仁人,这是肯定他们不争王位的高尚行为。在古代,为了争夺王位,连年战争不休,人民流离失所,死于沟壑,在孔子看来,这是最大的不仁。既然孔子肯定伯夷、叔齐,自然不会支持卫出公了。子贡的问话完全问到正题上,所以出来后,很有把握地对冉有说:"夫子不为也。"汉郑玄说:"父子争国恶行,孔子以伯夷、叔齐为贤且仁,故知不助卫君明矣。"(《十三经注疏·述而第七》)宋朱熹说:"一个是父子争国,一个是兄弟让国,此是,则彼非可知矣。"(《朱子语类·论语十六》)由此,我们知道孔子以"仁"为标准,明辨是非,也可见子贡之智,不愧是孔门语言科学生、出色的外交家,用旁敲侧击的正面提问,了解反面的问题,提问的艺术的确是很高明的。

子曰:"饭①疏食②饮水,曲肱③而枕之,乐亦在其中矣。不义而富且贵,于我如浮云。"

【今译】

孔子说:"吃粗粮,饮溪水,弯着胳膊当枕头睡,乐趣亦在其中了。用不正当的手段得到的富贵,在我看来,就好像浮云一样。"

【注释】

① 饭:吃。名词作动词用。 ② 疏食:粗粮。 ③ 曲肱(gōng):弯着胳膊。

【评述】

本章表达孔子追求仁德、安贫乐道,轻视不义的富贵。本章承前章而来,写得非常形象生动,比喻贴切,是一篇文情并茂的散文,刻划了孔子安贫乐道的态度。对于不义而来的富与贵,就像天上的浮云一样聚散无常,稍纵即逝,不如仁义之久长。人看穿了这一点,便不会受物质、环境、虚荣的诱惑,建立起自己的精神人格。清刘逢禄《论语述何》说:"此因上章而类记之。不义之富贵,不特蒯聩与辄也,即石曼姑之受命于灵公,皆不义也。"《吕氏春秋·慎人》说:"古之得道者,穷亦乐,达亦乐,所乐非穷达也,道得于此,则穷达一也,为寒暑风雨之序矣。"

子曰:"加①我数年,五十以学《易②》,可以无大过③矣。"

【今译】

孔子说:"增加我几年寿命,五十岁时开始学习《易经》,这样就可以不犯大错误了。"

【注释】

① 加:增加。　②《易》:《易经》,我国古代一部用来占筮的书。　③ 大过:大错误。

【评述】

本章孔子自言五十学《易》可以无大过。梁皇侃说:"加我数年方至五十,谓四十七时也。《易》之为书,穷理尽性,以至于命,吉凶悔吝,豫以告人,使人从吉不从凶。故孔子言己四十七学《易》,可以无过咎矣。"(《十三经注疏·述而第七》)据《史记·孔子世家》载:"孔子晚而喜《易》,序《彖》《系》《象》《说卦》《文言》,读《易》,韦编三绝。曰:'假我数年,若是,我于《易》则彬彬矣。'"

《易经》虽为卜筮之书,但卜筮涉及的问题多为现实生活中的大事,和现实生活比较密切,故人们常常引申《易》卦爻辞中的意义以为自己主张的根据,如"天行健,君子以自强不息;地势坤,君子以厚德载物"等话,都有鼓励人们奋发的作用。清刘宝楠说:"学《易》学为圣也,非徒趋吉避凶已也。有天地即有《易》,既作《易》,而天地之道著,天下之理得,圣人之所以为圣,求诸《易》而可知矣。"(《论语正义·述而第七》)又说:"学《易》可以无大过者,《易》之道,皆主中行,主变通,故学之而可与适道,可与立权也。"(同上)《系辞传》说:"是故君子居则观其象,而玩其辞;动则观其变,而玩其占;是以自天佑之,吉无不利。"近人冯友兰也说:"吾人行为,能取法于《易》,即可不致有错。"(《中国哲学史》)把《易》看作是求道、求圣,指导为人处世的准则。由此,我们也可以看出孔子十分注重通过学习来加强自己的道德修养,避免犯错误。

子所①雅言②,《诗》、《书》、执礼,皆雅言也。

【今译】

孔子有时讲普通话,读《诗》、读《书》以及执行礼仪的时候,都讲普通话。

【注释】

① 所:连词。指《易》。据清焦循《论语补注》:"因此章承上章而来。'所'字即指《易》言。乃不独《易》也,若《诗》、《书》、执礼,皆雅言也。"   ② 雅言:有两种解释。一解释为正,正言其音,相当于今天的普通话;一解释为常,经常之意。从前说。

【评述】

本章叙述孔子重视中夏语言,即相当于今天的普通话。清刘台拱《论语骈枝》说:"夫子生长于鲁,不能不鲁语,惟诵《诗》、读《书》、执礼,则正言其音,所以重先王之训典,谨末学之流矣。"《荀子·荣辱》说:"越人安越,楚人安楚,君子安雅,是非知能材性然也,是注错习俗之节异也。"孔子生长在鲁国,不可避免说鲁国话。但读《诗》、《书》以及执礼时则用雅言,即中夏语言,便于教授弟子,阐发本义。

叶公<sup>①</sup>问孔子于子路,子路不对。子曰:"女奚<sup>②</sup>不曰:'其为人也,发愤忘食,乐以忘忧,不知老之将至云尔<sup>③</sup>。'"

【今译】

叶公向子路了解孔子的为人,子路不回答。孔子说:"你为什么不这样说:'他这个人呀,发愤时忘记了吃饭,快乐时忘记了忧愁,不知道衰老将要到来,如此罢了。'"

【注释】

① 叶(shè)公:楚国叶地的地方长官,姓沈,名诸梁,字子高。叶:地名。在今河南叶县南三十里。　② 奚:为什么。　③ 云尔:罢了。尔:同"耳"。

【评述】

本章孔子自述为学求知的勤奋。楚国叶县县尹沈诸梁问子路孔子的为人,子路不回答。子路因何不答,《论语》中没有交代。宋朱熹说:"叶公不知孔子,必有非所问而问者,故子路不对,抑亦以圣人之德,实有未易名言者与。"朱熹对子路为什么不答,从两个方面加以分析:一是叶公问了不该问的问题;二是子路认为自己的知识才具无力说明孔子是怎样一个圣人。当然这是猜测之辞。而孔子则从三个层次解剖自己的为人,重点则在于"好学"。首先,在未得知识以前,好学不厌,几至废寝忘食的地步,可见其学习之刻苦。其次,在已得知识以后,快乐得忘记忧愁,可见其乐道而不忧贫,为人之旷达。其三,努力求学而不知老之将至,可见其自强不息、专志追求的精神风貌。清刘宝楠说:"发愤忘食者,谓好学不厌,乃忘食也。乐以忘忧者,谓乐道不忧贫也。不知老之将至者,言忘身之老,自强不息也。"(《论语正义·

述而第七》)孔子好学之风,令人感动,为人楷模。

子曰:"我非生①而知②之者,好古③,敏④以求之者也。"

【今译】

孔子说:"我不是天生就有知识的人,而是喜爱古代文献,靠勤奋而求得的人。"

【注释】

① 生:天生。 ② 知:知识。 ③ 好古:喜欢古代文献。 ④ 敏:勤奋。

【评述】

本章孔子自言并非生而知之,是学而知之。孔子对学生说:我并不是生来就有的天才,是爱好古代传统,靠勤奋而求得学问。他自己从不认为自己是天才,是生而知之的圣人。但后人却把他说成是天才,是生而知之的。宋尹焞说:"孔子以生知之圣,每云好学者,非惟勉人也。"(《论语集注》卷四)清刘宝楠说:"生知者,不待学而能知也。夫子亦是生知,特以生知为上,谦不敢居,且恐学者自恃聪质,将懈于学,但以学知自承,且以劝勉人也。"(《论语正义·述而第七》)硬把"生而知之"的光环安在孔子头上,而加以牵强附会的解释。他们的说法都是违背孔子本意的。

子不语:怪①、力②、乱③、神④。

【今译】

孔子不谈论怪异、暴力、叛乱、神鬼。

【注释】

① 怪:怪异。 ② 力:暴力。 ③ 乱:叛乱。 ④ 神:神鬼。

【评述】

本章记述孔子不说怪异、暴力、叛乱、神鬼的事。魏王肃说:"怪,怪异也。力,谓若奡荡舟、乌获举千钧之属。乱,谓臣弑君、子弑父。神,谓鬼神之事。或无益于教化,或所不忍言。"(《十三经注疏·述而第一》)在礼崩乐坏,社会动乱的春秋时代,怪、力、乱、神之事必然经常发生。而孔子却不谈论这些,足见其伟大。诚如鲁迅说:"孔丘先生确是伟大,生在巫鬼势力如此旺盛的时代,偏不肯随俗谈鬼神。"(《鲁迅全集》第一卷)

再从孔子整理、编纂的《春秋》来看,他在记载二百四十年史事中,记日蚀、地震、山川、大水、大旱、大雨、雹等灾异一百二十二次,只字不涉神鬼之事。《淮南子·主术》说:"孔子作为《春秋》,不道鬼神。"清刘宝楠说:"《书传》言夫子辨木、石、水、土诸怪,及防风氏骨节专车之属,皆是因人问答之,非自为语之也。至日食、地震、山崩之类,皆是灾变,与怪不同。故《春秋》记之独详。欲以深戒人君,当修德力政,不讳言之矣。"(《论语正义·述而第七》)可见孔子重人事而轻鬼神,重教化而反暴政,是重视解决现实问题的。

子曰:"三人①行,必有我师②焉。择其善者而从之,其不善者而改之。"

【今译】

孔子曰:"几个人在一起走路,一定有我的老师在那里。选择他们好的地方向他们学习,不好的地方,就改正它。"

【注释】

① 三人:几个人。　② 师:老师。

【评述】

本章孔子自述学无常师,择善而从。《集解》魏何晏说:"言我三人行,本无贤愚,择善从之,不善改之,故无常师。"(《十三经注疏·述而第七》)清钱坫《论语后录》说:"《左传》子产曰:'其所善者,吾则行之;其所恶者,吾则改之,是吾师也。'"这是孔子的一句名言,流传至今,仍有强大的生命力。一方面学无常师,向别人学习,取其所长,以提高自己的道德修养;另一方面以别人的错误为戒鉴,吸取教训,不致覆辙。

子曰:"天生德①于予,桓魋②其如予何?"

【今译】

孔子说:"上天赋予我好的品德,桓魋能对我怎么样呢?"

【注释】

① 德:品德。 ② 桓魋(tuí):宋国司马,姓向名魋,因其是宋桓公后代,又称桓魋,曾想杀孔子。

【评述】

本章表现了孔子对自己的抱负、事业充满信心。是孔子受到宋国大司马桓魋的威胁、迫害时所说的一句话。据《史记·孔子世家》载:"孔子去卫过曹,去曹适宋,与弟子习礼大树下。宋司马桓魋欲杀孔子,拔其树。孔子去,弟子曰:'可以远矣。'孔子曰:'天生德于予,桓魋其如予何?'"宋朱熹说:"桓魋欲害孔子,孔子言天既赋我以如是之德,则桓魋其奈我何?"(《论语集注》卷四)表现了孔子在暴力面前临危不惧的无畏精神和对自己的抱负、事业充满必胜的信心。

子曰:"二三子①以我为隐②乎?吾无隐乎尔③!吾无行④而不与二三子者,是丘⑤也!"

【今译】

孔子说:"学生们,你们以为我会有什么隐瞒吗?我没有什么对你们隐瞒呀!我是没有什么行动不告诉你们学生的,这就是我孔丘的为人呀!"

【注释】

① 二三子:学生们。 ② 隐:隐瞒。 ③ 尔:你们。 ④ 行:行动。 ⑤ 丘:孔子的名字。

【评述】

本章孔子表白自己竭尽全力、毫无保留地教诲学生。孔子这番话是针对学生中有人怀疑他的教学有保留而发的。这种误解由何而生,大致有三种说法:一是认为圣人知广道深,弟子学之不能及,以为有所隐。《集解》东汉包咸说:"圣人知广道深,弟子学之不能及,以为有所隐匿。"(《十三经注疏·述而第七》)一是以为夫子以身教,不专以言教,故弟子疑有所隐也。《礼记·学记》注:"夫子以身教,不专以言教,故弟子疑有所隐也。"一是以为孔子因"中人以下,不可语上",学既不及,夫子亦不教,故以为隐也。清刘宝楠说:"中人以下不可以语上也。弟子则疑夫子有所隐匿。"(《论语正义·述而第七》)我们从孔子的解释中,可以看出他毫无保留的诲人不倦的教学态度和融洽的师生关系。

子以四教①:文②,行③,忠④,信⑤。

【今译】

孔子用四种内容教育学生:古代文献,社会实践,忠诚老实,守信遵约。

【注释】

① 四教:四种教育内容。 ② 文:古代文献。 ③ 行:躬行,引申为社会实践。 ④ 忠:忠诚。 ⑤ 信:守信。

【评述】

本章叙述孔子的教学大纲、教学内容。宋邢昺说:"文,谓先王之遗文。行,谓德行,在心为德,施之为行。中心无隐谓之忠,人言不欺谓之信。此四者有形质,故可举以教也。"(《十三经注疏·述而第七》)清刘宝楠说:"文,谓《诗》、《书》、礼、乐,凡博学、审问、慎思、明辨,皆文之教也。行,谓躬行也。中以尽心曰忠,恒有诸己曰信。人必忠信,而后可致知力行,故曰:忠信之人可以学礼。此四者,皆教成人之法。"(《论语正义·述而第七》)这是孔门的弟子对孔子教学大纲、教学内容的概括,总结为文、行、忠、信四字。文是古代文献,行是社会实践,孔子的教学是非常注意社会实践活动的。学习以后,要出仕为官,替社会做事,孔子便着重教育学生忠、信两字。忠诚于事业,取信于朋友,始可立足于社会。

子曰:"圣人①,吾不得②而见之矣;得见君子者,斯③可矣。"子曰:"善人④,吾不得而见之矣;得见有恒者⑤,斯可矣。亡⑥而为有,虚⑦而为盈⑧,约⑨而为泰⑩,难乎有恒矣。"

【今译】
孔子说:"圣人,我不能够见到他们了;能够见到君子,也就可以了。"孔子又说:"善人,我不能够见到他们了;能够见到有恒心的人,也就可以了。本来没有,却装作有;本来空虚,却装作充实;本来穷困,却装作富有;这样的人,很难长期保持好的操守的。"

【注释】
① 圣人:具有最高智慧和道德的人。 ② 得:能、能够。 ③ 斯:就、那么。 ④ 善人:有道德的、良善的人。 ⑤ 有恒者:有恒心、有操守的人。 ⑥ 亡(wú):通"无"。 ⑦ 虚:空虚。 ⑧ 盈:充实。 ⑨ 约:穷困、贫乏。 ⑩ 泰:富有。

【评述】
本章孔子认为求道贵在持之以恒。孔子这番话是有感而发,在孔子心目中的理想人物是尧、舜、文王、周公等圣人,他们"知通乎大道,应变而不穷,能测万物之情性者也。"(《大戴礼·五义篇》)可是这种圣人却看不到了,只好退而求其次,能够看到君子也就可以了。"君子者,人之成名也。"(《礼记·哀公问》)又说:真正的善人,历史上有,我却看不到了。善人是圣人之次者。如果能看到有恒心、有操守、追求仁德的人也就可以了。因为恒心是为君子、为善人、为圣人的出发点和基础,《易·象传》曰:"雷风恒,君子以立不易方。"非有恒,无以为君子,即无由为善人,故有恒为学者始基也。宋朱熹说:"张敬夫曰:'圣人、君子以学言,善人、有恒者以质言。'愚谓有恒者之与圣人,高下固悬绝矣。然未有不自有恒而能至于圣者也。故章末申言有恒之义,其示人入门之德,可谓深切而著明矣。"(《论语集注》卷四)而与有恒者相反,当时存在着"亡而为有,虚而为盈,约而为泰"的三种浮夸不实的学风,所以孔子对之深恶痛绝,提出做一个有恒者来勉励人们。

## 子钓①而不纲②,弋③不射宿④。

【今译】

孔子用鱼竿钓鱼,但不撒网捕鱼,用箭射鸟,但不射归巢歇宿的鸟。

【注释】

① 钓:钓鱼。 ② 纲:网上的大绳,这里指撒网捕鱼。 ③ 弋(yì):用带生丝的箭发射。 ④ 宿:回巢歇宿的鸟。

【评述】

本章记叙孔子具有仁人之心。《集解》汉孔(安国)说:"钓者,一竿钓也。纲者,为大纲。以横绝流,以缴系钓罗属著纲也。弋,缴射也。宿,宿鸟也。"(《十三经注疏·述而第七》)宋洪氏说:"孔子少贫贱,为养与祭,或不得已而钓弋,如猎较如也。然尽物取之,出其不意,亦不为也。此可见仁人之本心矣。待物如此,待人可知,小者如此,大者可知。"(《论语集注》卷四)本章从孔子用竿钓鱼而不用网拉鱼,射鸟而不射宿鸟的小事中,以小见大,体现其仁人之心。

子曰:"盖有不知而作①之者,我无是也。多闻,择其善者而从之;多见而识②之,知之次③也。"

【今译】

孔子说:"大概有一种不懂装懂而凭空著作的人吧,我却没有这种作风。多听,选择其中好的而接受它;多看,并记住它,这样得来的知识,可以说是次于'生而知之'的知识吧。"

【注释】

① 作:著作。　② 识(zhì):记住。　③ 次:次一等、第二等。

【评述】

本章孔子教育人们不能妄作,必须多闻、多见,择善而从,学而知之。《集解》东汉包咸说:"时人有穿凿妄作篇籍者,故云然。"(《十三经注疏·述而第七》)清刘宝楠说:"不知者,不知其义也。无所见闻,必不能作。惟闻见未广,又不能择善而从之、识之,斯于义违失,即为不知而作矣。"(《论语正义·述而第七》)

孔子针对当时有人不了解实际情况,不掌握详细材料,凭主观臆测,穿凿附会去进行创作。所以提出自己决不这样做。鼓励人们多闻、多见,择善而从,充分了解情况,掌握资料后再进行创作。他认为知识是学而知之的,只有多学、善学,才能学得广博的知识,为著作创造条件。他这样说,也这样做,身体力行。如他整理、编纂《春秋》,"分《春秋》十二世为三等,有见、有闻、有传闻。有见三世,有闻四世,有传闻五世。故哀、定、昭君子之所见也。襄、成、宣、文,君子之所闻也。僖、闵、庄、桓、隐,君子之所传闻也。所见六十一年,所闻八十五年,所传闻九十六年。于所见微其辞,于所闻痛其祸,于传闻杀其恩。与情俱也。"(《春秋繁露·楚庄王》)证之于所见所闻,务求其实。又如《春秋》何以始自隐公,"《春秋》何以始乎隐,祖之所逮闻也,所见异辞,所闻异辞,所传闻异辞。"(《公羊传》哀公十四年)是从异闻、异辞比较中作出抉择的。又如孔子对夏礼、殷礼均能言之,但以杞、宋之文献不足,故不能证之。可见孔子从事著作的审慎态度。

互乡①难与言②,童子③见,门人惑。子曰:"与④其进也,不与其退也,唯何甚⑤?人洁己⑥以进,与其洁也,不保⑦其往也。"

【今译】
　　互乡地方的人蛮不讲理,很难同他们交谈,有一个童子被孔子接见,学生们感到疑惑。孔子说:"应该赞成他的进步,不赞成他的退步,何必做得太过分呢?人家把自己的污点洗刷得干干净净要求进步,我们应肯定他勇于清除污点,不要顾及他今后的行动如何。"

【注释】
　　① 互乡:地名,不详所在。　② 难与言:难以与他们对话。　③ 童子:少年。　④ 与:赞成。　⑤ 唯何甚:何必做得太过分呢?　⑥ 洁己:把自己的污点洗刷干净。　⑦ 保:保持,保证。

【评述】
本章表明孔子宽厚待人,鼓励进步。互乡有一童子来求见孔子,孔子接见了他,因互乡人很不讲理,学生们便以偏概全,很不理解。孔子便对他们耐心开导,要满腔热情、宽厚待人,要鼓励其进步,不能促其退步。表现了孔子宽厚待人,鼓励进步的教育思想。关于"不保其往也",有两种解释,一种认为不必去追究其过去的污点。梁皇侃《论语义疏》引顾欢说:"往,谓前日之行也。夫人之为行,未必可一,或有始无终，或先迷后得，故教诲之道，洁则与之，往日之行，非我所保也。"一种认为不必保证其今后的行动如何。东汉郑玄说："人虚己自洁而来，当与之进，亦何能保其去后之行？"(《十三经注疏·述而第七》)两说均可通，然以后说为长。

子曰："仁①远乎哉？我欲②仁，斯仁至矣。"

【今译】
孔子说："仁离开我们很远吗？我想要仁，仁就来到了。"

【注释】
① 仁：仁德。　② 欲：要想、希望。

【评述】
本章孔子认为求仁并不难，只要自己主观努力，肯下工夫，仁就会来到自己身边。《孟子·尽心》说："求则得之，舍则失之，是求有益于得也，求在我者也。"宋朱熹说："仁者，心之德，非在外也。放而不求，故有以为远者。反而求之，则即此而在矣，夫岂远哉？"(《论语集注》卷四)宋程颐说："为仁由己，欲之则至，未有力不足者也。(《二程集·河南程氏经说卷第二》)此章说明修养仁德，在于自己主观努力，肯下工夫，能近取譬，从自身做起，人人均可求仁而得仁。从而解除人们认为仁高不可攀的畏难情绪。

陈司败①问："昭公②知礼乎？"孔子曰："知礼。"孔子退，揖巫马期③而进之，曰："吾闻君子不党④，君子亦党乎？君取⑤于吴，为同姓，谓之吴孟子⑥。君而知礼，孰不知礼？"巫马期以告。子曰："丘也幸，苟⑦有过，人必知之。"

【今译】

　　陈司败问孔子道:"鲁昭公懂得礼吗?"孔子回答说:"懂礼。"孔子走了出去。陈司败向巫马期作了个揖,请他走近自己,然后说:"我听说君子不偏袒人,君子难道亦偏袒人吗?鲁昭公从吴国娶亲,吴国与鲁国是同姓,所以称夫人为吴孟子。鲁昭公如果懂礼,谁不懂礼呢?"巫马期把这些话转告孔子。孔子说:"我真幸运,如果有了过失,人家一定会知道的。"

【注释】

　　① 陈司败:陈国司法长官,即司寇。一说陈司败为人名。② 昭公:鲁国国君姬稠。"昭"是谥号。　③ 巫马期:孔子学生姓巫马,名施,字子期。　④ 党:偏袒。　⑤ 取:同"娶",娶亲。　⑥ 吴孟子:鲁昭公夫人,娶于同姓的吴国,违反同姓不婚原则,故不称吴姬而称吴孟子。　⑦ 苟:如果。

【评述】

本章记述孔子为尊者讳,有意为鲁昭公承担过失。陈司败问昭公是否知礼,孔子是鲁国人,站在鲁国的立场上,理所当然回答"知礼",不能使国君在外国人面前丧失尊严。就鲁昭公来说,有懂礼的一面,据《左传》昭公五年载:"公如晋,自郊劳至于赠贿,无失礼。晋侯谓女叔齐曰:'鲁侯不亦善于礼乎?'"据《左传》昭公二十五年载:"公孙于齐,次于阳州。齐侯唁公于野井。昭公曰:'丧人不佞,失守鲁国之社稷。'"当时人认为鲁昭公知礼。但也有不知礼的一面,如娶于吴,违背了同姓不婚原则。鲁、吴都姓姬,礼:"同姓不婚"。而君娶之,应称吴姬,昭公知娶同姓为非礼,故讳称吴孟子。而陈司败的问恰恰是指昭公娶吴孟子的事。这件非礼之事,孔子心里当然明白。所以当巫马期向他报告陈司败的指责时,孔子欣然接受,承认错误,并认为自己有过而为人所知,乃是人生一件幸运的事。梁皇侃《论语义疏》说:"若使司败无讥,则千载之后,遂承信我言,用昭公所行为知礼,则礼乱之事从我而始,今得司败见非而我受以为过,则后人不谬,故我所以为幸也。"由此也可见孔子坦荡的胸怀。

子与人歌而善,必使反之①,而后和②之。

【今译】

孔子和别人一起唱歌,发现谁唱得好,一定请他再重唱一遍,然后和着他唱。

【注释】

① 反之:再唱一遍。 ② 和:合唱。

【评述】

本章记叙孔子对音乐的情趣。孔子爱好音乐,教学生六艺中列有"乐"一门。清孙奇逢《四书近指》说:"声比于琴瑟谓之歌。"即声音与乐器配合,就叫做歌。据《史记·孔子世家》说:"《诗》三百篇,夫子皆弦歌之,以求合《韶》《武》《雅》《颂》之音。"可见孔子自谱《诗经》乐曲,教学生歌唱。清刘宝楠说:"与人歌,为教弟子乐也。"(《论语正义·述而第七》)说明孔子在教学生唱歌时,如果谁唱得好,就请他重唱一遍,孔子和其他学生都和着他唱。《集解》魏何晏说:"乐其善,故使重歌而后自和之。"(《十三经注疏·述而第七》)由此,体现了孔子教学相长的原则。

子曰:"文①,莫吾犹人也。躬行②君子,则吾未之有得。"

【今译】

孔子说:"书本知识,我大概和别人差不多。作为身体力行的君子,那我做得还不够完善。"

【注释】

①文:文献,指书本知识。　②躬行:亲身实践。

【评述】

本章孔子认为凡事知易行难。这是孔子自谦之辞,认为学习古代文献,掌握知识方面,自己并不落后于人,但在实践圣王之道方面,还远远不能做到。实际是告诉人们知易行难的道理,勉励人们在履行仁道的实践上下工夫。关于"文""莫",有几种解释,有的释为黾勉,认为是燕齐语,即勤奋学习之意。有的释"莫"为无,"文莫",即文不,言文不胜于人。一种以莫为疑问词,意为文或许可以及人。以第三说较合理。

子曰:"若圣与仁①,则吾岂敢?抑②为之不厌,诲人不倦,则可谓云尔已矣。"公西华曰:"正唯③弟子不能学也。"

【今译】

孔子说:"如果说我是圣人和仁人,那么,我怎么敢当?不过,在这方面我是不厌地学习、实践,不倦地教育学生,如此罢了。"公西华说:"这正是我们学生不能做到的。"

【注释】

①圣与仁:圣人与仁人。　②抑:不过、或许。　③正唯:这正是。

【评述】

本章为孔子谈论求道的自谦之辞。《集解》汉孔安国说:"孔子谦不敢自名仁、圣。"(《十三经注疏·述而第七》)在孔子生前,已有人称他为圣人、仁人。但孔子明确提出,说我是圣人、仁人,我是不敢当的。因为我既非圣人,又非仁人。只有两点我还是坚持做到的:一是勤奋地学习、实践,进行自我修养,完善自我;一是不倦地教诲别人。学,持之以恒,教,持之以恒,要坚持做到的确是非常困难的。所以公西华感叹地说:这正是我们做学生的一辈子也做不到的地方。《孟子·公孙丑》说:"子贡问于孔子曰:'夫子圣矣乎?'孔子曰:'圣则吾不能,我学不厌而教不倦也。'子贡曰:'学不厌,知也!教不倦,仁也。仁且智,夫子既圣矣。'"清刘宝楠说:"学不厌、教不倦,即是仁圣。"(《论语正义·述而第七》)可见孔子谦逊的胸怀。

子疾病①,子路请祷②。子曰:"有诸③?"子路对曰:"有之。《诔④》曰:'祷尔于上下神祇⑤。'"子曰:"丘之祷久矣。"

【今译】

孔子病势沉重,子路请求向鬼神祷告。孔子说:"有这种事吗?"子路回答说:"有的。《诔》文上说:'为你向天神地祇祷告。'"孔子说:"如果这样,我早就祈祷过了。"

【注释】

① 疾病:指病重。　② 祷:祈祷。向神祈福。　③ 有诸:有这种事吗?　④《诔》(lèi):一种向神鬼祈祷的文体。　⑤ 神祇(qí):天神和地神。祇:地神。

【评述】

本章记叙孔子不迷信鬼神思想。孔子得了重病,忠诚于孔子的子路急得向鬼神祈祷,希望得到鬼神的保佑,使孔子转危为安。孔子是不相信神鬼会治病的,但为了不辜负子路一番好意,只好托辞说,我已经祈祷过了,以慰子路之心。实际这话的反面是说,鬼神的事、生死的事,都不是这样简单的,不是祈祷就能解决的,表现了孔子不迷信鬼神的思想。

子曰:"奢①则不孙②,俭则固③。与其不孙也,宁固。"

## 【今译】

孔子说:"奢侈,就会傲慢而不谦逊,节俭,就会显得寒伧。与其傲慢而不谦逊,毋宁固陋寒伧。"

## 【注释】

① 奢:奢侈。　② 孙:同"逊"。谦逊。　③ 固:寒伧、固陋。

## 【评述】

本章孔子认为奢、俭都不合于中庸之道,而奢侈较固陋害处更大。清刘宝楠说:"礼贵得中,奢则过礼,而有僭上之失,俭但不及乎礼,无他失也。"(《论语正义·述而第七》)据《世说新语》载:"石崇与王恺争豪,并穷绮丽,以饰舆服。武帝,恺之甥也,每助恺,尝以一珊瑚树高二尺许赐恺。枝柯扶疏,世罕其匹。恺以示崇,崇视讫,以铁如意击之。应手而碎。恺既惋惜,又以为疾己之宝,声色甚厉。崇曰:'不足恨,今还卿。'乃命左右悉取珊瑚树。有三尺、四尺,条干绝世,光彩溢目者六七枚。如恺许比甚众,恺惘然自失。"又据同书云:"和峤性至俭,家有好李。王武子求之,与不过数十。"在孔子看来,奢与俭都有缺陷,奢往往会骄纵僭上,俭往往会固陋吝啬。过与不及,两者都不符合中庸之道,不合于礼,最好是既不奢侈,也不俭约,恰到好处。但在不能做到这一点时,孔子主张宁俭而弗奢。

子曰:"君子坦荡荡①,小人长戚戚②。"

## 【今译】

孔子说:"君子襟怀坦白,舒畅宽广;小人患得患失,经常忧戚。"

## 【注释】

① 坦荡荡:襟怀坦白的样子。　② 戚戚:忧愁不安的样子。

【评述】

孔子再次论述君子与小人不同的胸襟。东汉郑玄说:"坦荡荡,宽广貌;长戚戚,多忧惧。"(《十三经注疏·述而第七》)宋邢昺说:"君子内省不疚,故貌坦荡;小人好为咎过,故多忧惧。"(同上)梁皇侃《论语义疏》引江熙说:"君子坦而夷任,荡然无私;小人驰竞于荣利,耿介于得失,故长为愁府也。"(同上)孔子用简练的语言、对仗的句式,描写了君子与小人的内心世界。君子一心为公,故胸怀宽广,舒畅和平;小人一心为私,故患得患失,忧虑重重。后世形成为一句思想格言。

子温①而厉②,威③而不猛④,恭⑤而安⑥。

【今译】

孔子温和而严厉,威严而不凶猛,庄重而安详。

【注释】

①温:温和。 ②厉:严厉。 ③威:威严。 ④猛:凶猛。 ⑤恭:庄重。 ⑥安:安详。

【评述】

本章记叙孔子的仪容风度。宋邢昺说:"孔子体貌温和而能严正,俨然人望而畏之,而无刚暴,虽为恭孙而能安泰。"(《十三经注疏·述而第七》)这是孔子的弟子们对孔子内心的学问修养表达于外的仪容风度的描述:有庄严的温和,有威仪而不凶猛,永远安详而恭敬,表现出一派中和的气象。

# 泰伯第八

【解题】

本篇共二十一章。编者取本篇首章"子曰:'泰伯,其可谓至德也已矣'"一句中的"泰伯"二字为篇名。其中,记孔子直接论述十六章,记曾子论述五章。

本篇可以看成是《为政》的续篇,围绕如何为政的问题开展论述,讲清了以下几个观点:

(1) 为政必须以尧、舜、禹、文、武为榜样,为政以德,实行仁政。本篇以赞美泰伯之德为开头,以赞美尧、舜、禹、文、武之仁政为结尾,实质是替为政者提出了榜样和模式,供他们采择、效法。

(2) 指出为政者必须加强自身的学问、道德修养,具有高尚的思想品质、道德情操。如处事谨慎,谦逊好学,可以寄百里之命,临大节而不可夺也。

(3) 为政必须勤政、爱民、得贤,并应注意方法。如君子笃于亲,而民兴于仁;仁以为己任;兴于诗、立于礼、成于乐;卑宫室而尽力乎沟洫,为人民造福。如舜有臣五人而天下治,武王有治乱之臣十人,为政者必须得天下英才而用之。还应注意方法。如民可使由之,不可使知之;危邦不入,乱邦不居;好勇疾贫乱也,人而不仁,疾之已甚,乱也;不在其位,不谋其政,等等。如果能做到以上几个方面,则具有礼让仁孝之德,贤人君子之风,爱民任贤之政,为政也就不难了。

子曰:"泰伯①,其可谓至德②也已矣。三以天下让,民无得而称焉。"

【今译】

孔子说:"泰伯的道德,可以说是最高尚的了。多次将王位让给三弟季历,人民不知该怎样来赞美他。"

【注释】

① 泰伯:亦作太伯。周朝祖先古公亶父的长子,为了让位给幼弟季历,以便将来让周文王接任,便与二弟仲雍逃到勾吴,成为吴国的始祖。　② 至德:最高尚的道德。

【评述】

本章孔子赞美泰伯辞让王位的至高无尚的德行。据《史记·周本纪》载:"古公有长子曰泰伯,次曰虞仲。太姜生少子季历,季历娶太任,皆贤妇人,生昌有圣瑞。古公曰:'我世当有兴者,其在昌乎?'长子太伯、虞仲知古公欲立季历以传昌,乃二人亡如荆蛮,文身断发,以让季历。"《论衡·四讳》说:"太伯入吴,采药,断发文身,以随吴俗。太王薨,太伯还。王季辟主,太伯再让。王季不听,三让,曰:'吾之吴越,吴越之俗,断发文身,吾刑余之人,不可为社稷宗庙之主。'王季知不可,权而受之。"吴泰伯三让王位,孔子称之为至德,即德之至极。孔子生活在诸侯兼并,争王夺位连续不断的春秋时期,人民沦于水深火热之中,其罪恶之源在于王位的争夺。孔子对此深恶痛绝,所以对禅让王位的泰伯,尧、舜、伯夷、叔齐都给以很高的评价,他们"弃天下如敝屣,薄帝王而不为",保持高尚的道德情操,够得上"仁人""至德"的称号。

关于泰伯的三让,有几种说法。一种认为泰伯逃走一让;太王薨,太伯还,王季辟主,太伯再让;王季不听,泰伯三让(见王充《论衡·四讳》)。一种认为不立,一让也;逃之,二让也;文身,三让也(见程颐《二程集·河南程氏经说卷第六》)。一种认为弃太子位为一让,不赴丧为二让,不养仲雍子为己后为三让(见晋孙盛《三让论》)。关于泰伯因何让国也有二说:一曰,因季历贤,又生子昌,必有天下,故让位季历,使文王继嗣(见《史记·周本纪》)。一曰:泰伯之让,是不赞成太王有翦商之志。"泰伯之志,却不是如此。只见太王有翦商之志,自是不合他意,且度见自家做不得此事,便掉了去。《左传》谓'泰伯不从,是以不嗣',即是不从太王翦商事耳。"(《朱子语类·论语十七》)

子曰:"恭①而无礼则劳②,慎而无礼则葸③,勇而无礼则乱,直而无礼则绞④。君子笃⑤于亲,则民兴于仁;故旧⑥不遗,则民不偷⑦。"

【今译】

孔子说:"恭敬而不以礼节制,就会劳苦;谨慎而不以礼节制,就会畏葸;勇敢而不以礼节制,就会盲动;直率而不以礼节制,就会尖刻伤人。君子忠诚地对待亲人,人民就会兴起仁风;君子不遗弃故人旧友,人民之间就不会冷漠无情。"

【注释】

① 恭:恭敬。这里指表面一味恭顺。　② 劳:劳累、劳苦。　③ 葸(xǐ):胆小、害怕、畏缩。　④ 绞:说话尖刻、出口伤人。　⑤ 笃(dǔ):忠诚、感情深厚。　⑥ 故旧:故人、旧友。　⑦ 偷:淡薄,感情淡薄。

【评述】

本章孔子教育为政者以礼治国的原则、方法。大而言之,是讲政治领导,小而言之,是讲个人修养的道理。本章旧说上下文不相属,宜别为一章。而各本均合为一章。宋朱熹在《论语集注》中说:"吴氏曰:'君子以下自当为一章,乃曾子之言也。'愚按此一节,与上文不相蒙,而与首篇慎终追远之意相类,吴说近是。"朱熹是主张分为二章的,但他在《论语集注》中仍合为一章(《论语集注》卷四)。

前一部分讲以礼治国的原则,突出礼的重要性。"正义曰:恭慎勇直,皆德行之美,然无礼犹不可行。"(《十三经注疏·泰伯第八》)《曲礼》说:"道德仁义,非礼不成",又说:"人有礼则安,无礼则危。故曰:礼者,不可不学也。"宋朱熹说:"无礼,则无节文,故有四者之弊。"(《论语集注》卷四)他们都说明恭、慎、勇、直是好的品质,为国者必须具备,但做得过了头,没有礼加以节制,便会产生劳、葸、乱、绞的流弊。至于以礼节制,实质是要行中庸之道,做得无过无不及。为国以礼,这是为政者或个人修养时都必须首先掌握的。

下一部分讲以礼治国的方法。《集解》东汉包咸说:"兴,起也。君能厚于亲属,不遗忘其故旧,行之美者,则民皆化之,起为仁厚之行,不偷薄。"(《十三经注疏·泰伯第八》)《毛诗·伐木序》说:"自天子至于庶人,未有不须友以成者。亲亲以睦,友贤不弃,不遗故旧,则民德归厚矣。"为政者身体力行从亲亲之义出发,兴民于仁,导致整个社会风气趋于仁爱、和谐。从不遗故旧出发,一方面不忘记老朋友、老前辈,一方面不忘记传统,进行教化,导致民德归厚。

曾子有疾,召门弟子①曰:"启②予足!启予手!《诗云》:'战战兢兢③,如临④深渊,如履⑤薄冰。'而今而后,吾知免⑥夫!小子!"

【今译】

曾参病危,召集学生到床前说:"看看我的脚!看看我的手!《诗经》上说:'小心啊!谨慎啊!就像面临深渊,就像踩着薄冰。'从今以后,我知道可以免于刑戮、灾祸了。学生们啊!"

【注释】

① 门弟子:古代学生称弟子,再传弟子以下则称门人。这里门人与弟子连用,泛指学生。　② 启:看、视。《说文》作"晵,视也"。　③ 战战兢兢:小心谨慎而内心惧怕的样子。　④ 临:面临、面对。

⑤ 履:步行。　⑥ 免:避免。

【评述】

本章曾子教导人们要爱护身体;要坚持修身,谨慎处世。《孝经》说:"身体发肤,受之父母,不敢毁伤。"《大戴礼·曾子大孝》说:"乐正子春下堂而伤其足,伤瘳,数月不出,犹有忧色。门弟子问曰:'夫子伤足瘳矣,数月不出,犹有忧色,何也。'乐正子春曰:'吾闻之曾子,曾子闻之夫子曰:"天之所生,地之所养,人为大矣。父母全而生之,子全而归之,可谓孝矣。不亏其体,可谓全矣。"故君子顷步不敢忘也。今予忘夫孝之道矣,予是以有忧色也。'"

曾参是颜渊死后,孔子之道的直接继承者,在整理、编集《论语》时有其弟子参加,所以称曾参曰"子"。本章注家都认为是记述曾子临终时对学生的嘱咐,要他们看看自己的手足是否完全,认为人的身体发肤是受之父母,应该加以爱惜,死了之后,可以安心地说:自己将免于罪祸,免于毁伤身体,全尸而归。爱身行道是儒家的重要思想,曾子是孔门大孝子,对于身体发肤是要爱护的。但从曾子对学生战战兢兢,临深履薄的嘱咐中,可能还有一层意思,他教育学生要谨慎为人处世,以免误蹈法网。

曾子有疾,孟敬子①问之。曾子言曰:"鸟之将死,其鸣也哀;人之将死,其言也善。君子所贵乎道②者三:动容貌,斯远暴慢③矣;正颜色,斯近信④矣;出辞气⑤,斯远鄙倍⑥矣。笾豆之事⑦,则有司⑧存。"

【今译】

曾子病危,孟敬子来探望他。曾子对他说:"鸟将要死去的时候,它的叫声是悲哀的;人将要死去的时候,他的话是善意的。君子应该重视的道德有三个方面:严肃自己的容貌,就能避免粗暴和放肆;端正自己的脸色,就能使人信任你;说话时注意言辞温和,就能避免粗野和谬误。至于祭祀礼仪方面的事,自有主管部门的官吏负责。"

【注释】

① 孟敬子:鲁国大夫仲孙捷。　② 道:准则、原则。　③ 暴慢:粗暴无礼、懈怠侮慢。　④ 信:信任。　⑤ 辞气:语言和声调。　⑥ 鄙倍:粗野、错误。倍,同"背"。　⑦ 笾(biān)豆之事:指代祭祀礼仪。笾豆:祭祀时装祭品的器皿。笾用竹制,豆用木制。　⑧ 有司:主管部门的官吏。

【评述】

本章曾子用比喻方法教育孟敬子要从修身入手,以礼治国,要抓大事,不要拘泥于小事。曾子用鸟死鸣哀,比喻人死言善,希望孟敬子能听从善言。《集解》东汉包咸说:"欲戒敬子,言我将死,言善可用。"(《十三经注疏·泰伯第八》)接着曾子说了君子所贵的道包括三个方面,这个道,实际是指礼。东汉郑玄说:"此道谓礼也。"(同上)君子修身行礼,以礼治国,要有三方面的修养。"动容貌,斯远暴慢矣",是从学问修养入手,慢慢改变自己的仪态、风度,培养谦和安详的气质。"正颜色,斯近信矣",是从内心修养出发,改变自己的气质、对人的态度,取信于人。"出辞气,斯远鄙倍矣",是从学行修养入手,出言吐语,就不致粗鲁鄙陋了。东汉包咸说:"动容貌,能济济跄跄,则人不敢暴慢之也;正颜色,能矜庄严栗,则人不敢欺诈之也;出辞气,能顺而说,则无恶戾之言入于耳也。"(《十三经注疏·泰伯第八》)这三者,总起来是一个"礼"字,从自身修养而得礼,以礼来治国。宋朱熹说:"言道虽无所不在,然君子所重者,在此三事而已。"(《论语集注》卷四)宋程子曰:"动容貌,举一身而言也,正颜色,则不妄,出辞气,正由中出。三者正身而不外求。"(同上)

最后曾子教育孟敬子要抓大事,抓原则,不要抓小事,抓细节。这是有针对性的。东汉包咸说:"敬子忽大务小,故又戒之以此。"(《十三经注疏·泰伯第八》)汉文帝时,陈平为相,文帝问每年钱谷出入,陈平回答"有主者",意思是我为相,只抓大事,小事由主管部门去管。事见《史记·陈丞相世家》。宋尹氏说:"曾子盖以修己为为政之本,若乃器用事物之细,则有司存焉。"(《论语集注》卷四)《说苑·修文》说:"曾子有疾,孟仪往问之。曾子曰:'鸟之将死,必有悲声,君子集大辟,必有顺辞。礼有三仪,知之乎?'对曰:'不知也。'曾子曰:'来,吾语汝。君子修礼以立志,则贪欲之心不来;思礼以修身,则怠惰慢易之节不至;修礼以仁义,则忿争暴乱之辞远。若夫置尊俎,列笾豆,此有司之事也。君子虽不能,可也。'"参照来看,曾子教育孟敬子重视修身明礼,以礼治国,抓原则而不抓小节。这些对于修身治国者都有启发作用。

曾子曰:"以能①问于不能,以多问于寡;有若无,实若虚;犯②而不校③。昔者吾友④尝从事于斯矣。"

【今译】

曾子说:"自己有才能却向没有才能的人请教,自己有丰富知识,却向知识贫乏的人请教;有学问看来却似没有学问,知识充实看来却似空虚贫乏。别人冒犯他,他也不计较。从前我的一位朋友,曾经这样做到了。"

【注释】

① 能:才能。　② 犯:冒犯。　③ 校:计较。　④ 吾友:我的朋友。大概指颜渊。

【评述】

本章曾子追怀颜渊为学、做人的美德,以此来教育、勉励学生。《中论·虚道》说:"人之为德,其犹虚器欤!器虚则物注,满则止焉。故君子常虚其心志,恭其容貌,不以逸群之才,加乎众人之上。视彼犹贤,自视犹不足也,故人愿告之而不倦。"颜渊是孔门第一弟子,孔子独许他好学,其德行、其学问深为曾子所折服。在本章中曾子赞扬颜渊五方面的品德。第一是能向不如自己的人请教,集思广益,谦逊为学。第二是能向知识不如自己渊博的人请教,不耻下问,虚心求教。第三是学问渊博而在待人处世上显得平常,好像什么都不懂,虚怀若谷。第四是内涵深厚,表面看起来空洞而普通。第五是对人宽恕,能容忍。不如他的人侵犯他,从不计较、记恨。这五点看似容易,实在是很难做到的,其中心是谦虚谨慎,不耻下问,而颜渊却做到了。所以曾子借此以教育、勉励学生。

曾子曰:"可以托六尺之孤①,可以寄百里之命②,临大节③而不可夺也。君子人与?君子人也。"

【今译】

曾子说:"可以把幼小的孤儿托付给他,可以把国家的命运寄托在他身上,遇到生死存亡关头而不屈服变节。这种人是君子吗?这种人真是君子呀!"

【注释】

① 六尺之孤:幼小的国君。六尺:古代指小孩。古代尺短,约合今一百三十八厘米。 ② 百里之命:指国政。百里,指诸侯国。 ③ 大节:指国家安危存亡的大事。

【评述】

本章曾子论述君子的标准。怎样的人才算是君子?这里所指的君子是在上位、有道德的人。曾子认为应该具备两个条件。首先要有才能,可以"托六尺之孤",辅佐幼主。像周公辅成王一样。可以"寄百里之命",像诸葛亮执掌蜀国国政一样。第二要有节操,"临大节而不可夺",遇到国家生死存亡的紧急关头,不为威屈,不为利诱,能以身殉职,杀身成仁。像文天祥宁死不屈,舍生取义一样。具有这样的才能和气节的人,可以说是君子了。

曾子曰:"士①不可以不弘毅②,任重而道远。仁③以为己任,不亦重乎?死而后已,不亦远乎?"

【今译】
　　曾子说:"读书人不可以不胸怀宽广而意志刚强。他们任务重大而道路遥远。把实行仁德作为自己的责任,这个责任不也是很沉重吗?奋斗到死才停止,这个历程不也是很遥远吗?"

【注释】
　　① 士:读书人。　② 弘毅:胸怀宽广,意志坚强。　③ 仁:指实现仁德。

【评述】
本章曾子论述士求仁的要求。曾子提出"弘毅"两字作为士求仁的要求。春秋时的士一般是指知识分子,肩负着履行仁德的任务。《白虎通·爵》说:"士者,事也,任事之称也。"就是说士当前虽然没有做官,以后或许会出仕而任事,治国安民,推行仁德。这样必须具备两个条件:一是要"弘",就是要有宽广的胸襟,宏大的气度,目光远大而包容一切;一是要"毅",就是要有坚强的意志,不拔的毅力,果敢的决断,目光犀利而处事利索。有了这两个条件再持之以恒,死而后已,或许就可以达到仁的境界而称为君子了。诚如宋朱熹说:"弘,宽广也;毅,强忍也。非弘不能胜其重,非毅无以致其远。仁者,人心之全德,而必欲身体而力行之,可谓重矣。一息尚存,此去不容少懈,可谓远矣。"(《论语集注》卷四)

子曰:"兴①于诗,立于礼,成于乐②。"

【今译】

孔子说:"诗歌使我修身,礼仪使我立身,音乐使我事业成功。"

【注释】

① 兴:振奋。起其明辨善恶之心。　② 乐:音乐。

【评述】

本章孔子提出修身、为学、成事的三个阶段。孔子认为个人的修身、为学、成事必须经过学诗、学礼、学乐三个阶段。所以他把这三者作为教学内容,教育学生。

"兴于诗",先要学诗立志,兴起其明辨是非,好善恶恶之心。东汉包咸说:"兴,起也。言修身当先学诗也。"(《十三经注疏·泰伯第八》)梁皇侃《论语义疏》引江熙说:"览古人之志,可以发其志也。"宋朱熹说:"诗本性情,有邪有正,其为言既易知,而咏吟之间,抑扬反复,其感人又易入。故学者之初,所以兴起其好善恶恶之心而不能自已者,必如此而得之。"(《论语集注》卷四)

"立于礼",要求学礼以立身。为人处世,以礼为准绳,不为外物所诱惑。东汉包咸说:"礼者,所以立身也。"(《十三经注疏·泰伯第八》)《韩诗外传》说:"凡用心之术,由礼则理达,不由礼则悖乱。饮食衣服,动静居处,由礼则和节,不由礼则垫陷生疾。容貌态度,进退趋步,由礼则雅,不由礼则夷固。"宋朱熹说:"礼以恭敬辞逊为本,而有节文度数之详,可以固人肌肤之会,筋骸之束,故学者之中,所以能卓然自立而不为事物之所摇夺者,必于此而得之。"(《论语集注》卷四)

最后"成于乐",要求以乐陶冶心情,荡涤邪恶而成事。东汉包咸说:"乐所以成性也。"(《十三经注疏·泰伯第八》)《礼记·乐记》说:"是故先王本之性情,稽之度数,制之礼义,合生气之和,道五行之常,使之阳而不散,阴而不密,刚气不怒,柔气不摄,四畅交于中而发作于外,皆安其位而不相夺也。"宋朱熹说:"乐有五声十二律,更唱迭和,以为歌舞八音之节,可以养人之性情,而荡涤其邪秽,消融其渣滓,故学者之终,所以至于义精仁熟,而自和顺于道德者,必于此而得之,是学之成也。"(《论语集注》卷四)这三项内容,环环相扣,交替为用,达到为学、修身、成事的目的。

子曰:"民可使由之①,不可使知之②。"

【今译】

孔子说:"老百姓可以让他们遵从我们指导的道理去做,不必要让他们懂得为什么要这样做。"

【注释】

① 由之:使他按照指示的道理做。　② 知之:使他们知道为什么的道理。

【评述】

本章孔子论述如何对待民的问题。这一章历来争论较大,关键在对"民"字的理解上。一种认为"民"是奴隶。如近人赵纪彬《论语新探》说:民是奴隶,人是奴隶主。孔子是代表奴隶主利益的思想家,他诲的是人,而对奴隶便是教,军事训练。言下之意是孔子搞愚民政策。"五四运动"时这句话成了孔子的罪状之一。清康有为、梁启超出来为孔子辩护,说孔子绝对民主,不搞愚民政策,只是这两句话的句逗错了,应该是:"民可使,由之。"老百姓知识高了,可以公开选择投票,给他们政治自由。"不可使,知之。"老百姓知识水平不够,就"知之",教育他、训练他。一种认为民是庶人、老百姓,民与人是一致的,因避唐讳而改。"'民'之作'人'当是仲达避唐讳,非必《鲁论》异文也。"(近人程树德《论语集释》转引潘氏《集笺》)一种认为"民"通"瞑",指无知者。汉董仲舒《春秋繁露·深察名号篇》说:"民者,瞑也,民之号取之瞑也。"《书·多士序》"迁逸民"。郑玄注:"民,无知之称。"一种认为民指孔子七十名高才生以外的弟子,即弟子中的后进者。清刘宝楠说:"愚谓上章是夫子教弟子之法",此"民"亦指弟子。按一般解释民指老百姓,庶人。孔子曾说过"唯上智与下愚不移""中人以上,可以语上也,中人以下,不可以语上也"的话,这种人就是中人以下,下愚之人,对于这种人孔子主张叫他们跟着做就是,不必让他们知道很多道理。宋程颐说:"民可使之由是道,不能使之皆知也。"(《二程集·河南程氏经说卷第六》)宋程子说:"圣人设教,非不欲家喻而户晓也,然不能使之知,但能使之由之尔,若曰圣人不使民知,则是后世朝三暮四之求也,岂圣人之心乎?"(《论语集注》卷四)由此看来,把民看成是老百姓,即下愚之人,可以让他们按指挥员的意志办事,但不必使他们懂得更多的道理,这是符合孔子原意的。由此体现了孔子鄙视劳动人民的思想。

子曰:"好勇疾①贫,乱②也。人而不仁③,疾之已甚,乱也。"

【今译】
　　孔子说:"喜欢勇武而厌恶贫穷,这是产生祸乱的根源。对于不仁的人,痛恨他们太过分了,也会导致祸乱。"

【注释】
　　① 疾:厌恶。　② 乱:祸乱、作乱。　③ 不仁:没有仁德。
④ 已甚:太过分。

【评述】
本章孔子论述造成祸乱的两种原因以及解决措施。梁皇侃《论语义疏》说:"好勇之人,患疾己之贫者必将为逆乱也。人若本性不仁,则当以礼孙接,不可深疾之,若疾恶太甚,亦使为乱也。"宋朱熹说:"好勇而不安分,则必为乱。恶不仁之人而使之无所容,则必致乱。二者之心善恶虽殊,然其生乱则一也。"(《论语集注》卷四)孔子针对当时导致社会动乱的原因指出:一是"好勇疾贫"。喜欢勇武而不安于贫困的人,当生活发生困难时将会铤而走险,发动叛乱。二是"人而不仁,疾之已甚"。就是对不仁的人,若一味责怪怨恨,使之无地自容,失去信心,将会产生逆反心理,导致暴乱。原因找出来了,如何解决呢?必须对他们加强教育,提高他们的道德品质修养,让他们能用礼来约束自己。《后汉书·郭泰传注》:"不仁之人,当以风化之,若疾之甚,是益使为乱也。"

子曰:"如有周公之才之美,使骄且吝①,其余不足观②也已。"

【今译】

孔子说:"如果有周公那样完美的才能,只要他骄傲和吝啬,别的地方就不值得一看了。"

【注释】

① 吝:吝啬。　② 不足观:不值得一看。

【评述】

本章孔子针砭骄傲吝啬之人。《韩诗外传》:"周公践天子之位七年,布衣之士,所贽而师者十人,所友见者十二人,穷巷白屋,所先见者四十九人,时进善百人,教士千人,官朝者万人。当此之时,诚使周公骄而且吝,则天下贤士至者寡矣。成王封伯禽于鲁,周公诫之曰:'往矣,子无以鲁国骄士。吾文王之子,武王之弟,成王之叔父也,又相天子,吾于天下亦不轻矣。然一沐三握发,一饭三吐哺,犹恐失天下之士。吾闻德行宽裕,守之以恭者荣,守之以俭者安;禄位尊盛,守之以卑则贵;人众兵强,守之以畏者胜;聪明睿智,守之以愚者善;博闻强记,守之以浅者智。夫此六者,皆谦德也。'"《逸周书·寤敬》:"周公曰:'不骄不吝,时乃无敌。'"梁皇侃《论语义疏》引王弼说:"人之才美如周公,设使骄吝,其余无可观者,言才美以骄吝弃也。况骄吝者必无周公才美乎？设无设有,以其骄吝之鄙也。"(《十三经注疏·泰伯第八》)宋程子说:"此其言骄吝之不可也。盖有周公之德,则自无骄吝。若但有周公之才而骄吝焉,亦不足观矣。"(《论语集注》卷四)本章孔子针对当时恃才骄人的现实,告诫人们,即使有周公之才,而无周公之德,使骄且吝,是不足取的,鼓励人们不骄不吝,谦虚下士,成为一个德才兼备的人。

子曰:"三年学,不至①于谷②,不易得也。"

【今译】

孔子说:"读书三年,不想到做官,这种人是不容易得到的。"

【注释】

① 至:想到。　② 谷:小米。这里指做官得俸禄。

【评述】

本章孔子赞美努力学习而不想为官的人,激励人们一心向学,提高道德修养。在我国古代,"学而优则仕"是一种风尚。三年一大比,选拔贤能,使之任官得禄。《周礼·乡大夫职》:"三年则大比,考其德行道艺,而兴贤者、能者。""使民兴贤,出使长之;使民兴能,入使治之。"即使像孔子的高才生子张,也曾向孔子问过干禄之事。学习为了做官,已是司空见惯,学习而不求做官,则是很少的,漆雕开则是其中之一。孔子赞美学习而不想为官者的高尚品德,目的是鼓励人们专心向学,提高仁德的修养,不汲汲于仕进。

子曰:"笃①信好学,守死善道②。危邦不入,乱邦不居。天下有道则见③,无道则隐。邦有道,贫且贱焉,耻也;邦无道,富且贵焉,耻也。"

【今译】

孔子说:"坚定信念,勤奋学习,誓死固守完美的大道。不进入危险的国家,不居住动荡的国家。天下太平,就出来做官,天下不太平,就隐退。国家太平,自己贫穷而且卑贱,这是耻辱;国家不太平,自己富有而且尊贵,这也是耻辱。"

【注释】

① 笃:坚定。 ② 守死善道:誓死固守完美的大道。 ③ 见(xiàn):通"现"。出现,指出来做官。

【评述】

本章孔子教人专心向学,持守正道。孔子分三层意思叙述。首先"笃信好学,守死善道。"教人力学守道。东汉包咸说:"言行当常然。"(《十三经注疏·泰伯第八》)梁皇侃说:"此章教人立身法也。宁为善而死,不为恶而生,故云守死善道。"(同上)宋朱熹说:"笃,厚而力也。不笃信则不能好学,然笃信而不好学,则所信或非其正。不守死则不能以善其道,然守死而不足以善其道,则亦徒死而已。盖守死者,笃信之效;善道者,好学之功。"(《论语集注》卷四)孔子所说之道,是修身治国之道,这就是善道。如何持守呢? 持道与笃学分不开的,笃学而求道,持道而力学,两者互为因果,相互促进。

其次是教人如何行道。有了正道,必须实行,但实行要看时机。孔子告诫人们,不入危乱之邦,有道则进,无道则退,视是否有道为转移。东汉包咸曰:"危邦不入,谓始欲往也。乱邦不居,今欲去也。臣弑君,子弑父,乱也。危者,将乱之兆也。"(《十三经注疏·泰伯第八》)宋朱熹说:"君子见危授命,则仕危邦者无可去之义,在外则不可入也。乱邦未危,而刑政纲纪纹矣,故洁其身而去之。天下,举一世而言,无道则隐其身而不见也。此惟笃信好学,守死善道者能之。"(《论语集注》卷四)

最后教人如何处世。《列女传·柳下惠妻》说:"君子有二耻,国无道而贵,耻也。国有道而贫,耻也。"宋朱熹说:"世治而无可行之道,世乱而无能守之节,碌碌庸人,不足以为士矣,可耻之甚也。"(《论语集注》卷四)清刘宝楠说:"邦有道,是必贤者多在上位,若己贫贱,嫌于己之道未善,故君子耻之。邦无道,是必在位无贤者,或贤者不得施其用,若己富贵,嫌于以道徇人,故君子耻之。耻之者,耻其失隐见之正而不能善道也。"(《论语正义·泰伯第八》)为人处世必须循道而行。

子曰:"不在其位①,不谋②其政。"

【今译】

孔子说:"不处在那个职位上,就不要干预那个政务。"

【注释】

① 位:职位。 ② 谋:谋划。这里指干预。

【评述】

本章孔子教人守礼,不越职侵官。曾子说:"君子思不出其位。"《礼记·中庸》说:"君子素其位而行,不愿乎其外。""在上位,不陵下,在下位,不援上。"孔子这句话是对有职分的在位人而说的。设官分职,各有所司,不要越职而去干预别人的事,否则就是侵官,就会致祸。清林希元《四书存疑》:"此只是不相侵越职分之意。谋是谋欲为之也,故不可。"如晋国阳处父,由于越职侵官而遭杀身之祸。据《左传》文公六年载:"晋守于夷,舍二军。使狐射姑将中军,赵盾佐之。阳处父至自温,改蒐于董,易中军。阳子,成季之属也,故党于赵氏。且谓赵盾能。曰:'使能,国之利也。'是以上之,宣子于是乎始为国政。贾季(狐射姑)怨阳子之易其班也,九月,贾季使续鞫居杀阳处父。书曰:'晋杀其大夫',侵官也。"所以孔子教育居官者,不在其位而谋其政,将会致祸。

子曰:"师挚①之始,《关雎》之乱②,洋洋③乎盈耳④哉!"

【今译】
　　孔子说:"从太师挚的演奏开始,到《关雎》结束的一段合奏,盛大而美妙的乐声,充满了我的耳朵!"

【注释】
　　① 太师挚(zhì):鲁国的乐师,名挚。　② 乱:乐曲结束前的一段合唱或合奏。　③ 洋洋:盛大的样子。　④ 盈耳:充满耳朵。

【评述】
　　本章孔子赞美《关雎》正乐之美妙。《乐记》说:"凡乐之大节,有歌有笙,有间有合,是为一成。始于升歌,终于合乐,是故升歌谓之始,合乐谓之乱。"(《论语正义·泰伯第八》)孔子对音乐十分爱好,常发表评论。这是他听了鲁太师演奏《关雎》乐章后发出的、出自内心的叹美。


子曰:"狂①而不直,侗②而不愿③,悾悾④而不信,吾不知之矣。"

【今译】
　　孔子说:"狂妄而不正直,幼稚而不老实,表面诚恳而不讲信用,这种人,我就不了解他们了。"

【注释】
　　① 狂:高傲的狂士。　② 侗(tóng):幼稚。　③ 愿:谨慎老实。　④ 悾悾(kōng):表面诚恳的样子。

【评述】
　　本章孔子指出不可理解的、违反常态的三种类型的人。第一种人是"狂而不直"。汉孔安国说:"狂者进取,宜直。"(《十三经注疏·泰伯第八》)但他却不直。第二种人是"侗而不愿"。汉孔安国说:"侗,未成器之人,宜谨愿。"(同上)但他却不老实。第三种人是"悾悾而不信"。东汉包咸说:"悾悾,悫也,宜可信。"(同上)但他却不守信用。这种优点与缺点截然相反而统一于一身的情况,孔子感到不可理解。清刘宝楠说:"狂者当直,侗者当愿,悾悾者当信,此常度也。今皆与常度反,故不能知之。"(《论语正义·泰伯第八》)宋朱熹说:"侗,无知貌,愿,谨厚貌,悾悾,无能貌。吾不知之者,甚绝之之辞,亦不屑之教诲也。"(《论语集注》卷四)宋苏氏说:"天之生物,气质不齐。其中材以下有是德必有是病,有是病必有是德,故马之蹶蹄者必善走,其不善走者必驯。有是病而无是德,则天下之弃才也。"(同上)孔子的这番话,或许是对弟子中不堪造就的某些人而发的,指出他们集优点与缺点于一身。

子曰:"学如不及①,犹②恐失之。"

【今译】
　　孔子说:"追求学问好像永远赶不上,学到了一点知识还担心失去。"

【注释】
　　① 不及:赶不上。　② 犹:还。

【评述】
本章孔子教人懂得学无止境的道理,不断下苦功夫追求。宋邢昺说:"学自外入,至熟乃可长久,故劝学汲汲如不及,犹恐失之也。何况怠惰而不汲汲者乎。"(《十三经注疏·泰伯第八》)宋朱熹说:"言人之为学,既如有所不及矣,而其心犹竦然,惟恐其或失之。警学者当如是也。"(《论语集注》卷四)清李中孚《四书反身录》说:"为身心性命而学,则学如不及,犹恐失之,君子自强不息之心也。为富贵利达而学,则学如不及,犹恐失之,鄙夫患得患失之心也。同行异情,人品霄壤。"本章孔子论述了两个问题:"学如不及"是如何掌握知识的问题。要掌握知识,应该随时感到不充实,不满足,知道"学无止境""不进则退",要奋发追求,持之以恒。"犹恐失之"是如何巩固知识的问题。学到知识后要经常复习、实践,才能牢固地掌握它。

子曰:"巍巍乎①,舜、禹之有天下也,而不与②焉!"

【今译】

孔子说:"崇高呀!舜、禹掌握了整个国家的权力,但丝毫没有自己的企求。"

【注释】

① 巍巍乎:崇高的样子。  ② 不与:不求而得之。

【评述】

本章孔子赞扬舜、禹的美德。舜、禹是我国原始社会里的君长,也是孔子心目中的圣王。尧禅位于舜,舜奖善惩恶,举用贤才,天下大治。舜禅位于禹,禹治洪水,三过家门而不入,有大功于天下。所以受到孔子的赞美。关于"不与",有五种解释:(1)舜、禹治理天下,任贤使能,自己则无为而治。清毛奇龄《论语稽求篇》说:"言任人致治,不必身预,所谓无为而治是也。"《论衡·语增》说:"舜承安继治,任贤使能,恭己无为而天下治。"(2)舜、禹受禅让而得天下,自己并不求而得之。"美舜、禹也,言己不与求天下而得之。"(《十三经注疏·泰伯第八》)(3)得天下不与己相关。宋朱熹说:"不与,犹言不相关,言其不以位为乐也。"(《论语集注》卷四)(4)尧、舜、禹贵为天子一点不为自己。《鲁冈或问》曰:舜、禹"使天下无不治,而富贵不与焉。"(5)孔子叹自己不与舜、禹之时。梁皇侃《论语义疏》:"孔子叹己不预见舜、禹之时也。"从孔子赞美舜、禹禅位是为了反对春秋时期篡弑争位的目的来看,以第二说较合孔子原意。

子曰:"大哉①!尧之为君也。巍巍乎!唯②天为大,唯尧则③之。荡荡乎④!民⑤无能名焉⑥。巍巍乎其有成功也,焕乎⑦其有文章⑧。"

【今译】

孔子说:"伟大呀!尧作为君主。多么崇高呀!只有天是最高最大的了,只有尧能效法它。他广泛的恩德呀!老百姓无法用语言来赞美他。崇高啊,他取得了丰功伟绩,光辉灿烂啊,他制订的礼乐刑政制度。"

【注释】

① 大哉:伟大呀! ② 唯:只有。 ③ 则:效法、学习。 ④ 荡荡乎:广阔的样子。 ⑤ 民:老百姓。 ⑥ 无能名焉:无法用语言来赞美他。 ⑦ 焕乎:光明显赫的样子。 ⑧ 文章:指典章制度。

【评述】

本章孔子赞美尧的伟大功德。尧是我国传说中的古代圣王,据《史记·五帝纪》载:"帝尧者,放勋。其仁如天,其知如神。尧立七十年,得舜,二十年而老,令舜摄行天子之政,荐之于天,尧辟位凡二十八年而崩。尧知子丹朱之不肖,不足授天下,于是乃权授舜。授舜则天下得其利而丹朱病;授丹朱则天下病而丹朱得其利。尧曰:'终不以天下之病而利一人。'而卒授舜以天下。"

孔子对尧非常崇敬,他从三个方面热情洋溢地歌颂尧的功德。首先说尧法天行化,功德崇高而广远。东汉郑玄注:"言尧能顺天而行之,与之同功。"(《尚书·尧典》注)梁皇侃《论语义疏》引王弼说:"圣人有则天之德。所以称'唯尧则之'者,唯尧于时全则天之道也。"其次,说尧有大功于民众,而民众无法说清他的功德。《论衡·自然》说:"年五十者击壤于涂,不能知尧之德,盖自然之化也。"最后,歌颂其制订辉煌的典章制度,垂范后世。《大戴礼·五帝德》:"黄黼黻衣,丹车白马,伯夷主礼,龙夔教舞。"尧"使契为司徒,教以人伦,父子有亲,君臣有义,夫妇有别,长幼有序,朋友有信"。清刘宝楠说:"上世人质,历圣治之,渐知礼义,至尧舜而后文治以盛。"(《论语正义·泰伯第八》)可见孔子对尧是推崇备至的。其核心,则是肯定尧的禅让,从而反对春秋时期礼崩乐坏和王位争夺。

舜有臣五人①而天下治。武王②曰:"予有乱臣③十人④。"孔子曰:"才难⑤,不其然乎?唐虞之际,于斯为盛。有妇人⑥焉,九人而已。三分天下有其二⑦,以服事殷。周之德,其可谓至德⑧也已矣。"

【今译】

虞舜有五位贤臣而天下得到治理。周武王说:"我有治乱之臣十人。"孔子说:"人才难得,不是这样吗?唐尧虞舜之后,到今天的周代,可以说是人才济济。但在十位贤臣中还有一位是妇女,其实只有九人罢了。周文王时已得到天下的三分之二,但还向殷纣王称臣,奉事殷朝。周朝的仁德,可以说是最崇高的了。"

【注释】

① 五人:指舜臣禹、稷、契、皋陶、伯益五人。　② 武王:周武王姬发。　③ 乱臣:治乱之臣。　④ 十人:指周公旦、召公奭、太公望、毕公、荣公、太颠、闳夭、散宜生、南公适、太姒。　⑤ 才难:人才难得。⑥ 妇人:指文王之妃、武王之母太姒。　⑦ 三分天下有其二:相传当时天下分为九州,文王得六州,占三分之二。　⑧ 至德:最高的道德。

【评述】

本章孔子赞叹周代盛德,并论述人才难得。我国崇尚人治,得人者治,所以孔子非常重视人才,但人才却非常难得。虞舜时只有贤臣五人,以人才鼎盛的文、武时代来说,也只有十大贤臣,其中还有一位是妇女,可见人才之难得,也表现了孔子轻视妇女的思想。清刘宝楠说:"才是极难,当尧、舜时,比户可封,不乏有德之士,而此称才者五人,及周之盛,亦但九人,是其为才难可验也。"(《论语正义·泰伯第八》)

接着孔子以"三分天下有其二,以服事殷"为例,歌颂周文王之德是最崇高的。《毛诗·四牡传》:"文王率诸侯抚叛国,而朝聘乎纣。"《吕氏春秋·古乐》:"文王曰:'父虽无道,子敢不事父乎?君虽不惠,臣敢不事君乎?孰王而可叛也。'"清刘宝楠说:"文王服事,非畏殷也;亦非曰吾姑尊之,俟其恶盈而取之也。惟是冀纣之悔悟,俾无坠厥命已尔。"(《论语正义·泰伯第八》)孔子歌颂文王也是有感而发,从反面针砭春秋时君不君、臣不臣、父不父、子不子的社会现实。

子曰:"禹,吾无间然①矣。菲②饮食而致孝乎鬼神,恶③衣服而致美乎黻冕④,卑宫室而尽力乎沟洫⑤。禹,吾无间然矣。"

【今译】

　　孔子说:"禹呀!我对他确实是无可挑剔了。自己的饮食非常菲薄,而祭祀祖先和神灵却非常孝敬;自己的衣服粗劣破旧,而祭祀的礼服礼帽却做得非常精美;自己的宫室非常低矮,而尽力于兴修水利。禹呀,我对他确实是无可挑剔了。"

【注释】

　　① 间然:间,间隙、隙缝。引申为无可挑剔。然,形容词词尾。② 菲:菲薄。　③ 恶(è):粗劣。　④ 黻冕(fú miǎn):古代祭祀时穿的礼服叫黻,大夫以上的人戴的帽子叫冕。后为帝王所专用。这里指祭祀时穿的礼服、戴的礼帽。　⑤ 沟洫(xù):沟渠。指兴修水利。

【评述】

本章孔子歌颂禹的功德。孔子从三方面赞美和歌颂禹的功德。首先,"菲饮食而致孝乎鬼神"。自己的饮食极其粗劣而祭品却很丰盛,可见其对神之虔诚。我国古代是神权政治,"国之大事,在祀与戎",对神的虔诚,就是对国家的忠诚。东汉马融说:"菲,薄也。致孝鬼神,祭祀丰洁。"(《十三经注疏·泰伯第八》)第二,"恶衣服而致美乎黻冕",自己的常服十分简朴,而祭鬼神的祭服却非常华丽,刻己敬神。汉孔安国说:"损其常服,以盛祭服。"(同上)第三,"卑宫室而尽力乎沟洫"。自己的宫室非常简陋,而关心人民的水利事业,尽力治平洪水,造福于人类。清李光地《论语劄记》:"当洪水未平,下巢上窟,民不得平土而居之。禹决九川,距四海,乃复浚畎浍、距川,然后四隩既宅,民得安居,是则卑宫室而尽力乎沟洫者。居无求安,而奠万姓之居是急也。"总之,孔子对禹克己为国、为民的精神是赞扬备至的。

# 子罕第九

【解题】

本篇共三十一章。宋朱熹《论语集注》中将第六、第七章合并为一章,成三十章。编者取本篇首章"子罕言利与命与仁"一句中的"子罕"两字为篇名。其中,记孔子直接论述二十一章,记弟子及他人论述孔子思想、言行六章,记孔子与弟子对话四章。

本篇主要记述孔子德行。孔子深邃而明睿的哲理、谦逊而崇高的胸怀、平凡而伟大的教育家形象,充分地展示在人们面前。

第一,叙述孔子谦虚而高尚的品德。孔子的学生以及大夫、常人都赞美"大哉孔子""固天纵之将圣""夫子圣者与",称他为"圣人"。而孔子谦虚自处,从不言圣。只说自己"吾不试,故艺","吾少也贱,故多能鄙事","吾无知也",只是好学而已。虚怀之心,谦逊之风,光彩照人。

第二,展示孔子明睿而深刻的哲理思想。在"逝者如斯夫,不舍昼夜"中,包含着孔子人生哲学的精华。他昭示人们,历史不会停留,时代永远向前,宇宙如此,人生也是如此。他要求人们效法水,奔腾向前,永不止息。随着时代的前进的步伐,争分夺秒、自强不息,使自己的思想、观念,苟日新、日日新、又日新。

第三,叙述孔子勉人为学。他要求为学者先要立志,有志则进,必如川流之不已;无志则止,必如为山而弗成。故凡学而卒为外物所夺者,无志者也。然后教人为学必须从日常事物当行之理做起,从最平凡、最浅近的日常生活做起。看到平凡中蕴藏着伟大,并持之以恒,积善成德。再次,他博文约礼,用《诗》《书》《礼》《乐》等古代文献丰富学生知识;用礼来约束学生行为;寄希望于青年一代。最后,要人们善于向别人学习,虚心地、正确地、有分析地接受别人的意见,才能达到智、仁、勇的仁者境界。

第四,记叙孔子学识渊博,人格伟大。孔子之道博大精深,学问高深莫测,仰望高不可攀,钻之坚不可攻。而他却不主观臆测、不绝对武断、不墨守成规、不自以为是;尊礼、守正;进而行道于世,退而删《诗》《书》,定《礼》《乐》,造福于社会。

子罕①言利②与命③与仁④。

【今译】

孔子很少谈论功利、命运和仁德。

【注释】

①罕:少。 ②利:功利。 ③命:命运。 ④仁:仁德。

【评述】

本章记叙孔子以极其严肃的态度对待功利、命运与仁德。《集解》说:"罕者,希也。利者,义之和也。命者,天之命也,仁者,行之盛也。寡能及也,故希言也。"(《十三经注疏·子罕第九》)宋林恪说:"罕言者,不是不言,又不可多言,特罕言之耳。罕言利者,盖凡做事只循这道理去做,利自在其中矣。如'利涉大川''利用行师',圣人岂不言利。但所以罕言者,正恐人求之则害义矣。罕言命者,凡吉凶祸福皆是命。若尽言命,恐人皆委之于命,而人事废矣,所以罕言。罕言仁者,恐人轻易看了,不知切己上做工夫。然圣人若不言,则人又理会不得如何是利,如何是命,如何是仁,故不可不言。但虽不言利,而所言者无非利;虽不言命,而所言者无非命,虽不言仁,而所言者无非仁。"(《朱子语类·论语十八》)清刘宝楠说:"夫子晚始得《易》,《易》多言利,而赞

《易》又多言命,中人以下,不可语上,故弟子于《易》独无问答之辞。今《论语》夫子言'仁'甚多,则又群弟子记载之力,凡言'仁'皆详书之,故未觉其罕言耳。"(《论语正义·子罕第九》)

本章是孔子弟子长期观察孔子言行的实录,说他很少说功利、命运与仁德。但翻阅《论语》,说孔子很少谈论功利、命运,是可以理解的。《论语》言利仅六次,谈命为八、九次,至于谈仁,共出现一〇五次,怎能说少谈呢?因此历来对本章的理解多有分歧。主要有四种不同看法:

一种是孔子很少谈利、命与仁。魏何晏、清刘宝楠均持此说。今人杨伯峻在《论语译注》中同意此说:"我则以为《论语》中讲仁虽多,但一方面多是和别人问答之词,另一方面仁又是孔门最高的道德标准,正因为少谈,孔子偶一谈到,便有记载,不能以记载的多便推论孔子谈得也多。孔子平生所言,自然千万倍于《论语》所记载的,《论语》出现孔子论'仁'之处,若用来和所有孔子平生之言相比,可能还是少的。"

第二种认为孔子很少言利,而最多言的是"命"与"仁"。近人康有为主此说。他根据《礼记·曾子问》:"称'孔子与老聃助祭于巷党',巷党是鲁地,下章'达巷党人'之'达'应属此章,故应断句为:'子罕言,利与?命与仁,达。'意思是'孔子最少言莫如利,最通达多言者莫如命与仁。"(近人康有为《论语注》)

第三种认为孔子很少谈利,却赞成命与仁。金王若虚、清史绳祖主此说。金王若虚《误谬杂辨》中说:"子罕言利,与命,与仁。""与",许也,意思是孔子很少谈到利,却赞成命,赞成仁。清史绳祖《学斋占毕》说:"子罕言利者,独利而已,当以此四字为一句,作一义。曰命曰仁,皆平日所深与,此当别作一义。与如'吾与点也''吾不与也'等字之义。"

第四种认为所谓罕言仁者,乃不轻许人以仁之意。清阮元、近人杨树达主此说。清阮元《论语·论仁》说:"孔子言仁者详矣,曷为罕言也?所谓罕言者,孔子每谦不敢自居于仁,亦不轻以仁许人也。"近人杨树达《论语疏证》说:"《论语》一书言仁者不一而足,夫子言仁非罕也。所谓罕言仁者,乃不轻许人以仁之意。与罕言利命之义似不同。"

在四种论说中,大致以一说、四说较为合理。孔子少言利、命与仁原因各有不同,少言利,因利必涉及于义,以义释利,过分言利,将会见利忘义,故孔子少言。少言命,"盖难言之矣",孔子自己也说不明白,故少言。少言仁,因从不以仁轻易许人,他本人也自谦不敢居于仁,故少言。

达巷党①人曰:"大哉孔子!博学而无所成名②。"子闻之,谓门弟子曰:"吾何执③?执御④乎?执射⑤乎?吾执御矣!"

【今译】

达地里巷中有一个人议论孔子说:"伟大的孔子呀!学识渊博,可惜没有树立名声的一技之长。"孔子听了后,对学生们说:"我该专门学些什么呢?学习赶马车吗?学习射箭吗?我还是学赶马车吧!"

【注释】

① 达巷党:达地的一条里巷。达:地名。 ② 成名:指有专门的一技之长。 ③ 执:干、做。 ④ 御:驾车。 ⑤ 射:射箭。

【评述】

本章记述达巷党人赞扬孔子博学道艺,而孔子自谦执御。《集解》东汉郑玄说:"达巷者,党名也。五百家为党。此党之人美孔子博学道艺,不成一名而已。孔子闻人之美,承之以谦,'吾执御',欲名六艺之卑也。"(《十三经注疏·子罕第九》)清毛奇龄《论语稽求篇》说:"博学而无所成名,郑康成谓此邦人之美孔子博学不成一名,故夫子以谦承之,所谓不成一名者,非一技之可名也。"孔子在春秋时期是一个百科全书式的学者,尽管其博学多能,但无一专长可以称道,所以达巷党人在充分赞扬孔子博学的同时,对他无一成名的专长表示惋惜。而孔子却自谦说,我专长什么呢?还是专长于赶马车的技术吧!因御在六艺之中最卑,其目的是教育学生为学应守约务近,从简单到复杂,从浅近到深奥,循序渐进,切勿好高骛远。

子曰:"麻冕①,礼也;今也纯②,俭,吾从众。拜下③,礼也;今拜乎上④,泰⑤也。虽违众,吾从下。"

【今译】

孔子说:"用麻料织的礼帽,这是符合礼的;现在用黑丝织礼帽,比较节俭,我遵从大家的做法。臣见君,先在堂下跪拜,再升堂跪拜,这是符合礼的;现在只在堂上跪拜一次,这是倨傲的表现。虽然违反众人的做法,我还是遵从堂下拜一次,升堂再拜一次的做法。"

【注释】

① 麻冕:用麻料织的礼帽。 ② 纯:黑色的丝,指用丝料织成的礼帽。 ③ 拜下:古时臣下对君主行礼,先在堂下磕头,升堂后再磕头,共拜两次。这里指堂下的一次磕头。 ④ 今拜乎上:现在只在堂上拜一次。 ⑤ 泰:傲慢而不恭的样子。

【评述】

本章记述孔子对礼仪改革的态度,小事可顺时随俗,但对原则问题持慎重态度,以"礼"为准绳。《集解》汉孔安国说:"冕,缁布冠也,古者绩麻三十升布以为之。纯,丝也。丝易成,故从俭。"(《十三经注疏·子罕第九》)《集解》魏王弼说:"臣之与君行礼者,下拜然后升成礼。时臣骄泰,故于上拜也。今从下,礼之恭也。"(同上)南宋朱熹说:"麻冕,缁布冠也。纯,丝也。俭,谓省约。缁布冠以三十升布为之,升八十缕,则其经二千四百缕矣,细密难成,不如丝之省约。臣与君行礼,当拜于堂下,君辞之,乃升成拜。泰,骄慢也。"(《论语集注》卷五)

孔子对于礼仪的改革,小事可以随顺,如礼帽,用纯丝来代替麻冕,比较节约,是小事,无关宏旨,故表示赞成。而臣见君之礼,由堂下、堂上拜两次改为堂上拜一次,这是以臣傲君,乖于礼义,是原则大事,故不同意。宋程颐说:"君子处世,事之无害于义者,从俗可也,害于义则不可从。"(《二程集·河南程氏经说卷第六》)孔子所持的就是这种态度。

子绝①四:毋意②,毋必③,毋固④,无我⑤。

【今译】

孔子杜绝四种弊病:不随意猜测,不主观武断,不固执己见,不自以为是。

【注释】

① 绝:杜绝、堵塞。 ② 毋意:"毋"通"无",不。不主观猜想。 ③ 毋必:不绝对肯定、主观武断。 ④ 毋固:不固执己见。 ⑤ 毋我:不自以为是。

【评述】

本章论述孔子的思想方法。《集解》说:"以道为度,故不任意。用之则行,舍之则藏,故无专必。无可无不可,故无固行。述古而不自作,处群萃而不自异,唯道自从,故不有其身。"(《十三经注疏·子罕第九》)据《朱子文集·答吴晦叔书》,"绝四"有两说:"一说孔子自无此四者,一说孔子禁绝学者毋得有此四者。然不若前说之明白平易也。"朱熹并对"四绝"之间关系作了分析说:"四者相为终始,起于意,遂于必,留于固,而成于我也。盖意、必常在事先,固、我常在事后,至于我又生意,则物欲牵引,循环不穷矣。"(《论语集注》卷五)清李中孚《四书反身录》补充说:"四者之累,咸本于意,所谓意虑微起,天地悬隔是也。意若不起,三累自绝,不识不知,顺帝之则。"孔子处事不凭主观臆测,不墨守成规,不绝对武断,不自以为是,虚心向别人学习。孔子不仅自己做到,还要求学生避免主观、片面,做到"四绝"。

子畏①于匡②。曰:"文王既没,文③不在兹④乎?天之将丧⑤斯文也,后死者⑥不得与于斯文也;天之未丧斯文也,匡人其如予何?"

【今译】
　　孔子被拘禁在匡地。说:"周文王死了,文化遗产不是在我这里吗?上天如果要消灭这种文化,那么,我也不能掌握这种文化了;上天如果不想消灭这种文化,匡人能把我怎么样呢?"

【注释】
　　① 畏:拘禁、囚禁。　② 匡:地名。在今河南省长垣县西南。③ 文:指文化遗产。　④ 兹:这里。　⑤ 丧:消灭。　⑥ 后死者:孔子自称。

【评述】
　　本章记叙孔子自己认为上天赋予他传道的使命,因而对传播自己的学说充满信心。孔子这番话是在匡地蒙难时说的。据《史记·孔子世家》载:"孔子去卫,将适陈,过匡,颜刻为仆,以其策指之曰:'昔吾入此,由彼缺也。'匡人闻之,以为鲁之阳虎。阳虎常暴匡人,匡人于是遂止孔子,孔子状类阳虎,拘焉五日。……匡人拘孔子益急,弟子惧。"故孔子说了这番话。据《庄子·秋水》说:"孔子游于匡,宋人围之数匝,而弦歌不辍。……无几何,将甲者进辞曰:'以为阳虎也,故围之。今非也,请辞而退。'"孔子处于万分危急的险境中,临危不惧,弦歌不辍,安慰学生遇险不惊,表现了大无畏的精神。原因是有一个伟大的理想支持着他,他认为传播、宣传中国文化的历史责任落在自己肩上,对自己的事业充满信心。

太宰①问于子贡曰:"夫子圣②者与?何其多能③也?"子贡曰:"固④天纵⑤之将圣,又多能也。"子闻之,曰:"太宰知⑥我乎!吾少也贱,故多能鄙事⑦。君子多乎哉?不多也。"

【今译】

太宰问子贡说:"孔夫子是一位圣人吗?为什么多才多艺呢?"子贡回答说:"这本来是上天让他成为圣人,又使他多才多艺。"孔子听到后说:"太宰了解我呀!我小时候贫贱,所以学会很多小技艺。君子会有那么多技艺吗?不会的呀!"

【注释】

① 太宰:官名,姓名无考。  ② 圣:圣人。  ③ 多能:指多才多艺。  ④ 固:本来。  ⑤ 纵:让。  ⑥ 知:了解。  ⑦ 鄙事:小技艺。

【评述】

本章记叙孔子自谦为圣,而多才多艺是实践得来的。太宰问子贡,孔子这样的圣人,是不应该精通御车、射箭等小艺的。《集解》汉孔安国说:"太宰,大夫官名。或吴、或宋,未可知也。疑孔子多能于小艺。"(《十三经注疏·子罕第九》)《列子·仲尼》:"商太宰见孔子曰:'某圣者与?'孔子曰:'圣则某何敢?然则某博学多识者也。'"子贡对自己的老师当然十分尊重,回答说:"天将使夫子为圣人,但又让他多才多艺。"说"圣"与"多才多艺"都是天赋的。而孔子听到这话以后,只字不提圣字,只说太宰了解自己,由于出身微贱,家庭贫寒,故多能为鄙人之事,而在上位的君子是不可多才多艺的。《集解》汉包咸说:"我少小贫贱,故多能为鄙人之事,君子固不当多能也。"(《十三经注疏·子罕第九》)由此可见孔子的话既谦逊又实事求是。

牢<sup>①</sup>曰:"子云:'吾不试<sup>②</sup>,故艺。'"

【今译】
　　子牢说:"孔子自己说过:'我没有去做官,所以学了许多技艺。'"

【注释】
　　① 牢:孔子学生,子牢。《史记·仲尼弟子列传》中无此人。东汉郑玄《论语郑氏注》说是孔子弟子。魏王肃伪撰之《孔子家语》说:"琴张,一名牢,字子开,亦字子张,卫人也。"不可信。现已难以考证,姑存疑。　② 不试:不被国家所任用,指不做官。

【评述】
　　本章叙述孔子多技艺的原因。本章与上章的内容相似,又编在一起,故朱熹在《论语集注》中将它们合为一章。而宋邢昺《论语注疏》认为:"此章论孔子多技艺之由,但与前章异时而语,故分之。"现从邢说。《集解》东汉郑玄说:"试,用也。孔子自云我不见用,故多技艺。"(《十三经注疏·子罕第九》)梁皇侃《论语义疏》引缪协说:"此盖所以多能之义也。言我若见用,将崇本息末,归纯反素,兼爱以忘仁,游艺以去艺,岂唯不多能鄙事而已。"可见孔子多才多艺的原因在于不做官,故能在学习中、实践中积累技艺。不做官,反而成就了他多才多艺的技能。

子曰:"吾有知<sup>①</sup>乎哉?无知也。有鄙夫<sup>②</sup>问于我,空空如也。我叩其两端<sup>③</sup>而竭<sup>④</sup>焉。"

【今译】
　　孔子说:"我有知识吗?我没有知识。有一个乡下人来问我,我一无所知,我就从他提出的那个问题的头尾去探求,然后尽力替他解释清楚。"

【注释】

① 知:知识。　② 鄙夫:乡下人,鄙陋的人。　③ 叩其两端:从问题的头尾两边去探求。　④ 竭:尽力。

【评述】

本章孔子自谦知识浅薄,而教人则尽心竭力,毫无保留。在本章中孔子谈了学和教两件事。就学来看,孔子自谦无知,要奋发学习。宋朱熹说:"孔子谦言己无知识。"(《论语集注》卷五)清焦循《论语笔乘》说:"孔子言己空空无所知。"就教来看,"正义曰:夫子应问不穷,当时之人,遂谓夫子无所不知。"(《十三经注疏·子罕第九》)故纷纷前来求教。孔子循循善诱,竭诚教学,即使鄙夫来请教,也是耐心地、毫无保留地启发教育,使其满意而去。宋朱熹说:"但告其人,虽于至愚,不敢不尽耳。叩,发动也。两端,犹言两头,言终始、本末、上下、精粗,无所不尽。"(《论语集注》卷五)梁皇侃《论语义疏》引李充说:"日月照临,不为愚智易光。圣人善诱,不为贤鄙异教。虽复鄙夫寡识,而率其疑诚,咨疑于圣,必示之以善恶两端,已竭力以诲之也。"由上可知孔子学而不厌、诲人不倦的教育态度。

子曰:"凤鸟①不至,河不出图②,吾已③矣夫!"

【今译】

孔子说:"凤凰不飞来了,黄河也不出现图画了,我的大道恐怕永无实现之日了。"

【注释】

① 凤鸟:凤凰。古代传说中的一种瑞鸟,它的出现预示天下太平。　② 河图:黄河里出现的图画,表示圣人出现。传说黄河中龙马负图而出,伏羲据此画八卦,世称河图,作为圣王出现的征兆。③ 已:完、终了。

【评述】

本章孔子悲叹时无明君,不能见用,自己的大道不能实行。《集解》汉孔安国说:"圣人受命,则凤鸟至,河出图,今天无此瑞。吾已矣夫者,伤不得见也。"(《十三经注疏·子罕第九》)这句话是孔子感时而发,认为凤鸟至,河出图,圣王治世不再出现了,换言之,自己挽救时代的愿望不能实现了,因而发出悲叹。

子见齐衰①者,冕衣裳者②与瞽者③,见之,虽少,必作④;过之,必趋⑤。

【今译】

孔子看见穿丧服的人,衣冠整齐的贵族和盲人,相遇的时候,他们虽然年纪小,也一定要站起来;经过他们面前,一定加快步伐。

【注释】

① 齐衰(zī cuī):丧服。 ② 冕衣裳者:衣冠整齐的贵族。冕:贵族的礼帽。衣:上衣。裳:下衣,即裙子。古代男子上衣下裙。 ③ 瞽者:盲人。 ④ 作:站起来。表示敬意。 ⑤ 趋:快步走。

【评述】

本章叙述孔子以诚敬的心情对待三种人。《集解》东汉包咸说:"此夫子哀有丧、尊在位、恤不成人也。"(《十三经注疏·子罕第九》)梁皇侃说:"言孔子见此三种人,虽复年少,孔子改坐而见之,必为之起也。趋,疾行也。又明孔子若行过此三种人,必为之疾速,不敢自修容也。"(同上)宋范氏说:"圣人之心,哀有丧,尊有爵,矜不成人,其作与趋,盖不期然而然者。"(《论语集注》卷五)孔子对有丧服者,表示同情、哀切;对在上位者,表示恭敬;对有残疾者,表示矜惜、同情。展示了孔子讲究礼貌和富于同情心的胸怀。

颜渊喟然①叹曰:"仰之弥②高,钻之弥坚。瞻③之在前,忽焉④在后。夫子循循然⑤善诱⑥人,博⑦我以文,约⑧我以礼,欲罢不能。既竭吾才,如有所立卓尔⑨。虽欲从之,末由⑩也已。"

【今译】

颜渊感叹道:"老师的道德、学问,仰望它更加高大,钻研它更加艰深。看看好像在前面,忽然又到后面去了。老师善于循序渐进地诱导我们,他用各种古代文献来丰富我们的知识,用礼制来约束我们的行动,我们即使想停止学习也都不可能。我已经用尽了自己所有的才力,前面又好像矗立着一个高高的目标,我虽然想向上攀登,却又找不到适当的途径。"

【注释】

① 喟(kuì)然:感叹的样子。　② 弥:更。　③ 瞻:怀着崇敬的心情看。　④ 忽焉:一下子。　⑤ 循循然:有次序的样子。　⑥ 诱:诱导。　⑦ 博:广博。　⑧ 约:约束。　⑨ 卓尔:高超、突出。　⑩ 由:途径。

【评述】

本章颜渊赞美孔子学识高深渊博和诲人不倦的美德。《集解》:"喟,叹声。弥高弥坚,言不可穷尽也。在前在后,言恍惚不可为形象也。循循,次序貌。诱,进也,言夫子以此道劝进人,有次序也。"(《十三经注疏·子罕第九》)宋朱熹说:"此颜渊深知夫子之道无穷尽,无方体而叹之也。循循,有次序貌。诱,引进也。博文约礼,教之序也。言夫子道虽高妙,而教人有序也。"(《论语集注》卷五)《论衡·恢国》说:"此颜渊学于孔子,积累岁月,见道弥深也。"《后汉书·范升传》:"孔子可谓知教。颜渊可谓善学也。"

颜渊是孔子最得意的学生,这番话是颜渊多年追随孔子学习的切身感受和经验总结。讲了三个方面的问题。首先感叹孔子之道博大精深,学识高深莫测。仰看高不可攀,钻之坚不可攻。其次谈了孔子循循善诱的教学方法和教学顺序。"博我以文",先用《诗》《书》《礼》《乐》等古代遗文丰富学生的知识。"约我以礼",以礼来约束学生的行为,克制私欲,加强道德修养。最后谈了自己学习的积极性、自觉性不断提高,又因学问高深无边而有不可企及之叹。

子疾病①,子路使门人为臣②。病间③,曰:"久矣哉,由之行诈④也!无臣而为有臣。吾谁欺?斯天乎!且予与其死于臣之手也,无宁死于二三子⑤之手乎!且予纵⑥不得大葬,予死于道路乎?"

【今译】

孔子病重,子路让同学们充当家臣成立治丧组织。后来,孔子病势减退,说:"很久了吧,子路做了骗人的事呀!没有家臣而冒充有家臣,我欺骗谁呢?欺骗天吗!而且我与其死在家臣手里,毋宁死在学生们手里!而且我即使不能按大夫之礼厚葬,难道会死在道路上吗?"

【注释】

① 疾病:病重。　② 为臣:成立治丧组织。古代诸侯之丧才有臣,临死前准备后事。　③ 病间:病势减退。　④ 行诈:做骗人的事。⑤ 二三子:学生们。　⑥ 纵:即使。

【评述】

本章叙述孔子守礼,责备子路冒越名分的做法。孔子在周游列国回鲁国的路上生了重病。据清宋翔凤《论语郑注辑本》:"此为孔子未及鲁事,故有死于道路之语,盖孔子自知必反鲁也。"清刘宝楠说:"此当是鲁以币召孔子,孔子将反鲁,适于道路中得疾也。"(《论语正义·子罕第九》)子路是非常尊敬孔子的,为孔子安排后事,准备以大夫之礼为孔子治丧。其时孔子已不当大夫,用大夫礼治丧是一种欺诈行为,所以孔子对子路加以责备。《王制》:"大夫废其事,终身不仕,死以士礼葬之。"近人程树德说:"夫子去鲁是退,当以士礼葬,今子路用大夫之礼,故夫子责之。"(《论语集释·子罕下》)

孔子对子路的批评表明:第一,孔子严格遵守礼制,绝不做超越名分、违礼欺诈之事。第二,孔子对子路的批评,也从关怀、爱护出发,从引咎自责中启发子路提高认识。明明是子路干了欺诈之事,而孔子却说"吾谁欺"?把责任揽在自己头上,可见胸怀的坦荡、宽广。第三,孔子非常通达,对自己的生死看得非常平淡。诚如梁启超说:"求仁得仁又何怨,老死何妨死路旁。"第四,表现了孔子对疾病的抗争精神以及对事业充满信心。他相信自己的疾病一定会痊愈,成就大事。

清刘宝楠说:"夫子言己虽未必复见用,以礼大葬,亦当得归鲁,不至死于道路。所以然者,以天未丧斯文,必将命以制作以教万世,故决不死于道路,亦兼明子路豫凶事为过计也。"(《论语正义·子罕第九》)果然孔子疾病痊愈,返回鲁国,删《诗》《书》,定《礼》《乐》,赞《周易》、作《春秋》,在整理、保存、传播我国古代文化方面做出了不可磨灭的贡献。

子贡曰:"有美玉于斯①,韫椟②而藏诸③?求善贾④而沽⑤诸?"子曰:"沽之哉!沽之哉!我待贾⑥者也!"

【今译】

子贡说:"有一块美玉在这里,将它放在柜子里保存起来呢?还是找识货的商人卖掉它呢?"孔子说:"卖掉它吧!卖掉它吧!我正在等待识货的商人呢!"

【注释】

① 斯:这里。 ② 韫椟(yùn dú):藏在柜子里。 ③ 诸:通"之"。它。 ④ 贾(gǔ):商人。 ⑤ 待贾:等待识货的商人。

【评述】

本章孔子借藏玉待贾为喻,表达积极用世的思想。宋邢昺说:"君子于玉比德。时夫子抱道不仕,故子贡借美玉以观夫子藏用之意。善贾,喻贤君也。虽有贤君,亦待聘乃仕,不能枉道以事人也。"(《十三经注疏·子罕第九》)梁皇侃《论语义疏》引王弼说:"重言'沽之哉',卖之不疑也。"从子贡与孔子对话中,我们可以看出孔子积极用世行道的迫切心情。但待贾之心虽迫切,却不去"求"得,是有是非标准的,事有道之君,而不枉道以从人,这个识见比子贡高出一等。宋范氏说:"君子未尝不欲仕也,又恶不由其道,若伊尹之耕于野,伯夷、太公之居于海滨,世无成汤、文王,则终焉而已。必不枉道以从人,衔玉而求'售'也。"(《论语集注》卷五)

子欲居九夷①。或曰:"陋②,如之何?"子曰:"君子居之,何陋之有?"

【今译】

孔子想到东边少数民族地区去居住。有人说:"那里太简陋了,怎么好住呢?"孔子说:"君子住在那里,就不会简陋了。"

【注释】

① 九夷:指淮夷。春秋时散居在淮水、泗水之间。 ② 陋:简陋。引申为闭塞落后。

【评述】

本章叙述孔子难行其道而思隐居。至于陋与不陋,不在环境,而在君子自身品行之高尚,可以德化民。宋邢昺说:"夫子不见用于中夏,乃欲行道于外域,则以其国有仁贤之化故也。"(《十三经注疏·子罕第九》)孔子感到中原地区难行其道,故想到东方少数民族地区去定居。这和"乘桴浮于海"的心情是一致的。从这句话里,我们可以看到:一方面,君子肩负改造环境、改造社会的历史责任;另一方面坚信环境是可以被改造好的。表现了孔子积极改造环境,使陋变泰,使不知礼而知礼的态度和信心。清刘宝楠说:"故君子居之,则能变其旧俗,习以礼仪,若泰伯君吴,遂治周礼也。"(《论语正义·子罕第九》)

子曰:"吾自卫①反②鲁,然后乐正③,《雅》《颂》各得其所④。"

【今译】

孔子说:"我从卫国返回鲁国以后,把乐曲加以整理订正,使《雅》乐、《颂》乐各自得到合适的地方。"

【注释】

① 卫:卫国。 ② 反:同"返"。回来。 ③ 乐正:订正乐曲。 ④ 各得其所:各自得到他们合适的地方。所:处所、地方。

【评述】

本章孔子自述为《诗经》分类、配乐,体现了研究音乐的高深造诣。宋朱熹说:"鲁哀公十一年(前484)冬,孔子自卫反鲁,是时周礼在鲁,然《诗》《乐》也颇残缺失次,孔子周流四方,参互考证,以知其说,晚知道终不行,故归而正之。"(《论语集注》卷五)《后汉书·范升传》:"《诗》《书》之作,其来已久,孔子尚周流游观,至于知命,自卫反鲁,乃正《雅》《颂》。"

孔子晚年回到鲁国,删《诗》,整理乐章。关于正乐,有两种理解:一是指孔子为《诗经》内容分类,共分为风、雅、颂。清毛奇龄在《四书改错》中主此说:"正乐,正乐章也,正雅、颂之入乐部者也。部,所也。"二是指为乐曲分类,配音可以演唱。清包慎言《敏甫文钞》中主此说:"《论语》雅、颂以音言,非以诗言也。乐正而律与度协,声与律谐,郑、卫不能而乱之,故曰得所。"古代诗与乐是密切联系的,《诗经》中的诗都可以配乐歌唱。《史记·儒林传》："《诗》三百五篇,孔子皆弦歌之,以求合于《韶》《武》《雅》《颂》之音。"《淮南子·泰族训》："雅、颂之声皆发于辞,本于情,故君臣以睦,父子以亲。"《乐记》说："故人不能无乐,乐不能无形,形而不为道,不能无乱,故制雅、颂之声以道之。"我国古代对音乐是非常重视的,它可陶冶心情,以成事业。孔子对音乐有很高的修养和造诣,由于古乐失传,故对孔子如何正乐,已难考订。从本章看,我们可以理解孔子既调整了《诗经》中《雅》《颂》各诗的分类,又整理了《雅》《颂》各诗的乐曲分类,配音演唱,使之各得其所。

子曰："出①则事公卿,入②则事父兄③,丧事不敢不勉④,不为酒困⑤,何有于我哉？"

【今译】
孔子说："外出做官,就奉侍王公大臣,回家就奉侍父母、兄长,有丧事不敢不尽力去办,不被酒所困扰,这些事对于我又有什么困难呢？"

【注释】
①出：离家出仕。②入：回家。③父兄：父母、兄长。泛指长辈。④勉：尽力。⑤酒困：醉酒。

【评述】
本章孔子认为求道要从生活中的具体事情做起,积善成德。宋邢昺说："言出仕朝廷,则尽其忠顺,以事公卿也。入居私门,则尽其孝悌,以事父兄也。若有丧事,则不敢不勉力以从礼也,未尝以酒乱其性也。他人无是行,于我独有之。故曰何有于我哉？"(《十三经注疏·子罕第九》)孔子针对时弊,说了忠顺、孝悌、哀丧、慎酒四件平常的事。清张甄陶《四书翼注》说："当时必有贱不肯事贵,少不肯事长,不肖不肯事贤,而又忽略丧纪,沉湎于酒者,夫子反言以儆之,不然虽曰德盛礼恭,不应况而愈下也。"说明孔子自己是一个平平常常的人,出去做官,忠诚规矩地工作;回家就孝顺父母、友爱兄弟;遇到朋友有丧事,就尽力帮忙;参加宴会,不沉湎于酒。这是任何人都能做到的生活中的小事,但在平凡中却包含着伟大。能坚持这样做,"道"也就在其中了。

子在川上①曰:"逝者②如斯夫!不舍③昼夜。"

【今译】

孔子站在河边上说:"消逝的时光就像这流水一样啊!日夜不停地流去。"

【注释】

① 川上:河边。　② 逝者:明指流水逝去,实指消逝的岁月。③ 不舍:不停。

【评述】

本章叙述孔子珍惜时间,鼓励人们不断前进。梁皇侃《论语义疏》引孙绰说:"川流不舍,年逝不停,时已晏矣,而道犹不兴,所以忧叹。"又引江熙说:"言人非南山,立功立德,俯仰时迈,临流兴怀,能不慨然,圣人以百姓心为心也。"宋朱熹说:"天地之化,往者过,无一息之停,乃道体之本然也。然其可指而易见者,莫如川流,故于此发以示人,欲学者时时省察而无毫发之间断也。"(《论语集注》卷五)清郑浩《论语集注述要》说:"此章似只言岁月如流,欲学者爱惜景光之意。"

这句话是孔子站在河边,面对滔滔东逝流水,对景抒情的哲理诗,也是一句格言,意味深长。从消极方面看,感叹时光之流逝、道之未兴。从积极方面看,孔子教育人们效法水之顽强,穿石而过,永不畏难;效法水之有恒,坚持不懈,永远向前;效法水之谦逊、宽广,胸怀博大,永不自满。从而珍惜寸阴,只争朝夕,自强不息。孔子自己也就是这样发愤忘食,不知老之将至,抓紧一分一秒时光,奋发求道、求仁。

子曰:"吾未见好德①如好色②者也。"

【今译】

孔子说:"我没有见到过喜爱道德胜过喜爱美色的人。"

【注释】

① 好德:喜爱道德。 ② 色:美色。

【评述】

本章孔子感叹当时某些薄于德而厚于色的人。《集解》说:"疾时人薄于德而厚于色,故发此言。"(《十三经注疏·子罕第九》)孔子十分注意道德修养,看到卫灵公薄德厚色,故发此感叹。据《史记·孔子世家》载:"孔子居卫,卫灵公与夫人同车,使孔子为次乘,招摇市过之,孔子丑之,故发此叹。"孔子周游列国时,卫国对孔子比较重视,卫灵公很想起用他。当时卫国大臣有蘧伯玉,但左右卫君的却是艳丽的妃子南子。所以孔子有这种感叹,希望人们像好色那样好德,后世则成为一句名言。《史记集解》引李充说:"使好德如好色,则弃邪而反正矣。"当然,只要不是禁欲主义者,人都是喜欢美色的,孔子也并不否定美色,他只要求喜爱德像喜爱美色一样。明鹿继善《四书说约》:"此书揭人肺腑隐微之病,体验之,乃见其言之至。"宋谢氏说:"好好色、恶恶臭,诚也。好德如好色,斯诚好德矣。"(《论语集注》卷五)

子曰:"譬如为山①,未成一篑②,止③,吾止也。譬如平地,虽覆④一篑,进⑤,吾往也。"

【今译】

孔子说:"比如堆一座山,只要再加一筐土就能成功,但停止了,这是我自己停止的。比如平地用土堆山,虽然只倒下一筐土,但立志前进,这是我自己要前进的。"

【注释】

①为山:用土堆山。　②一篑(kuì):一筐土。篑:盛土的竹器。③止:停止。　④覆:覆盖、倒。这里指倒土。　⑤进:坚持做下去。

【评述】

本章孔子以堆山为喻,告诫学生为学求道应自强不息,持之以恒,不可半途而废。《荀子·宥坐》:"孔子曰:'如垤而进,吾与之;如丘而止,吾已矣。'"《荀子·劝学》:"积土成山,风雨兴焉;积水成渊,蛟龙生焉;积善成德,而神明自得,圣心备焉。故不积跬步,无以至千里;不积小流,无以成江海。骐骥一跃,不能十步,驽马十驾,功在不舍。锲而舍之,朽木不折,锲而不舍,金石可镂。"这些话都包含着与本章同样的意思。孔子这句话出自《尚书》:"为山九仞,功亏一篑。"宋朱熹说:"夫子之言,盖出于此,言山成而但少一篑,其止者,吾自止耳。平地而方覆一篑,其进者,吾自往耳。盖学者自强不息,则积少成多,中道而止,则前功尽弃,其止、其往,皆在我而不在人也。"(《论语集注》卷五)孔子强调为学、求道都要发挥主观能动性,自强不息,持之以恒,始能有成,发人深省。

子曰:"语之而不惰①者,其回②也与!"

【今译】

孔子说:"听我讲话始终不懈怠的,大概只有一个颜回吧!"

【注释】

①惰:懈怠。　②回:颜回。

【评述】

本章孔子赞美颜回奋发向上的学风。《集解》说:"颜渊解,故语之而不惰。余人不解,故有惰语之时。"(《十三经注疏·子罕第九》)梁皇侃说:"惰,谓懈怠也,言余人不能尽解,故有懈怠于夫子之语时,其语之而不懈怠者,其惟颜渊也与,颜回解故也。"(同上)清刘开《论语补注》说:"唯颜子于夫子之言触类皆通,非有所问而无不达,即与言终日,莫不相说以解,所谓'有如时雨化之者'是也。"颜回聪明好学,理解力强,是孔子最得意的学生,他对孔子的教导能闻一知十、融会贯通,所以孔子经常称赞他颖悟而又好学。

子谓颜渊曰:"惜①乎,吾见其进也,未见其止也。"

【今译】

孔子谈到颜渊时说:"死得可惜呀!我只见他进步,从没看见他停步不前。"

【注释】

① 惜:可惜。

【评述】

本章孔子怀着痛惜之情,惜颜渊英年早逝,赞其奋发向上。元胡炳文《四书通》说:"大致上章'语之而不惰'是颜子之心,如川流不舍昼夜。此章'见其进,未见其止'是颜子之用力,不肯如为山之未成一篑而止也。"此章承前章而来,当颜回死后,孔子深为痛惜,每每在叹息中加以赞扬。颜回力学不倦,学问日进,如不早逝,其成就当不可限量。

子曰:"苗①而不秀②者有矣夫!秀而不实③者有矣夫!"

【今译】

孔子说:"庄稼只长苗而不开花的,有这种情况吧!庄稼只开花而不结实的,有这种情况吧!"

【注释】

① 苗:禾苗。　② 秀:庄稼吐穗、开花。　③ 实:结果实。

【评述】

本章记叙孔子以庄稼不秀、不实为喻,告诫学生为学必须持之以恒,才能有所收获。"正义曰:此章亦以颜回早卒,孔子痛惜之,为之作譬也。"(《十三经注疏·子罕第九》)《颜氏家训》说:"学者犹种树也。春玩其华,秋登其实。讲论文章,春华也,修身利行,秋实也。"梁皇侃《论语义疏》说:"万物草木有禾稼蔚茂,不经秀穗,遭风霜而死;又亦有虽能秀穗,而值沴焊气,不能有粒实者,故并云'有矣夫'也。物既有然,故人亦如此,所以颜渊摧芳兰于早年矣。"本章六朝以前人皆以此为颜子而发,三国祢衡《颜子碑》说:"亚圣德,蹈高踪,秀不实,振芳风。"汉牟融《理惑篇》:"颜渊有'不幸短命'之记,'苗而不秀'之喻。"南朝齐刘勰《文心雕龙》:"苗而不秀,千古斯恸。"李轨《法言注》:"仲尼悼颜回苗而不秀,子云伤童乌育而不苗。"本章为悼颜渊而发,这是可信的。但我们也可以看作孔子教育人们为学必须自勉自励,持之以恒,有始有终,不要秀而不实,半途而废。

子曰:"后生可畏①,焉②知来者③之不如今也?四十、五十而无闻④焉,斯亦不足畏也已。"

【今译】

孔子说:"年轻人是可敬畏的,怎么知道未来的人不及现在的人呢?到了四十、五十岁,仍然没有什么名声,这就不值得敬畏了。"

【注释】

①后生可畏:年轻人是可敬畏的。 ②焉:怎么? ③来者:未来的人。 ④闻:名声,借指道德、学问修养。

【评述】

本章孔子寄希望于青年,鼓励学生们抓住当前,勤奋为学,至于有成,切莫蹉跎岁月,老大徒伤悲。梁皇侃说:"后生虽可畏,若年四十、五十而无声誉闻达于世者,则此人亦不足可畏也。"(《十三经注疏·子罕第九》)宋朱熹说:"孔子以后生年富力强,足以积学而有待,其势可畏。安知其将来不如我之今日乎?然或不能自勉,至于老而无闻,则不足畏矣。言此以警人,使及时勉学也。"清李塨《论语传注》:"后生年富力强,安知其将来成就不如今日之期许乎?言当及时自勉也。"可见,孔子寄希望于年青一代,认为"后生可畏",可以超过前辈。但关键在于及时努力,如果不及时奋发,到了四十、五十岁便没有什么作为了。《大戴礼·曾子立事》:"三十、四十之间而无艺,即无艺矣;五十而不以善闻,则无闻矣!"清胡绍勤《四书拾义》:"人至五十为老年,是以养老自五十始。《曲礼》云:'五十曰艾',《王制》曰:'五十始衰'。纵能加功,进境有限。五十无闻,更无望于六十矣。"闻,指学术有成,精通六艺,为人所闻知。到了五十岁而无善可闻知,自然无所作为,不足畏了。所以孔子勉励青年,及时力学,以期有闻。

子曰:"法语之言①,能无从②乎?改之为贵。巽与之言③,能无说④乎?绎⑤之为贵。说而不绎,从而不改,吾末⑥如之何也已矣。"

【今译】

孔子说:"严肃而符合原则的批评话,能够不听从吗?改正错误才算可贵。顺从恭维自己的表扬话,能够不高兴吗?分析其是非才可贵。悦耳而不分析是非,听从而不改正错误,对于这种人,我就没有办法对付他了。"

【注释】

① 法语之言:严肃而符合原则的话。法:准则、正道。 ② 从:听从。 ③ 巽(xùn)与之言:顺从恭维自己的话。巽:恭、顺。 ④ 说:同"悦",高兴。 ⑤ 绎:分析。 ⑥ 末:没有。

【评述】

本章孔子教人正确地、有分析地对待批评和表扬。宋朱熹说:"法语者,正言之也。巽言者,婉而导之也。绎,寻其绪也。法言人所敬惮,故必从。然不改,则面从而已。巽言无所乖忤,故必悦。然不绎,则又不足以知其微意之所在也。"(《论语集注》卷五)这句话是孔子从生活经验中总结出来的,对于"法语之言",严厉而正确的批评,比较刺耳,一般人往往听不进去,表面又不得不表示听从,而内心抵触,面从而已,依然故我,对自己的缺点错误,没有接受批评而改正。"巽与之言",顺耳捧场的话,甜丝丝的,非常悦耳,一般人往往听得进去,沾沾自喜。如果对这种捧人的顺耳话不加分析,就会迷失方向,在错误中越陷越深,被人捧杀。这种事在古今中外的历史上还少吗?

清人俞樾针对世人喜欢奉承的弱点,写了一则故事警戒人们:"有个京官要放外任,去向老师辞行。老师说:'外官不易做,凡事须谨慎。'他回答说:'我准备了一百顶高帽儿,逢人送一顶,不会有闪失。'老师发怒道:'吾辈直道事人,何须如此!'这个人说:'天下似老师这般高风亮节,不喜欢戴高帽的,能有几人?!'老师点头称善:'你这话也有见识。'这个人出了门对人说:'我准备的一百顶高帽儿,只剩下九十九顶了。'"(《俞楼杂纂》)所以孔子对"说而不绎""从而不改"的人是深恶痛绝的,认为不可教育、造就。他教育学生要有分析地、正确地对待批评和表扬,才能保持清醒的头脑为学、为政,修养品德,完善自我。

子曰:"主①忠信,毋友不如己者,过则勿惮②改。"

【今译】

孔子说:"以忠诚、信义为根本,不结交不如自己的朋友,有了错误,就不惧怕改正。"

【注释】

① 主:主宰、根本。　② 惮:害怕、畏惧。

【评述】

本章孔子论述自我修养的方法。此章与《学而》第八章重复。《论语》成书,非出一人之手,故文有重出。《集解》说:"慎所主友,有过务改,皆所以为益。"(《十三经注疏·子罕第九》)清黄式三《论语后案》说:"主友,俱以交际言,古义如是,故《集解》云然。"宋邢昺说:"言凡须有亲狎者,皆须有忠信者也,无得以忠信不如己者为友也,苟有其过,无难于改也。"(《十三经注疏·子罕第九》)孔子教育人们对人处事要以忠信为根本,诚实无伪;交友必须慎重;有错误就不怕改正。这些自我修养的方法,至今还是有借鉴意义的。

子曰:"三军可夺帅①也,匹夫②不可夺志③也。"

【今译】

孔子说:"三军的元帅可以被撤换、被劫夺,一个普通的男子汉却不可以强迫他改变志向。"

【注释】

① 夺帅:撤换、劫夺、俘虏元帅。　② 匹夫:一个普通汉子。　③ 夺志:强迫放弃志向。

【评述】

本章孔子用强弱对比的手法,论述立志的重要性。《集解》孔安国说:"三军虽众,人心不一,则其将帅可夺而取之。匹夫虽微,苟守其志,不可得而夺也。"(《十三经注疏·子罕第九》)《后汉书·李陈庞陈桥列传》引郑玄注说:"匹夫之守志,重于三军之死将者也。"宋侯氏说:"三军之勇在人,匹夫之志在己,故帅可夺而志不可夺。如可夺,则亦不足谓之志矣。"(《论语集注》卷五)本章孔子鼓励人们立志。三军的力量是强大的,但指挥失当,军心不齐,主帅往往因战败而被杀、被俘。如项羽勇冠三军,叱咤风云,兵精将强,终于被刘邦击败,自刎乌江。

古今中外主帅被杀、被俘者不乏其例。而匹夫与三军相比,力量是微不足道的。但他一旦立定志向,便有了坚定而崇高的理想和气节。泰山崩于前而色不变,富贵不能淫,贫贱不能移,威武不能屈。如南宋时文天祥被元军俘获以后,在大都被囚禁三年,矢志不屈,元世祖忽必烈虚丞相之位三年以待,用尽劝降办法,始终不能夺文天祥爱国之志、民族之气节。文天祥在狱中写成《正气歌》以自勉勉人,在我国历史上留下正气磅礴、大义凛然的形象,激励后人爱国立节。可见立志的重要。

子曰:"衣①敝缊袍②,与衣狐貉③者立,而不耻者,其由也与?'不忮不求,何用不臧④?'"子路终身诵之。子曰:"是道也,何足以臧?"

【今译】

孔子说:"穿着破旧的丝棉袍子,与穿着狐皮、貉皮袍子的人站在一起而不感到羞愧的,大概只有仲由吧?《诗经》上说:'不嫉妒,不贪求,难道不是一种美德吗?'"子路听说后经常念诵这两句诗。孔子说:"这的确是做人的正确原则,但仅仅如此,何足以为善呢?"

【注释】

① 衣:穿。 ② 缊(yùn)袍:丝棉袍。 ③ 狐貉:狐皮、貉皮袍。贵重的服装。 ④ 不忮(zhì)不求,何用不臧:语出《诗经·邶风·雄雉》,意思是不嫉妒、不贪求,怎么不好呢? 忮:嫉妒;臧:好、善。

【评述】

本章记叙孔子循循善诱地对子路表扬和批评。子路尚勇,志向远大,不追求生活享受,不以清贫为耻,勇于穿敝衣而与穿狐貉裘皮的人在一起,对自己充满自豪和自信,所以孔子表扬了他。并引用《诗经》中的两句话加以鼓励。宋朱熹说:"敝,坏也。缊,枲著也。袍,衣有著者也,盖衣之贱者。狐貉,以狐貉之皮为裘,衣之贵者。子路之志如此,则能不以富贵动其心,而可以进于道矣,故夫子称之。"(《论语集注》卷五)清宦懋庸《论语稽》说:"缊袍之敝与狐貉之盛并立,富贵之念动则耻心生,子路平日与朋友共车马、衣裘,敝之而无憾者也。故能不耻。"子路听到孔子的表扬,兴奋不已,嘴上常叨念着"不忮不求,何用不臧"这两句诗。宋赵顺孙《四书纂疏》说:"忮者,疾人之有而欲害之也。求者,耻己之无而欲取之也。是皆为外物之所累者也。能于外物一无所累焉,则何往而不善哉?"所以孔子恐子路夸耀其善而停步不前,故又对他提出了批评。"终身诵之,则自喜其能而不复求进于道矣,故夫子复言此以警之。"(《论语集注》卷五)可见孔子对学生的要求是非常严格的,在表扬他优点的同时,发现不良苗子,立即进行批评纠正,引向正道。也可见孔子对学生的关切和爱护,细致地观察学生的思想动向,有目的、有针对性地进行教育。

子曰:"岁寒①,然后知松柏之后凋②也!"

【今译】

孔子说:"寒冷的冬天,才知道松树、柏树是最少凋伤的。"

【注释】

① 岁寒:寒冷的冬天。　② 凋:凋落、凋伤。这里指较少受伤。

【评述】

本章以松柏凌寒为喻,歌颂在严酷环境中坚定不屈的人。《集解》说:"大寒之岁,众木皆死,然后知松柏之少凋伤,平岁,则众木亦有不死者,故须岁寒而后别之。喻凡人处治世,亦能自修整,与君子同,在浊世,然后知君子之正,不苟容也。"(《十三经注疏·子罕第九》)《荀子·大略》说:"君子临穷而不失,劳倦而不苟,临患难而不忘细席之言。岁不寒无以知松柏,事不难无以知君子。"《史记·伯夷列传》:"岁寒然后知松柏之后凋,举世污浊,清士乃见。"《庄子·让王篇》:"天寒既至,霜雪既降,吾是以知松柏之茂也。陈、蔡之隘,于丘其幸乎?"近人程树德据庄子这句话判断,孔子是在陈、蔡蒙难时说的。

古话说:"疾风知劲草,板荡识诚臣","路遥知马力,日久见人心"。一定要在艰难困苦的条件下,才能考验人的真伪善恶。清宦懋庸《论语稽》说:"治平之世,小人禄位或过君子。及国家多事,内忧外患,交乘迭起,小人非畏祸规避,即临事失宜,唯君子能守正不阿,鞠躬尽瘁,其节操乃见。""士穷节乃见,世乱识忠臣",孔子用这句话来表彰在逆境中意志坚定的君子,成了后世的一句名言。

子曰:"知者不惑①,仁者不忧②,勇者不惧③。"

【今译】

孔子说:"聪明的人不会疑惑,仁德的人没有忧愁,勇敢的人无所畏惧。"

【注释】

① 惑:疑惑、迷惑。　② 忧:忧愁、忧虑。　③ 惧:惧怕、害怕。

【评述】

本章孔子论知、仁、勇三者的不同特性。梁皇侃说:"智能辨物,故不惑也。安于仁,不改其乐,故无忧也。见义而为,不畏强御,故不惧也。"(《十三经注疏·子罕第九》)宋朱熹说:"明足以烛理,故不惑;理足以胜私,故不忧;气足以配道义,故不惧。"(《论语集注》卷五)在孔子看来,一个有道的君子,必须具备知、仁、勇三种品格,有了这种品格,就能在艰难困苦的逆境中,在瞬息万变的形势中,不惑、不忧、不惧,屹然卓立于天地之间。

子曰:"可与共学①,未可与适道②;可与适道,未可与立③;可与立,未可与权④。"

【今译】

　　孔子说:"可以在一起学习的人,不一定可以一起获得真理;可以一起获得真理的人,不一定可以一起建功立业;可以一起建功立业的人,不一定可以一起通达权变。"

【注释】

　　① 共学:一起学习。　② 适道:得道。得到真理。　③ 立:建功立业。　④ 权:权变。

【评述】

本章孔子论述在相同情况下,出现不同的结果,说明事物的复杂性。《集解》:"适,之也。虽学或得异端,未必能之道也。虽能之道,未必能有所成立也,虽能有所立,未必能权量其轻重之极也。"(《十三经注疏·子罕第九》)梁皇侃《论语义疏》引张凭说:"此言学者渐进阶级之次耳。始志于学,求发其蒙而未审所适也。既向方矣,而信道未笃,则所立未固也。又既固,又未达变通之权也。明之反而合道者,则日劝之业,亹亹之功,其几乎此矣。"又引魏王弼说:"权者,道之变。变无常体,神而明之,存乎其人,不可豫设,尤至难者也。"

孔子的这番话是人生处世的经验之谈,也是为学的经验之谈。就人生处世来说:有些人可以同他一起学习,走同一条路,但不一定能共事业;有的人可以共赴事业,共同创业,但不能给他权力,共同权变。这种人历史上多得很,可见孔子体验人生、观察人生的细致、深刻,抽象出来教育人们。就为学来说,起初在一起学习的人是很多的,但能选择善道奋斗下去的人并不多,即使能选择善道,能坚持下去卓然自立的人就不多了。即使能卓然自立,坚持善道,但一遇形势变化,事出非常,能通达权变,一起应付事变的人就更少了。说明世事是复杂多变的,同样的情况下会有不同的结果。所以为人处世必须看到社会发展的不平衡一面。

"唐棣之华①,偏其反而②。岂不尔思?室③是远尔。"子曰:"未之思也,夫何远之有?"

【今译】

"唐棣树的花儿啊,翩翩地摇动。难道不想念你吗?实在家住得太遥远了。"孔子说:"你没有想念他,如果真想他,那有什么遥远呢?"

【注释】

① 唐棣之花:唐棣树的花。唐棣:植物名。华:通"花"。 ② 偏其反而:翩翩地摇摆。 ③ 室:家。

【评述】

本章孔子引用古诗说明仁并不遥远,求则得之,舍之则亡。《集解》说:"逸诗也。唐棣,栘也,华反而后合。赋此诗者,以言权道反而后至于大顺也。思其人而不得见者,其室远也,以其言思权而不得见者,其道远也。"(《十三经注疏·子罕第九》)宋朱熹说:"此逸诗也,于六义属兴,上两句无意义,但以起下两句之辞耳。其所谓尔,亦不知其何所指也。"(《论语集注》卷五)清黄式三《论语后案》说:"苏子瞻以诗为思贤不得之辞,别分一章。王节信之意,此诗伤贤人之难见也。"

此章文极费解。北宋以前多从何晏解,以此连上章为一章,清毛奇龄、刘宝楠仍主之。自苏东坡始以为思贤不得之辞,别分一章。朱熹从之,而不用其思贤之说。孔子引述这首诗后,其结论是:"未之思也,夫何远之有?"意思是求道求仁之人,都是自己不肯用心思索,才看不清楚。其实最高远的道理,就蕴藏在最平凡、最浅近的日常生活之中,只要我们仔细地去体察,就会"求仁而得仁","我欲仁,斯仁至矣!"宋程子说:"圣人未尝言易以骄人之志,亦未尝言难以阻人之进,但曰'未之思也,夫何远之有?'此言极有涵养,意则深远。"(《论语集注》卷五)